文史哲學集成

吳武雄編述

孔子智慧實證

——論語言詮

文史哲出版社印行

國家圖書館出版品預行編目資料

孔子智慧實證：論語言詮 / 吳武雄編述. --
初版. -- 臺北市：文史哲,民 97.04
頁:　公分.（文史哲學集成；546）
參考書目：頁
ISBN 978-957-782-8 (平裝)

1.（周）孔丘 2.論語 3.學術思想 4.研究
考訂

121.23　　97006254

文史哲學集成 546

孔子智慧實證
——論語言詮

編述者：吳　武　雄
出版者：文史哲出版社
http://www.lapen.com.tw
登記證字號：行政院新聞局版臺業字五三三七號
發行人：彭　正　雄
發行所：文史哲出版社
印刷者：文史哲出版社
臺北市羅斯福路一段七十二巷四號
郵政劃撥帳號：一六一八〇一七五
電話886-2-23511028・傳真886-2-23965656

實價新臺幣四二〇元

中華民國九十七年（2008）四月初版

ISBN 978-957-549-782-8

恩師王教授對本書評語

立論正確、讀之，可以立身，可以化民，可以經世，可以終身用之、有不能盡者矣！！

更生閱畢　一月十日於台北

概說

吳武雄

孔子的思想主要在《論語》書中，《論語》共二十篇，全書有一萬五千多字。其內容涵蓋中國的倫理道德和民族思想，這是人類生存的準則。孔子倡導「仁」的思想，發揚人性，引導人類順天理，而行正道，使社會過著正常的生活。

宋初宰相趙普以「半部論語治天下」，這是孔子之後一千五百多年的事，可見《論語》一書並不受時代的限制。今天是科技昌明的時代，《論語》的內容一樣萬古常新，如日月之光明，萬物生生不息，永垂不朽。

本書之編排依孔子自述人生六個階段，各有不同之進境，以此爲探討線索，將《論語》之篇章重新編述，以類相從，依內容相近爲主；目的是期望能夠深入淺出，以平實易讀爲目標，讓人人都能接受《論語》的思想，感受孔子溫熙的生命與親和的風貌。孔子是中國的聖人，受世人的敬仰，是人類永恆的導師。

本書分上編與下編：上編至孔子五十歲知天命止，是人生重要之歷練時期；下編從六十歲而耳順開始，如天道之流行，是孔子過化而勸世時期。

孔子「十五志於學」，創立儒家學說，表現君子的風度，故以『君子儒』爲始學之基礎，這是孔子勉勵子夏的話，而成爲儒家人格的目標。接著，孔子好學精神在於『學如不及』，而由顏淵繼承孔子精神，故『克己復禮』是顏淵進德修業的實踐工夫；孔子十五歲而志於學，正是立志於學道，因爲『吾少也賤』，所以磨鍊出許多能力，對於君子不算多。孔子思想『一以貫之』，以仁爲中心，發揮天地間的真理。

孔子「三十而立」，一則是立於禮，再則是建立人生之理想，提倡平民教育。孔子在中國要打開教育的風氣，『有教無類』是他最偉大的教育精神，弟子之向學，則必須『舉一反三』，這是教育的目的。孔子人生而立，至齊國，有出仕之意，齊景公問政，孔子答『君君臣臣』，期許景公行正道；景公有意用孔子，晏嬰阻止，孔子指『管仲器小』，是因晏嬰有感而發。管仲與晏嬰皆齊國賢相，但管仲能霸不能王，晏嬰不懂王道精神之可貴，兩人器量之小相同。古代聖賢大道，堯、舜是代表，堯勉舜『允執其中』，要誠敬守住中庸之道，永保天祿，而安定天下。

孔子「四十而不惑」，已經放出智慧的光輝，因自立自達，進而『立人達人』，發揮仁的生命力，推行聖賢大道。孔子的生命力來自文王的啓發，繼承民族文化之道統，期待用世從政，自稱『我待賈者』，是期待明君之重用，要以王道精神改善時代。孔子行中庸之道，弟子則『過猶不及』，孔子因材施教，皆以正道教導弟子。舜『無爲而治』，恭己而正南面，使天下太平。孔子『不爲酒困』正是人生不惑的見證，禮樂則主張『吾從先進』，以純樸平實爲主；孔子稱自己是知之次者，又問『吾有知乎』，實則，孔子所示是自己親身體驗之真知。孔子言

『益者三樂』，勉勵弟子要養成真實而快樂的人生觀。

孔子「五十而知天命」，是生命與天道相印證。孔子期待從政，『吾其爲東周』，就是要振興周道於東方；終於，孔子五十一歲『出仕於魯』，開始爲國家效力。孔子勉弟子『當仁不讓』，積極行仁，永恆不懈；政治則強調『民無信不立』，實現愛民政治。詩三百，是先民之心聲，孔子指『思無邪』，詩的感情純真無邪，『興觀群怨』則是溫柔敦厚的詩教，故一再勉勵弟子要學詩。智者喜愛水，水流動不居，『不舍晝夜』是自然生態，君子注重名實相符，知足常樂，珍惜生命，自強不息。孔子在魯國執政有成，使齊國之君臣驚恐，遂饋女樂迷惑魯國君臣，三日不朝，孔子『去魯適衛』，開始周遊列國。孔子由陳過匡，『子畏於匡』，第一次遇難；後來，孔子又返衛，子路問孔子在衛國執政，第一步要做什麼，孔子說『必也正名』，這是爲政根本之道。孔子仕魯，行王道受阻，就是名不正而言不順所造成的；三桓之掣肘，定公又懦弱，孔子並無實權，仁政無法推展。靈公暗示不用孔子，遂去衛過宋。宋國司馬桓魋欲殺孔子，子謂『天生德於予』，而毫無畏懼，並以『文質彬彬』勉弟子。上編至此而止，孔子如日月之光輝，照耀於世，因知天命而行天道。

孔子「六十而耳順」，周遊列國第六年，六六大順，耳聞之而順意，人生無所不順。下編從此開始，孔子是道成肉身之聖人，人生過化而神存。孔子提倡仁的思想，有救世之心，『擊磬於衛』，堅持王道，力行不懈。子路好勇不學，孔子勉之『六言六蔽』，學習君子之道。孔子在陳絕糧，以『君子固窮』與弟子共勉。葉公問政，孔子勉之『近說遠來』，期許政治以平實愛民爲主。孔子欲無言，謂『天何言哉』，天道不言，而萬物生生不息。孔子主張『辭達而已』，建立文學創作的基本原理。人生應該行正道，『以德報德』是真理，遂使社會和諧安詳。孔子指『君子三戒』，是依年齡不同而戒色、戒鬥、戒得，這是救世的良藥。孔子去魯，季桓子後悔莫及，遺言其子必聘請孔子回國，終於季康子以重幣迎請，孔子『自衛回魯』，結束十四年周遊之行。孔子終於回到自己祖國，哀公與康子尊爲國老。子夏問政，孔子指『欲速則不達』是政治的重要原則；康子有意改善政治，孔子勉之『草上之風』必偃，在位者注重品德，領導人民，自然向善。冉求爲季氏家臣，設計攻取顓臾，孔子指季氏之憂在『蕭牆之內』，季氏應該扶正公室，不可凌壓魯君，造成君臣對立，使國家動亂。孔子勉勵弟子『見賢思齊』，重視品德修養，念茲在茲，效法賢人行善，使社會和順安詳。

孔子「鄉居生活」，安適而自在。魯哀公是年輕國君，敬仰孔子，有事就派專使召請，孔子進宮，『立不中門』，嚴守君臣儀節；參加國家正式慶典，孔子則『朝服而朝』，周旋於公卿之間，行禮如儀。孔子之仁心，以人爲本，馬房失火，孔子問傷人乎，而『不問馬』，擔心有人因救火受傷。孔子帶領子路出遊，看到雌雉飛翔，贊曰『時哉時哉』，指雉鳥通人性，感受人的善意，自由自在地翺翔於天空。

孔子「七十從心所欲，不踰矩」，這是歸隱家鄉後，自由的境界。孔子與天道合一，弟子隨侍，誨人而不倦，孔子將聖人典籍整理成書，傳述儒家經典。論交友，則『忠告善道』，不能則止，勿自取辱。孔子一生自許好學，亦稱贊『顏回者好學』，然而顏淵早卒，令孔子傷心過度。孔子在魯國行王道不成，周遊於天下，不用，至晚年，感歎『河不出圖』，吾道已矣，聖賢大道至此無法實現，深感無奈。然而，孔子人生積極上進，樂觀進取，而不知老之將至；子張年輕而志遠，曾問十世可知與？孔子指出由朝代損益推論可知，而通達之人能『察顏觀色』，不會處處壓倒人。子張問如何可以從政，孔子提出尊五美、摒四惡的政治方針，重點則在於引導人民『欲仁得仁』，行仁政而照顧民生。

最後「孔子寢疾而終」，至此，孔子人生到了終站。孔子弟子，曾子傳道，經典則由子夏傳之，遂成爲中國文學的淵源。子夏好學深思，指『仁在其中』，學與思是行仁的工夫。子游與子夏來往密切，二人教導弟子方法不同，子夏指『君子之道』，是老師教育的方法，孰先孰後的問題，各有所偏執；當然，二人的教育都自孔子而來，故君子之道，子夏強調以聖人爲標準。最後，孔子『辭世』，告別一生關愛的世人，天地同悲，而德業長存。

孔子人生如此，由學而時習之而心生喜悅，有朋友自遠方來討論印證，是最快樂的事，因此人不知而不慍，孔子就是這樣走完他的一生。孔子人生，盡其在我，活得真實，活出自己，是快樂的人生觀，知之爲知之，不知爲不知，這是孔子的真知，是經驗所得之睿智卓見。是故，孔子安貧樂道，引導世人力行向善，實現仁的理想，這是偉大的孔子，爲人類萬世之師表。

孔子智慧實證——論語言詮

目次

下　編

其七　鄉居生活

上編

楔子

孔子是中國的聖人。在中國，孔子有兩大貢獻，一是建立文化道統，二是提倡平民教育，這兩大事業開啓了中國人之文明，對後世的影響非常深遠。

孔子建立中國文化道統，以仁爲中心思想，代表人性的光輝。仁是指人性，「仁，親也」，仁由二人造字，就是指人們應該相親相愛，建立和諧而互助的社會，生活於安樂之中；是故，孔子周遊列國，推行仁道思想，到晚年，刪述六經，落實於建立中國的文化道統。

孔子是貴族後裔，本身是士大夫，接受過一般士的養成教育。所以，孔子從教育中體會到自己智慧的成長，並且認爲人人應該如此，都要接受教育，因此孔子一生提倡平民教育，打開當時讀書人的智慧之門。孔子體驗到自己人生進境。

子曰：「吾十有五而志於學；三十而立；四十而不惑；五十而知天命；六十而耳順；七十而從心所欲，不踰矩。」〈爲政〉

這是孔子自述人生智慧的成長，共經歷六個階段。【孔子說：「我從十五歲立志向學，三十歲建立人生之理想，四十歲對人生不再疑惑，五十歲就知道天命所在，六十歲耳聞之而順意，七十歲順著心意做事，不會有所差錯。」】孔子由立志而成長，而超凡入聖，完全是自動自發，而證明自己通往智慧之道。

子曰：「我非生而知之者，好古，敏以求之者也。」〈述而〉

孔子說明自己進步的主要原則。【孔子說：「我不是天生的智者，是喜好效法古人之美德，而勤勉認真學習的人。」】生而知之者是先知，不學就能知道一切事理，孔子認爲自己不是。（好古，是喜好古人，就是效法古人之美德；敏以求之，是好學之意，即勤勉認真學習）。孔子是自己勤勉好學而達到聖人，不是先知。是故，孔子之知是真知卓見，由自己真實體驗而得到的智慧。

其一 身世

孔子名丘，字仲尼，春秋末，魯國昌平鄉鄹邑人。周靈王二十一年生，周敬王四十一年卒；（魯襄公二十二年至魯哀公十六年，西元前五五一年——前四七九年），享壽七十三歲。孔子是殷商之後，宋公後世孫，自遠祖孔父嘉蒙難，其子木金父奔魯，居鄹邑，爲五代祖。

孔子謂子貢曰：「天下無道久矣，莫能宗予。夏人殯於東階，周人於西階，殷人兩柱間；昨暮，予夢坐奠兩柱之間。予始殷人也。」（《史記．孔子世家》）

殷人殯於兩柱間，孔子夢自己如此，故孔子是殷人。孔子爲殷商後代，是歷史淵源；武王滅紂，立殷後於宋，孔子祖先爲宋公。孔子謂「天下無道久矣，莫能宗予」，是指長久以來天下無道，卻沒有人以我爲宗主，來實現王道，孔子此言之心情極沉痛。自從文王之後，文化道統輾轉經過五百餘年之久，傳到孔子；孔子繼承王道精神，周遊天下，追求實現其政治理想而不得。孔子不用，王道不行，是天下之不幸，蒼生蒙難如此，孔子深感歎息。

孔子世系，先祖孔父嘉爲宋大夫，因內亂被華督所殺，子木金父奔魯，稱孔氏，居於鄹，曾祖父防叔，祖伯夏，父叔梁紇。孔子父孔紇，字叔梁，因勇力建功，爲鄹邑大夫，母親是顏徵在。叔梁紇娶施氏，生九女，妾生孟皮，病足，不能嗣家業；於是叔梁紇年老欲得子嗣，又求婚於顏家，顏家三女中，幼女顏徵在因父命，「野合」成婚。「野合」即粗野合禮，指簡單之迎娶；叔梁紇因家中已有妻妾，故簡單迎親而成禮，古人納妾皆如此。叔梁紇與顏徵在為得子嗣，同往尼山祭拜，祈禱上天賜子，終於如願而生孔子。孔子三歲喪父，母親顏徵在居寡，在孔家並無地位，遂帶著孔子遷居魯都曲阜闕里，從此定居於此。孔子自小與母親相依為命，家境貧困，小小年紀即有好學精神。

子曰：「十室之邑，必有忠信如丘者焉，不如丘之好學也。」（〈公冶長〉）

自己好學，這一點孔子從小就有信心。【孔子說：「十戶人家的小村莊，必定有注重忠信像我孔丘的人，但都不如我孔丘的好學精神。」】好學是求知之基礎，智慧之根源。孔子肯定自己好學，永恆而向上。

子入大廟，每事問。或曰：「孰謂鄹人之子知禮乎？入大廟，每事問。」子聞之曰：「是禮也。」（〈八佾〉）

魯為周公封地，太廟祭祀周公。【孔子遇到祭祀周公的大典，前往觀看，而且每件事都問，非常好學，別人懷疑地說：「人都說鄹邑大夫之子知禮啊？他進太廟，卻每件事都要問。」孔子聽後，笑一笑說：「這是禮貌啊。」】孔子好學之表現，一則誠懇，再則細心，三則「學而不厭」，自小就如此。母親遷居魯都曲阜，帶給孔子最好的學習環境。

> 子曰：「里仁為美，擇不處仁，焉得知？」（〈里仁〉）

此章是〈里仁第四〉篇首。好學可以增長智慧。【孔子說：「居處必須有仁風才是最好的，如果住在沒有仁德的地方，哪算有智慧呢？」】（知通智，古書相通）。孔子所居，文風鼎盛，可見孔母遷居曲阜是智慧之舉。周公自封魯國，子伯禽就國，周公治周，勉伯禽以之治魯，故魯國有聖人之風，文化興盛。孔子六七歲開始讀書，當時，孔母斷然離開孔家，獨自攜孔子遷居曲阜，必是一位機敏而果敢之女性，而且是貴族血統，生活有保障，並且讀過書，母子相依時，就有學前教育，教孔子讀書識字；正式上學之後，孔子進步非常快。不久，魯國有一次盛大的文化聚會，就是吳公子季札至魯觀樂。

> 四年，吳使季札聘於魯，請觀周樂。為歌〈周南〉、〈召南〉，曰：「美哉！始基之矣。猶未也，然勤而不怨。」歌〈邶〉、〈鄘〉、〈衛〉，曰：「美哉淵乎！憂而不困者也。吾聞衛康叔武公之德如是，是其〈衛風〉乎？」歌〈王〉，曰：「美哉！思而不懼，其周之東乎？」（《史記．吳太伯世家》）

吳王餘祭四年，季札聘魯，觀樂，時爲魯襄公二十九年，孔子八歲。魯君召樂工，爲之歌《詩》，盡〈風〉、〈雅〉、〈頌〉各詩，歷評詩中之美。指〈周南〉、〈召南〉詩很美啊！周始建國，尚未盡善，然而人民勤勞而不怨；〈衛風〉是贊美康叔（周公弟）及武公深憂衛國人民，爲民紓困之詩；〈王風〉爲東周時，春秋之詩，猶有王者之遺風。此時，孔子並不知季札，然而此種文化活動爲空前盛況，或有人攜孔子前往觀賞，孔子必會留下一些印象。

周自太公定居岐山，拓荒墾地，地屬岐周，故稱周人，族人勤勞，日益壯大；原來太公盼望周人興盛，期待瑞徵，終於季歷生子，天地現聖瑞，太公遂曰：「我世當有興者，其在昌乎！」（《史記．周本紀》）遂名曰昌，即西伯文王。太公長子太伯，知父將傳季歷以至於文王，與弟仲雍讓國南奔，至吳，爲當地千餘家尊奉爲吳王，姓吳。太公於是傳季歷，再傳文王姬昌；文王興周，三分天下有其二。至武王興兵滅紂，建周朝，追封太公爲太王，季歷爲王季，姬昌爲文王。至於太伯奔吳，孔子稱之。

子曰：「泰伯其可謂至德也已矣，三以天下讓，民無得而稱焉。」（〈泰伯〉）

此章是〈泰伯第八〉篇首。孔子論太伯讓國是至德。（泰通太）。【孔子說：「泰伯的美德可謂至高之聖德了，這種崇高讓天下的美德，使人民敬仰，一直稱贊不已。」】（三讓，謂固遜也。無得而稱，其遜隱微，無迹可見也）。堯舜行禪讓政治，是聖人大道，泰伯之讓，其至德與聖人相同。

舜有臣五人而天下治。武王曰：「予有亂臣十人。」孔子曰：「才難！不其然乎？唐虞之際，於斯為盛；有婦人焉，九人而已。三分天下有其二，以服事殷；周之德，其可謂至德也已矣。」（同前）

孔子贊美舜五臣與武王十人之治，是聖人政治。（亂，古訓治；亂臣，指治天下之臣）。【舜有五大臣而使天下太平。武王說：「我有治天下大臣十人。」孔子有感而發地說：「得人才真難啊！不就是這樣嗎？唐虞時代以來，一直到周武王時，人才又這樣的興盛，前後互相輝映；事實上，周十人中有太姒是婦人，真正治臣九人。周至文王，已經三分天下有其二，卻服事於商紂；周之盛德，可以說是至德罷了。」】舜五大臣即：禹、稷、契、皋陶、伯益等；武王十大臣即：周公、召公、姜太公、畢公、榮公、大顛、閎夭、散宜生、南宮适等及武王母太姒，安定王室，《書．泰誓》記「亂臣十人」是指安定天下共有十人。孔子指文、武興周，是聖人政治，可以與堯舜相比，孔子政治之理想建立於此，這就是王道精神。

吳國公子季札，是吳王壽夢之子，在四公子中最賢，數讓位而不就，封於延陵，稱延陵季子。壽夢四子，長曰諸樊，次曰餘祭，三曰餘味，幼子季札；壽夢以季札賢明，將傳位，季札辭不可；傳諸樊，諸樊讓，季札再辭；諸樊卒，命傳弟餘祭，將再傳而至季札；及餘味卒，季札讓而亡之，不得已，餘味傳其子僚。季札尚有為徐君掛劍之美德，誠然是吳國之賢公子。

孔子三歲即遭喪父之痛，年幼，而感受不深。孔父叔梁紇是大力士，人稱「有力如虎」，參加魯國偪陽之役與防之役，皆因而取勝，有戰功。孔母顏徵在，顏為姬姓宗族，伯禽支庶，食采邑顏，遂稱顏氏；顏父因叔梁紇說親，問於三女，二女莫對，幼女徵在「從父所制」而成婚。孔子父母皆貴族之後，本身是士族，故孔子之社會地位，一方面受祖先庇蔭，另一方面是好學自立之結果；所謂「鄹人之子」即父親的關係，成年後，完全靠己立己達，終於成為聖人。

其二 十五志於學

孔子「十有五而志於學」，自與童年上小學不同，應該是有志於大人之學。所謂「大人之學」應該就是「道」的追求，也就是讀誦之學已不能滿足孔子，必須深入其中的「道」，追求人生之義理。

子曰：「志於道，據於德，依於仁，游於藝。」（〈述而〉）

此爲孔子學道修身之目標。【孔子說：「人生必須立志於大道，據守於自己品德，依存於仁心之上，優游於美藝之中，這樣人格就能圓滿自足。」】道本義是路，人人行之，大道平坦正直，引申爲聖賢之道，故孔子立志於聖賢大道。德爲人格修養，利己利人，聖賢以德行自治，注重人格之完美，故據守於美德。仁爲人性，善良之心，可以使社會祥和，相親相愛，團結合作，故生命依託於仁心之上。藝是技能，增加生活情趣，美化人生，故涵溶於美藝之中，優游自得。此爲孔子人生之全貌，立志於正道，據守於美德，依託於仁心，優游於美藝，人生圓融自在。

子曰：「朝聞道，夕死可矣。」（〈里仁〉）

朝與夕，時間甚短，而人生瞬息萬變，志於道，心中坦然，生死無懼，故「道」爲人生之指針，孔子志於學自此開始。【孔子說：「對於人生大道，朝聞之而理解，心中平和，即使夕死也可以無牽無掛了。」】孔子用意在於「聞道」，朝夕是比喻手段，其意義與宗教上「得道升天」一樣，「道」得朝聞而夕死，是解脫之意。孔子勸世人及時聞道，人性之覺醒，是「仁」的根源。

君子儒

孔子是儒家創始人，發揚中國道統精神，以聖人大道爲目標。許慎曰：「儒，術士之稱。」儒是術士，術是技能；儒是有技能的人，處理事情，井然有序。

子謂子夏曰：「女為君子儒，無為小人儒。」（〈雍也〉）

君子儒明曉事理，知所變通；小人儒則固執不通。【孔子告訴子夏說：「你要做一位君子儒，不可成爲小人儒。」】子夏，姓卜名商，字子夏，衛國人，少孔子四十四歲，是孔子衛國之及門弟子；子夏與子游同爲「文學」科高弟，後來爲魏文侯之師。子夏傳經，與孔子一樣重視道德實踐。

子曰：「弟子入則孝，出則弟，謹而信，汎愛眾而親仁，行有餘力，則以學文。」（〈學而〉）

子夏曰：「賢賢易色，事父母能竭其力，事君能致其身；與朋友交，言而有信。雖曰未學，吾必謂之學矣。」（同前）

此二章並列。孔子教育以德行爲本，子夏把握孔子教育精神，認爲品德之實踐是好學，此爲志於學之重要目標，以道德表現爲人生之重心。孔子直指道德實踐，有孝、悌、謹、信、愛、仁等六項；子夏直言優良之品行，包括賢、孝、忠、信等四目。【孔子說：「身爲弟子的人，在家要孝順父母，出外要恭敬兄長，謹慎而守信，廣博愛護大眾而親近有仁德的人，這樣實行後還有餘力，就應該學文。」】文是典章制度，文物技能，學文是知識的成長。【子夏說：「學習賢人的典範，來代替好色之心，供養父母盡心盡力，愛護國君能夠盡忠獻身；和朋友來往，說話能夠守信。雖然說他未學，我一定說他在學習了。」】許慎曰：「學，覺悟也。」人性之覺悟，是爲學之基礎。（賢賢，前動詞，是學習，後名詞，是賢人，即學習賢人）。孔子指「則以學文」是可以學，子夏言「謂之學」是未學亦可謂學，二者目標都在「學」，而指品德爲學問之基礎，實踐品德是志於學之根基，道理相通。孔子之言是列舉德目，而爲人人隨時之表現，簡單而易行；子夏之言則含具體行爲，明白而真切，而肯定如此就是學，則含有鼓勵作用。

子曰：「君子不器。」（爲政）

此章指君子之胸懷。【孔子說：「一位君子不可僅限於一種器用。」】君子才德兼備，不是器皿，故孔子「志於學」即立志學「道」。君子行道，見幾而作，推己及人，仁民愛物，不能僅以一器之用為限。

子曰：「君子周而不比，小人比而不周。」（同前）

前章隔一章後，孔子再強調君子的風度。【孔子說：「君子對人是普遍愛護，卻不朋比營私；小人相反，只會朋比為奸卻不能普遍地愛人。」】（比，指朋比營私）。君子風度平實而自然，對人都有關懷之心，小人則自私自利，不懂得愛人。

孔子童年上學，所學為儒業，即一般貴族子弟之職業訓練，基本上，不外禮樂射御書數等六藝之訓練，是將來在社會上進身從政之工具，出仕之基本技能。孔子本身雖不是貴族，無官職可以世襲，但父親叔梁紇是大夫，孔子繼承「士」的資格，接受教育，將來有機會可以憑技能出仕。孔子受教育，接受儒業，訓練成為儒士。孔子至十五歲，經長期之訓練，對六藝已經純熟。六藝中，禮樂是制度，由周公制禮作樂，推行於天下，而安定人民的生活；至於射、御、書、數等是技能，在於平時之練習。

子曰：「射不主皮，為力不同科，古之道也。」（〈八佾〉）

孔子學射箭，不僅精練純熟，而且包括品德修養。【孔子說：「射箭重點不在於貫穿箭靶之皮層，而在射中圓心，因為每個人的力量等級不同，只要射中靶心，就是好箭法，這是古人射箭之道。」】（皮是皮革，箭靶以之畫鵠的；科是等級，如今日舉重分羽量級、輕量級、重量級等）。孔子此言有感歎之意，射箭是技巧與定力之表現，目的在射得準，不是比力氣大，可惜今人已經不了解古人之道。

子曰：「君子無所爭，必也射乎！揖讓而升，下而飲；其爭也君子。」（同前）

此章在上章稍前。射箭是唯一可以各憑本事，比較技能之高低，此爲君子之爭。【孔子說：「君子沒什麼好爭的，若一定要比技能，就只有射箭吧！彼此揖讓升堂，憑本事表現，射完箭下來，大家舉杯祝賀；此爲君子之爭，文質彬彬，平和而自在。」】君子爲理想之人格，孔子常以君子自勉。

子曰：「富而可求也，雖執鞭之士，吾亦為之；如不可求，從吾所好。」（述而）

執鞭就是御，是駕車趕馬之事。孔子射箭技術精準，學駕車也極平穩，而駕車可以當職業謀生。【孔子說：「富貴如果可求的話，雖然是執鞭之士，我也願意做；富貴如果不可求，就照著我自己喜歡的去做。」】富貴靠機會與運氣，不是強求可得。孔子安貧樂道，所樂在道，不是富貴；富貴可以滿足生活欲望，而滿足是短暫的，如食飽即厭，而「道」可以安身立命。

達巷黨人曰：「大哉孔子！博學而無所成名。」子聞之，謂門弟子曰：「吾何執？執御乎？執射乎？吾執御矣。」（子罕）

達巷黨人是一位智者，對孔子之贊頌推崇至高。此章在詮釋「道」之真諦，重點在「大」之推崇，含蓋孔子一生之人格。【達巷黨人說：「孔子的人格真是偉大啊！博學卻無法用一技一名來稱呼他。」】（名，指專名；無所成名，即孔子無法用一種專名稱呼他；執，是持，即選擇之意）。【孔子聽到此言，知達巷黨人之意，對身邊的弟子說：「我要選什麼呢？選駕車嗎？選射箭嗎？我寧願選擇駕車。」】孔子仍然選擇「執鞭之士」，御者聽人差遣，可以謀生。然而孔子之志不在此。

子曰：「大哉，堯之為君也！巍巍乎，唯天為大，唯堯則之！蕩蕩乎，民無能名焉！巍巍乎，其有成功也！煥乎，其有文章！」（〈泰伯〉）

達巷黨人直稱「大哉孔子」是指孔子之人格偉大，孔子此言「大哉」是贊美堯之爲君偉大。【孔子說：「真偉大啊！堯是偉大的聖君。只有上天最崇高偉大，也只有堯完全以天道爲準則，大公無私啊！堯之恩澤廣大，使人民稱頌不盡。堯真是太崇高了，他是非常成功的聖君，真的是光輝燦爛啊！他用禮樂法度治理人民，使人民生活安定，天下太平。」】（巍巍乎，是崇高的樣子），在此一則指天之崇高，再則指堯效法天道之偉大。（蕩蕩，廣遠之稱也），指堯之恩德浩大。無能名焉之「焉」指堯之恩德，無能名與「無所成名」近似，指堯之德難用一辭名之。（煥，光明之貌；文章，禮樂法度也）。堯之偉大是造成天下太平；孔子之偉大在於博學，不指專名，此爲孔子之全人格，純粹是「偉大的孔子」。

子曰：「君子謀道不謀食。耕也，餒在其中矣；學也，祿在其中矣。君子憂道不憂貧。」（〈衛靈公〉）

君子重視「道」，學之目的在「道」，不在食。【孔子說：「君子講求實現大道，不謀求自己吃的問題。農夫耕種，遇到飢荒仍然挨餓；君子學『道』，出仕愛民，得到俸祿生活就安定了。君子擔憂大道是否實現，並不擔憂自己的貧困。」】（謀，求的意思；餒，飢餓；祿在其中，指祿位在學道之中，即得到俸祿能使生活安定）。此爲孔子人生之目標。君子謀道，是努力實現聖人大道，以大道治民，安定天下，故憂道之實現與否；孔子行道於天下，不憂自己之貧困。

孔子「志於學」已從技能進入「志於道」之境界，故「志於學」是孔子自覺運動之開始。孔子覺悟儒業僅學技藝是不夠的，那只是「器」，必須進一步發現其中義理，聖人創制六藝，作爲出仕之技能，其背景必有深遠意義，正如前面提到射與御，其技能並不難，但要玩味其道理並不容易。

子曰：「人而無信，不知其可也。大車無輗，小車無軏，其何以行之哉？」（爲政）

這裡又借「御」來比喻道德。駕車似乎簡單，只要有牛馬與車，御之而行；然而，無輗與軏施於車頭，牛馬即無法拉車。（輗音尼，軏音月）。【孔子說：「一個人不講信用，就不知道他能夠做什麼。大車沒有輗，小車沒有軏，車前沒有輗軏駄著，車子怎麼能走呢？」】（不知其可，是不知他能做什麼）。這是把輗軏能使車子行進，喻人如果無信在社會上亦不能行，此爲孔子警世之言，道理極淺近。

孔子之為學，乃從所習六藝中探討其意義所在及其源流演變，與其是非得失之判，於是乃知所學中有道義。孔子之所謂君子儒，乃在其職業上能守道義，以明道行道為主，不合道則寧棄職而去。此乃孔子所傳之儒學。自此以後，儒成一學派，為百家講學之開先，乃不復是一職業矣。（錢穆《孔子傳．十五志學》）

孔子發現天地之間有道，萬物因此生生不息，此爲永恆之道，故謂「天行健，君子以自強不息」，孔子由「志於學」而通向「志於道」，重點在於「道」。「志於學」是孔子學「道」的開始，亦是孔子好學精神之表現。

子曰：「君子食無求飽，居無求安，敏於事而慎於言，就有道而正焉，可謂好學也已。」（〈學而〉）

此章舉好學之條件有四：一、吃不求飽；二、居不求安；三、做事敏捷並且慎言；四、接近有道德的人。【孔子說：「君子吃飯不求飽足，居室不求安適，做事敏捷而且謹慎說話，接近有道德的人來糾正自己的缺點，這樣就可以說是好學了。」】吃與住不求，是避免受到物欲的主宰；食求飽則貪圖美味，居求安則奢侈享受，皆足以腐蝕人性。人如果一生只追求生活安逸，終至於不顧品德，荒淫無度而喪生，故君子必須先戒物欲。

子曰：「士志於道，而恥惡衣惡食者，未足與議也。」（〈里仁〉）

以惡衣惡食爲恥，是被物欲所控制，品德蕩然無存，必然爲非作歹而不自知。【孔子說：「士是立志在於學道，卻因爲自己吃的穿的不好而可恥，就不值得和他談論正道了。」】士追求物欲，就不值得談聖人之道。許慎曰：「士，事也。孔子曰：推十合一爲士。」士是會做事的人，所謂推十合一爲士，十爲多，指複雜；一爲少，指單純。士受過訓練，做事時，可以將複雜的事歸納爲單純的條理。人生之基本在於衣食，而美惡相差極大，若僅追求物欲，則人格低俗，不可以稱爲士。

子曰：「德不孤，必有鄰。」（同前）

此章孔子勉人注重品德。【孔子說：「有道德的人不會孤單，一定會有志同道合的人，就像鄰居相處，互相照應。」】德不孤，一則是心地光明正大，再則是心安理得，與人爲善；有鄰，有志同道合的人，如鄰居相處，故不會孤單。

子曰：「學而時習之，不亦說乎？有朋自遠方來，不亦樂乎？人不知而不慍，不亦君子乎？」（〈學而〉）

此爲《論語》開宗明義第一章，是孔子人生之宗旨。此章是〈學而第一〉篇首。【孔子說：「學習後能夠隨時力行實踐，不也是令人喜悅的事嗎？有朋友自遠方來拜訪切磋，不也是令人快樂的事嗎？別人不知也絕不生氣，不也是一位君子嗎？」】（時習，指隨時實踐），孔子對顏淵「退而省其私，亦足以發」，正指顏淵隨時實踐。此章是孔子思想的根源，亦是好學精神之印證。人從學習中，不斷地進步，自然感到喜悅；比如一道美食，學會做菜是知，而親手做出來是時習，然後嚐嚐其美味，心中滿意是悅。有朋自遠方來，是指學習後有朋友來討論印證，如今天學術之交流，拓展視野，增廣見聞，自然樂趣無窮。「學而時習」是悅、「有朋自遠方來」是樂，爲心靈之滿足，則「人不知」君子自然不慍。孔子人生正是如此。（不亦訓爲不也是，是不定之辭，亦非否定）。「悅」與「樂」與「君子」皆非肯定之意，而在於能覺悟；能悟自知，透過「時習」、「遠來」、「不慍」，然後「悅」、「樂」、「君子」可知，此爲智慧之方向，必須親自經歷，始能看見光明。

學如不及

孔子智慧通達，建立自己人生之目標，並指導人類通往智慧之路。

子曰：「君子之於天下也：無適也，無莫也，義之與比。」（里仁）

此章指君子以「義」爲準則，沒有成見，無私人之好惡。【孔子說：「君子對於天下的事，沒有完全是，也沒有完全不是，所遵從的是以義爲標準。」】（義之與比，即與義比之，和義相依從）。君子對於天下，大公無私，天下之順逆不在我，而在於義；合義則善，不合義則惡，故與義站在同一邊。（適，音敵，專主，即完全是；莫，即完全不是；比，是相從之意）。比與从二字，皆以人造字，左右相反而已；从，古從字。君子是理想的人格，故強調君子重視原則。

子曰：「君子喻於義，小人喻於利。」（同前）

子曰：「君子坦蕩蕩，小人長戚戚。」（述而）

兩章不在一起，但主題相同，從品德表現來分辨君子與小人。義與利完全相反，故可以用來分辨君子與小人。【孔子溫和地說：「君子知道正義，重視合義的事；小人知道利益，只求對自己有利。」】君子與小人出發點不同。【孔子進一步又說：「君子的心胸舒坦寬廣，小人心胸狹窄，一直憂戚是否對自己有利。」】君子守正義，心安理得；小人終身求利，憂戚而不知足。孔子勉勵弟子以君子爲目標，守正義，心胸開朗而光明正大。

子曰：「君子和而不同，小人同而不和。」（子路）

子曰：「君子易事而難說也，說之不以道，不說也；及其使人也，器之。小人難事而易說也，說之雖不以道，說也；及其使人也，求備焉。」（同前）

子曰：「君子泰而不驕，小人驕而不泰。」（同前）

三章一二中間隔一章，二三章相連。此三章道理「一以貫之」，君子之「和」與「易事」與「泰」意境相同；小人「同」與「難事」與「驕」之意亦相近。【孔子說：「君子和睦卻不黨同營私，小人只會黨同營私卻不和睦。」】此則言小人只知利益，有利則合，無利則翻臉無情。【孔子說：「君子容易服事卻很難取悅，取悅不合正道，就不會喜悅；但是到用人時，如器皿之適用。小人很難服事卻容易取悅，取悅雖然不合正道，還是會喜悅；但是到用人時，就會苛求完備。」】

這是說明小人心胸狹隘，不能容人。【孔子又說：「君子處世安泰卻不會驕傲，小人態度驕傲卻不能安泰。」】君子行正道，心安理得；小人則自私自利，以自我為中心，做事完全沒道理。孔子雖惡小人，但言語上是警示而非苛責。孔子指君子不難，含有鼓勵作用。

子溫而厲，威而不猛，恭而安。〈述而〉

此章是弟子對孔子之描述，可代表孔子全人格之風貌。【孔子態度溫和而嚴肅，有威儀卻不兇猛，為人恭敬而安祥】。孔子為人通達，絕無矯柔造作，態度安祥和熙。孔子安貧樂道，不求富貴，若天道之流行，光明正大。

子曰：「吾嘗終日不食，終夜不寢，以思，無益，不如學也。」〈衛靈公〉

孔子好學有自己親身之體驗，認為空思無用，皆不如學之實際。【孔子說：「我曾經整天不吃飯，整夜不睡覺，一直用來思索，發現沒有益處，不如學習。由學習才會進步。」】這種經驗大概年輕時嘗試過，以此為考驗自己思想是否進步，然而發現無益；整天整夜，不吃不睡，竟自發呆，當然毫無進步，純粹是浪費時間。孔子在學與思之間親自實驗，而肯定好學之重要性。

子曰：「學如不及，猶恐失之。」〈泰伯〉

孔子終於發覺好學之重要，必須隨時把握，不可有所懈怠。【孔子說：「好學就像不及的樣子，及時學習，學習後又像怕失去的樣子，隨時力行。這樣就會時時進步。」】好學是心靈感受，心理上之自覺意識，故先要有不及之心，進而又怕失去，念茲在茲，故謂「志於學」，專志在於學。好學如不及，所學又恐失之，則是「學而時習之」工夫，故天天進步，心生喜悅。

子夏曰：「日知其所亡，月無忘其所能，可謂好學也已矣。」（〈子張〉）

此章記子夏好學精神。子夏是年輕後輩，孔子去世時，年僅二十九歲，受教於孔門約十年左右，卻能直追孔子好學精神，實在難得。子夏之好學看起來比孔子簡單，只提出一點，即力求上進就是好學：日與月是時間之對比，一天短，一月長，日爲隨時，月爲長久，亡訓無。【子夏說：「隨時求知自己所未有的學問，並且維持一個月之久都不會忘記，這樣就可以說是好學了。」】此則包含學與習二層工夫，與前章「不及」與「恐失」道理一致，日知是學，月無忘是時習，二者配合可謂好學。子夏強調日日求知，繼承孔子好學精神，一月而無忘所學，是時習而悅之境界，故孔子經術得子夏而傳。子夏年輕而得聞聖人之道，故孔子寄以厚望，要他成爲君子儒。子夏傳經，遂使儒家經典成爲中國文學之淵源。

子曰：「述而不作，信而好古，竊比於我老彭。」（〈述而〉）

子曰：「默而識之，學而不厭，誨人不倦，何有於我哉？」（同前）

子曰：「德之不修，學之不講，聞義不能徙，不善不能改，是吾憂也。」（同前）

第一章是〈述而第七〉篇首。三章並列，是孔子之自述，爲自我內省之道。三章所言，包括孔子之爲學態度、學習方法、憂道之心等，而成爲孔子人生之指針，亦是好學之具體事實。（述是陳述，作是創作）。第一章【孔子說：「我僅陳述前人之言行而非創作，深信而愛好古人之道，私下則以商朝賢大夫老彭自比，我要學他。」】孔子信古人之道，不敢有創作之意。第二章【孔子又說：「我學習是默記在心中，好學而不知滿足，教人而不會厭倦，這三件事以外，其他我還有什麼呢？」】孔子自勉力行此三事。何有於我，即於我何有之倒裝，指其他的我還有什麼，沒有了。（識，是記住；徙，指效法）。第三章【孔子說：「品德不修養好，學問不努力講求，聽到正義的事不效法，不善不能改進，這是我每天擔憂的事。」】孔子要求自己日新又新，自強不息。孔子「信而好古」、「學而不厭」、「學之不講」等皆爲好學之見證，孔子之道，永恆向上。

克己復禮

孔子好學精神，有弟子顏淵得之，而力行實踐。顏淵是孔子得意弟子，屢受孔子之贊許。

子曰：「吾與回言終日，不違如愚。退而省其私，亦足以發；回也不愚。」（〈爲政〉）

顏淵名回，字子淵，魯國人，少孔子三十歲，父顏路爲孔子早期弟子，與父一同師事孔子，是孔子中期弟子。因父親的關係，顏淵追隨孔子身邊極早，也許在七八歲時就跟著孔子，與孔子關係密切，時間非常久，孔子與顏淵師弟之情，非一般可言，親切與關愛備至。【孔子說：「我整天和阿回談話，他沒有反應，笨笨的。我只好等他回家，暗中考查他在家的生活，真好，他都把學習的發揮出來；是的，回啊不笨。」】顏淵之學專心聽講而不厭，起先令人訝異，顏淵都沒有意見。「不違如愚」，看他都沒有反應，像很笨，也不知道他懂不懂，所以孔子只有當私家偵探，暗中觀察。原來顏淵回家之生活行爲，照著孔子所說的去做，親自一件一件地實現，顏淵完全聽懂而做到，令孔子非常地驚喜。孔子之贊美，認爲顏淵不違是個性忠厚老實，而且聽得明明白白，故不愚。孔子稱顏淵「亦足以發」，正是「學而時習之」的實踐工夫。

顏淵問仁，子曰：「克己復禮為仁。一日克己復禮，天下歸仁焉，為仁由己，而由人乎哉？」顏淵曰：「請問其目。」子曰：「非禮勿視，非禮勿聽，非禮勿言，非禮勿動。」顏淵曰：「回雖不敏，請事斯語矣！」（〈顏淵〉）

此章是〈顏淵第十二〉篇首。孔子因顏淵之問而講「道」，「仁」是孔子之「道」。【顏淵問孔子什麼是仁，孔子說：「克己復禮就是仁。」】（克己，是克制自己；復禮，是回到禮）。指下面非禮勿視等，視、聽、言、動等皆須合禮。仁是從自己本身做起，人之私欲最難克制，不克制私欲即不能了解自己，故必須向內心去求，「道」在身，克己復禮爲「仁」，仁在心中，仁在則道在；此理最簡單，而非顏淵莫能行，唯有顏淵始能下克己工夫。【「有一天做到克己復禮，表現仁者風度，天下人就會贊許你是仁人」】。（歸，是贊許；由己，是靠自己；由人，是靠別人）。能夠克己復禮，則天下共見而稱之；此爲全人格之表現，顏淵似孔子，可達到如此境界。【「表現仁完全靠自己，求道要自己下工夫，沒有外在助力，怎能靠別人呢？」】顏淵知道孔子所言爲「道」之本體，是故【顏淵說：「請問實踐之項目。」孔子說：「非禮不要看，非禮不要聽，非禮不要說，非禮不要動等，這四點最須注意，不可輕易犯錯。」顏淵聞之說：「我回雖然不勤勉，一定照老師這些話去做，力行實踐，永不懈怠。」】非禮勿視是克己初基，每天張開眼睛則視，是否合禮，一見而知，要禁止不視則先克制好奇心，非禮則不視；非禮勿聽，是指好奇心制止後，人皆有求知慾，想探聽清楚，非禮則不聽；非禮勿言，指非禮則不說，謠言止於智者。非禮勿言與非禮勿動，就顏淵「不違如愚」之性格，當不至於有隨口隨手之不當行爲，然而孔子言「天下歸仁焉」，是動見觀瞻，不可不慎，非禮則不動；動之意極複雜，牽一髮而動全局，顏淵能克己必能克制行動。是故，孔子之言視、聽、言、動爲每天之行爲，看似簡單，而要一一克制實難，故以此勉勵顏淵。「回雖不敏」是虛語，「請事斯語」是實話，「退而省其私，亦足以發」，顏淵克己，故返家之生活，皆力行實踐。

子曰：「回也，其心三月不違仁；其餘，則日月至焉而已矣。」（雍也）

此章在前章之先，孔子早已肯定顏淵「三月不違仁」，然後勉之以「克己復禮爲仁」。「仁」是孔子「志於道」之目標，弟子從學，所學在此。有一天，孔子講仁的意義，弟子之興趣極高，孔子也讓弟子們彼此交換意見，熱烈討論，有的覺得太容易，有的覺得太困難。孔子看著弟子談得熱烈而認真，面帶微笑而頻頻點頭。【孔子說：「仁，這種美德是每天要做的，難易不是問題，持之有恆最重要，像回啊，可以三個月不違仁，維持時間較久而不變，但還不是仁；至於其餘的人，或一日一月可以做到，而顯然時間不能長久。所以希望大家行仁要持續，每天堅持力行，不可間斷。」】顏淵之三月不違仁是隨時表現好學精神，力行而不懈。

子曰：「語之而不惰者，其回也與！」（〈子罕〉）

子謂顏淵曰：「惜乎！吾見其進也，未見其止也。」（同前）

二章並列，是孔子同時稱贊顏淵。（不惰，是不偷懶）。【孔子說：「我告訴他的話，不會偷懶，立刻實現，毫不懈怠的，只有阿回這個人吧！」】這一點，是孔子肯定顏淵「三月不違仁」的證明，顏淵誠然是力行不懈的君子。【孔子有一次談到顏淵卻憂心地說：「可惜啊！我只看到他上進，沒有看到他停止。」】顏淵永恆上進，孔子精神也是如此，聖賢相通，而孔子「惜乎」之歎，則寓意深遠，顏淵躬行實踐，誠然得聖人之道，然而顏淵太用功也令孔子有些擔心。

顏淵喟然歎曰：「仰之彌高，鑽之彌堅！瞻之在前，忽焉在後！夫子循循然善誘人，博我以文，約我以禮。欲罷不能，既竭吾才，如有所立，卓爾；雖欲從之，末由也已。」（同前）

此章是顏淵對夫子的贊歎，造句優美，用辭深刻，理解上亦須深入思索。顏淵熱心求道，追隨孔子時間長久，一直好學而不厭，以顏淵之智慧必然體驗深刻，對自己要求也更加確實，從來不鬆懈。【對於孔子之道，顏淵喟然贊歎地說：「抬頭看，越看越崇高，努力鑽研，越鑽研越堅深！好像看到在前面，忽然聳立在身後，夫子之道真難捉摸啊！然而夫子循序漸進地善於誘導人，以文章典籍廣博我的見聞，以禮儀約束我的行爲，使我可以順著夫子之道前進。如此，我的進步真實而豐富，令我欲罷不能，我用盡才智追隨夫子，好像有所建立，夫子還是卓然聳立在前面；雖然想進一步追隨，卻找不到門路跟上去。」】此章詮釋孔子之道至高至大，德行且智慧如顏淵尙感到遙不可及。（卓爾，即卓然）。指孔子之道卓然立於前。（末由也已，是找不到門路）。莊子謂孔子絕塵而去，顏淵瞠乎其後，即此意；當然，就孔子之道而言，顏淵仍然望塵莫及。此章文字之描述，前後都在贊歎孔子之道，雖然有些抽象卻極真切而深刻，「仰」，「鑽」，「瞻」等是實字，在此虛用，「卓爾」，「末由」等是虛詞，在此實用，造句自然成辭，無雕琢斧鑿痕跡；中間用字實指而明確，如「善誘人」、「博文」、「約禮」等皆爲孔子教育具體事實；至於「忽焉在後」、「欲罷不能」、「所立，卓爾」則是顏淵真實感受，自然成章，顏淵之智慧已至此境，堪喜。是故，如此文辭，非顏淵莫能道。

子曰：「賢哉回也！一簞食，一瓢飲，在陋巷，人不堪其憂，回也不改其樂。賢哉回也！」

（〈雍也〉）

此章前後一再贊美顏淵之賢明。顏淵之賢，可以與聖人相通，所謂孔、顏之樂在此，人生以安貧樂道爲目標。【孔子說：「阿回真是賢明啊！吃一簞飯，喝一瓢水，住簡陋的巷子，別人所不能忍受的憂愁，回啊卻不改變心中的快樂。阿回真是賢明啊！」】顏淵生活正是「食無求飽，居無求安」，僅維持簡單的生活，人所不堪之憂，顏淵卻不改其樂，所樂在於與聖人同道。

吾少也賤

孔子身世如前所述，三歲喪父後，母子相依爲命，「仁」之思想或許就在苦難中萌芽；若就所見資料記載來推想，孔子的成長歷程應該很正常，身體健壯，吃苦耐勞，也因此養成自我奮發之毅力。

子曰：「富與貴，是人之所欲也，不以其道得之，不處也。貧與賤，是人之所惡也，不以其道得之，不去也。君子去仁，惡乎成名？君子無終食之間違仁，造次必於是，顛沛必於是。」（里仁）

「仁」是孔子中心思想，也是孔子精神。人生在富貴貧賤之間難免有所欲望，人人都想得到富貴而去貧賤，但富貴貧賤自有命運，非人力一時可以改變，歷來君王將相並非皆有才智，甚至於昏庸懦弱之徒，卻享盡榮華富貴，在此方面追求與計較，人生則毫無意義。是故，人生以德業之完美，精神之超越，可以天長地久，永垂不朽，才是偉大之聖賢精神。孔子「德侔天地，道冠古今」，人格與天地同等，萬古常新。人生功名富貴轉眼成空，本來不必計較。

【孔子說：「富貴是人人想要的，但不是正道得到富貴，我不願意接受。貧賤是人人所討厭的，但不是正道得到貧賤，我也不願意拋棄。君子沒有了仁，怎麼能稱爲君子呢？因此之故，君子不會在吃一頓飯之間違背仁，匆促急遽時如此，顛沛流離時也是如此。」】人生在富貴貧賤之家，則安於富貴貧賤，若本來富貴因外在變故而貧賤，仁者亦安然處之，不以爲意。不以其道得之，一指富貴，一指貧賤；非正道而富貴，不處，是不貪求富貴；非正道而貧賤，不去，是仁者安仁，不改其樂。安於仁而守仁，自得其樂，不以富貴貧賤爲憂，君子正是如此。

子曰：「回也！其庶乎，屢空。賜不受命，而貨殖焉，億則屢中。」〈先進〉

此章孔子談論顏回與子貢，就其人生之特色而言。【孔子溫和地說：「回啊！他與聖人之道已經很接近，卻能安於貧困。賜則不受天命約束，而善於經商，他買賣東西意料精準，每次都能賺錢。」】（庶乎即幾乎，差不多之意）。指顏淵之人格接近聖人之道；屢空即簞瓢屢空，其中含有贊美之意，因爲屢空就連想到「回也不改其樂」，是顏淵安貧樂道之精神。（貨殖，貨財生殖，指做生意；億，同臆，猜測，有意料之意；屢中，指常猜中）。子貢做生意，買賣都準確，故常能賺錢。

子謂子貢曰：「女與回也孰愈？」對曰：「賜也，何敢望回！回也聞一以知十，賜也聞一以知二。」子曰：「弗如也！吾與女，弗如也！」〈公冶長〉

子貢姓端木，名賜，字子貢，衛國人，少孔子三十一歲，在孔門爲言語第一，年紀與顏淵相近。子貢才高而善賈，財大氣粗，性格驕矜自大，與顏淵安貧樂道截然不同，故孔子之問有試探之意。（愈訓好，孰愈就是誰比較好；望，指比）。孔子有意拿子貢與顏淵比，要子貢自道；子貢反應敏捷，馬上說自己不敢與顏回相比，顯然有自知之明。【孔子告訴子貢說：「你和顏回誰比較好？」子貢答說：「我賜啊，怎麼敢比得上回啊！回啊聞一就知道十，我賜聞一只知道二。」】此章亦涉及孔子之道，顏淵是孔子弟子之典範，但孔子從未明言。孔子弟子身通六藝者七十二人，但年齡上有所懸殊，甚難分弟子之高低；孔子有教無類，因材施教，弟子問無先來後到之等級。子貢自視甚高，孔子要他與顏淵相比，其中隱含要他學顏淵，但不能明講，故望其自比。子貢言顏回聞一以知十，自己僅聞一以知二，其意不能比顏淵，但子貢眼中，除顏淵外，其他弟子則不肯多讓，言語中隱含驕矜之氣。【孔子知子貢之意，故下評論極嚴肅地說：「不如啊！我贊同你，是不如啊！」】此言有弦外之音，可惜子貢不能深察，蓋其個性使然，不能改變；實則，知十與知二是概念，非確數，子貢常聽到孔子稱贊顏淵，故順孔子之意而言，並不了解顏淵，更不了解孔子之道。

子曰：「賜也！女以予為多學而識之者與？」對曰：「然。非與？」曰：「非也，予一以貫之。」（衛靈公）

此章孔子仍然有試探之意，可惜子貢智不及此。孔子問子貢「予爲多學而識之者與」，文意明確而坦然，孔子問話未有隱晦，子貢順著說「對」，就是「多學而識之」，此爲討好取巧之答覆；然而，子貢話一說出，才發覺孔子問得蹊蹺，故反口問「非與」，不是嗎？子貢是聰明人，答話時即閃過一念，此非夫子問弟子之言，因察覺而心虛。孔子博學多能是一般人的看法，然而孔子教育中有「道」，「一以貫之」即指「道」，孔子未嘗明講，「道」是生活中之體驗，顏淵「不違如愚」，聞之而悟。子貢在弟子中反應甚佳，頗有好學精神；子貢善理財，生活富裕，有君子之風度，孔子問話，是刻意引導他，使之精進。然而，人之智慧自內心而出，重點在反省與自勵，始能覺悟，非外力所可造就，全在克己工夫，此爲子貢之缺陷。子貢個性外向，好大喜功，孔子有意引導他自省。

孔子「志於學」時，是從少年至青年，到了十九歲，孔子則已經長高，儼然是槐梧大漢，身高九尺六寸，被稱爲長人，引人側目。孔母顏徵在看到孔子長大，內心歡喜，深感安慰，而不負所望。顏徵在是一位智慧之女性，當年孔父叔梁紇求婚，她接受父親安排成婚，對於叔梁紇的家世與目的必有所悉，而不在意年齡之懸殊；叔梁紇是武士，頗負盛名，孔母對之似有一股敬仰與同情之心，冥冥之中，有其責任心存在。成婚後，顏徵在期望自己不負所託，而主動要求禱於尼山，然後果然生孔子，身體健康，心中之石頭終於放下；然而，僅三年而已，就成爲年輕寡婦，在孔家必受到許多責難，故只有帶著孔子離開。還好，在曲阜的生活並沒有遇到真正困難，孔子總算長大，而且大家一看，正是「鄹人之子」，孔母看兒子如父親一樣高大，感到非常滿意，所以心想及時爲孔子成婚。宋丌官氏爲名門淑女，顏徵在請媒人前往提親，得家長同意，娶丌官氏，爲孔子完婚。明年，生子，魯昭公送鯉魚祝賀，遂取名鯉，字伯魚。丌，音基，同笄；丌官氏，古代掌笄官之後，古時女子十五而笄，笄是盤髮所用之髮叉，今稱爲簪。然而，孔子雖然已經成年，但尚無機會做官。

大宰問於子貢曰：「夫子聖者與？何其多能也？」子貢曰：「固天縱之將聖，又多能也。」子聞之曰：「大宰知我乎？吾少也賤，故多能鄙事。君子多乎哉？不多也！」牢曰：「子云：吾不試，故藝。」（〈子罕〉）

孔子至此已經長大成年，在母親艱苦持家之下，孔子成長非常順利，現在已經是個大人了，自然應該做點事，但一時無出仕機會，就只有找些瑣碎的鄙事做做。孟子指孔子曾做過乘田與委吏。

孟子曰：「孔子嘗為委吏矣，曰：會計當而已矣；嘗為乘田矣，曰：牛羊茁壯長而已矣。」（〈萬章〉）

委吏管會計，是爲人記帳；乘田管牛羊長大，是爲人放牧。孔子成年後，找些打雜的工作做做，做何事不太固定，時間也不久，只是聽人差遣而已。孔子成爲聖人，多才多藝，受人敬仰，這是從做粗活打雜的事，磨鍊出來，造就成多方面的能力。太宰是官名，在國家中地位頗高。【太宰好奇地問子貢說：「孔子是個聖人吧？爲什麼那麼多能呢？」子貢附和地說：「我們老師本來就是天縱的聖人，又讓他多才多能。」孔子聽後不以爲然，說：「太宰了解我嗎？他是不足以知我的，我年少貧賤，所以能做許多粗俗的事，這是磨鍊出來的；對於君子算多能嗎？實在是不多啊！」琴牢補充說：「老師說：我沒有被重用而出仕，故做很多事，可以磨鍊各種才藝。」】孔子所言是事實，就孔子之身世來看，他長大成家後，就必須承擔家計。孔子「多能鄙事」正是「君子不器」的印證。琴牢又叫琴張，字子開，衛人，在孔門中爲狂者，志大言大，事跡極少。孔子在貧困生活中成長，得到很好的歷練，不幸，二十四歲喪母，孔母顏徵在安然離開人世。魯人習俗父母必須合葬，孔子年幼喪父，不知其墓；當時叔梁紇卒，顏徵在不能作主，或許不知墓之所在，僅知葬於防。孔子一時無法找到父親之墓，遂殯母於五父之衢，人過皆疑而問之，遂得鄹曼父之母指示，合葬於防。孔子依魯俗，合葬其母，克盡孝思，完成母親之心願，後世知聖父聖母，而不及其他。從此以後，孔子必須完全負起家庭責任，孔子「志於學」工夫逐漸深厚，而開始設教授徒，顏路、曾點、子路等皆爲早期弟子。顏路名無繇，字路，魯人，是顏淵父親，少孔子六歲，至孔門時間早而長久。曾點，字晳，曾子之父，爲狂士，志大而言大。

一以貫之

魯昭公十七年（西元前五二五年），孔子二十七歲，秋，郯子來朝於魯，昭公與之宴饗而樂，請問官制由來，郯子歷道黃帝以來各官命名之典故，少皞氏是郯子的祖先，始立之時，鳳鳥適至，遂爲鳥師，任鳥官，稱鳳鳥氏，後有玄鳥氏，青鳥氏，祝鳩氏等皆淵源於此，孔子聞之，遂前往拜見而學之，以知官制之源流。孔子二十九歲，聞衛國師襄子長於音樂，乃至衛以師襄子為師而學焉；師襄子告訴孔子說：「我是衛國擊磬樂官，然而專長則在鼓琴，我教你鼓琴。」孔子從師襄子學琴，終於學得一曲，師襄子說：「這一曲你已經熟悉了，再教你一曲。」孔子說：「我還不了解曲調之變化，我要繼續彈這首曲子。」過一段時間，師襄子說：「你對曲調的變化已經控制自如，可以學新曲了。」孔子說：「我還不能體會作曲者之心意如何？」孔子仍然天天演奏原來的曲子，又過一段時間，師襄子說：「對於作曲者之心意你體會到了，可以再學新曲。」孔子說：「我還未得其為人。」再經過幾天，孔子每次彈這首曲子，都陷入沉思之中，忽然又抬頭看著遠處，越彈越入迷，到一曲彈完，孔子臉上終於綻放出笑容，說：「我看到其為人了，面容黯黑而有光，身高而穩健，表情深遠而堅定，此人之德望為天下所敬服。這個人不是文王，誰能如此？」師襄子避席拱手而對曰：「對！這一曲正是文王操。」孔子從曲中領悟到文王之德，三分天下有其二，文王操描述施政愛民之氣度，令孔子神往。

孔子將三十歲了，曙光已經顯露，漸漸看清未來之遠景，前程一片光明，對生命充滿了喜悅與歡樂，終於確立人生之目標；此時，正當東周衰微之時，諸侯霸道橫行，社會道德淪喪，孔子興起了救世之心，對時代之文化，民族之發展，孔子產生強烈的信心與使命感，期望盡力以改變時代。孔子從學文王操中，感受到文王之偉大，周世之興盛，文王是關鍵，由文王而至於今五百餘歲，孔子感覺到文王的生命力，對時代之責任心油然而生。

子曰：「周監於二代，郁郁乎文哉！吾從周。」〈八佾〉

孔子肯定周代文化之濃厚。（監同鑑，借鏡之意；從周，是遵從周，即指贊同周代文物制度）。孔子對儒學之健全，已加強發展中；此時，進一步對時代，對整個民族文化，又有一種使命感出現。孔子之覺悟，乃將中國民族文化之振興，當作自己一生的志業。周之前是夏商二代，中國文物制度經千年之發展，內容豐富，至武王而建立周朝；周公攝政，制禮作樂，使典章制度燦然大備，天下郁郁乎文哉，文化非常濃厚，至於今五百餘年而至孔子。孔子降生於周代，周代因夏商二代之借鏡增益，文化濃厚而豐富，孔子是周代人，當然贊同周代。孔子言「吾從周」是雙關語：就孔子降生周代，事實而無法改變，故從周即贊同周代；然而，平王東遷，西周結束，東周比不上西周，中國文化至春秋末期，更是岌岌可危，孔子有時代之使命感。是故，從周含有興周之意。

子曰：「吾猶及史之闕文也。有馬者，借人乘之。今亡矣夫！」（衛靈公）

孔子由好學而見道，終於道在身上，與中國文化之命脈相結合，成爲文化之傳人。孔子慶幸自己得見「史之闕文」，即史料所載闕如之處，有殘缺不全之文，如古書載：「有馬者，借人乘之。」下文不明，孔子舉例證明。史料斷簡殘篇，孔子存疑，然而今人好創作，竟沒有這種事。亡矣，沒有了，指今人無存疑保留精神。

子曰：「蓋有不知而作之者，我無是也。多聞擇其善者而從之，多見而識之，知之次也。」（述而）

孔子悟道，完全由好學而來，不敢有創作之意，亦無強不知以爲知，孔子所知皆自已好學體驗所得，而展現其真知卓見，發揮智慧之光。【孔子說：「大概有些好事的人，雖然不知也喜歡創作，這樣常會是非混淆，黑白不分，我絕對不這樣做；我是多聞而選擇別人的優點來學習，多看人家的做法然後記住，是從學習中得到的真知，故我的知是次一等的。」】孔子指知之次是說自已不是先知，是「多聞」、「多見」之知，故不敢以創作自居。從之之「之」是指「善者」，從之是跟從善者，含有學習光大之意。

子曰：「人能弘道，非道弘人。」（〈衛靈公〉）

這是孔子人生之志向，一生努力之目標，弘道正是孔子終身之職志。孔子順天地正道而行，自強不息。形而上者謂之道，道不言，孔子則身體力行，目的在發揚光大「道」，道至大至剛，充塞於天地之間，是人間之正氣，孔子謂之「仁」。【孔子說：「人可以弘道，發揚天地之正氣；道常在而不言，道則不能弘人。」】聖人實行大道，是人在發揚道的精神，不是道在弘人。

子曰：「參乎！吾道一以貫之。」曾子曰：「唯。」子出，門人問曰：「何謂也？」曾子曰：「夫子之道，忠恕而已矣。」（〈里仁〉）

此章孔子直接言道，曾子立悟。孔子誨人而不倦，今日講堂上，卻僅對曾子發言，並非問話，而直陳其道，「我的道有一貫的中心思想」，孔子講完而語默，不講了，曾子悟知，故直答「是」。師弟之對答簡單明瞭，毫不含糊。孔子離開，同學才問「是什麼意思？」可見其他弟子聽到後都不懂，曾子說：「老師之道，忠恕罷了。」也是言簡而意賅。曾子名參，字子輿，魯國人，是曾點之子，少孔子四十六歲，爲晚期弟子；父子師事孔子，故曾子亦很小就跟隨孔子，曾子爲人魯實篤厚，但悟性極高。孔子去世時，曾子僅二十七歲，然而孔子之道得曾子而傳。

曾子曰：「吾日三省吾身：為人謀而不忠乎？與朋友交而不信乎？傳不習乎？」（〈學而〉）

此章爲《論語》第四章，前三章有二章是孔子之言，一章爲有子之言。子本爲男子之美稱，《論語》中專指孔子，記「子曰」就是「孔子說」，而有子、曾子亦稱子，後世推斷，記《論語》者有有子與曾子弟子，尊崇二人，有子指有老師，曾子指曾老師。曾子之好學亦以品德表現爲主，對自己每天做反省工夫，三爲多數，並不僅限三種，三省是指大致有三件須反省，三者以外，餘者類推。所反省之事：一、爲人謀事有盡到職責嗎？二、跟朋友來往有守信用嗎？三、夫子傳授的有時習嗎？此與「學而時習之」相應，「習」是實踐力行。忠是盡職之意。此章三句皆反詰語氣，有強調肯定之意，即謀事要盡忠，交友要守信，爲學要時習，是曾子自省之工夫。

柴也愚，參也魯，師也辟，由也喭。（〈先進〉）

孔子評斷四位弟子個性不同，卻遺漏「子曰」二字。柴，姓高名柴，字子羔，少孔子三十歲，衛人，後來長居於魯。【孔子指高柴個性愚拙，曾參個性魯實，顓孫師個性開放，仲由個性粗魯。】（辟，通闢，指開放之意；喭，音彥，是粗魯之意）。曾子魯實忠厚，好學力行，遂成爲孔門之傳人。孔子弟子知「道」者僅顏淵與曾子二人，二人能克己與自省，好學精神與孔子相通，以人弘道，仁在於道之中，皆由反省與自勵而悟道，與孔子之道互相印證。顏子與曾子二人見道，是智慧之自我見證。孔子「志於學」即「志於道」，而力行，而見道，而設教授徒，悟者自悟，皆在自我之見證。

孔子之道，一以貫之。孔子十五歲「志於學」，即立志於學道，以「仁」爲目標；道爲前進之方向，而「仁」是生活之體驗，立志向學後，至此得以見道，而以仁證道，仁在道中，仁與道一以貫之，是孔子一貫之中心思想。孔子歷十五年之艱苦，而進步，而證驗道在己身，從此立身行道。此爲孔子人生之奮鬥期，因不斷地進步而「道冠古今」，成爲聖人。

其三　三十而立

孔子終於至「三十而立」，「立」是孔子人生之重大關鍵。孔子「志於學」時間甚長，歷十五年始至「而立」，這段旅程並不容易；十五歲自覺後，前五年，孔子仍然是個青少年，許多事皆在成長中而未定型，不夠成熟。及至孔子完婚後，身心安定，才進入思索人生的關鍵。

子曰：「學而不思則罔，思而不學則殆。」（〈爲政〉）

孔子在學與思之間下沉潛工夫，探討人生之目標。孔子好學精神從小時候開始，歷久而不懈；人生歷練不斷地向前，進一步認識到思索的重要，而深入探討其道理，察知事實真相。（罔，茫然而無所得；殆，危險而不可靠）。【孔子說：「學習而不用思想就會空無所得；空思卻不學習就會危險而不可靠。」】學與思必須互相配合，才能獲得真知卓見。

子曰：「由，誨女知之乎？知之為知之，不知為不知，是知也。」（同前）

此章可以看出孔子教育之原則。孔子教導子路，求真知之道，必須透過思索才能得到。【孔子說：「由啊，我教你什麼叫知道嗎？你要注意知道就是知道，不知道就是不知道，分辨出知道與不知道的，所得到的才是真知。」】子路姓仲，名由，字子路，魯國人，少孔子九歲，為早期弟子，性格好勇率直，做事果斷，然而爲人粗魯莽撞，最大缺點是有勇無謀。孔子針對子路缺點，指出求知不可草率，囫圇吞棗，不求甚解，知就是知，不知就是不知，一定要分辨知與不知，所知才是真知。孔子由志學歷久而領悟到真知之意義，實在並不容易。孔子學六藝時，以其好學精神與毅力，在技能上應該不難達到純熟境界，然而要通達義理，則並非短時可及，必須經歷長久之磨鍊才知道義理所在，然後至「三十而立」。

有教無類

孔子思想「一以貫之」，至三十歲確立人生之理想。孔子之道是「仁」，這是孔子的哲學，「吾道一以貫之」在此，從此建立自己之人生觀，爲「仁」的哲學。

有子曰：「其為人也孝弟，而好犯上者，鮮矣；不好犯上，而好作亂者，未之有也。君子務本，本立而道生；孝弟也者，其為仁之本與！」〈學而〉

此章爲《論語》第二章，僅次於「學而」之後。有子在孔門極受尊崇，不僅相貌如孔子，言語道德亦近似。有子，姓有，名若，字子有，魯國人，少孔子十三歲，言行若孔子；孔子卒後，孟子曰：「他日，子夏、子張、子游以有若似聖人，欲以所事孔子事之，彊曾子，曾子曰：『不可。』」〈滕文公〉有子之論點是依據孔子平時之教導，提出「仁」的根源在於孝悌，於此可見有子悟性極高。【有子合理推論說：「假使他做人表現孝悌，卻喜歡冒犯長上的，太少了；不好犯上卻好作亂的，絕對沒有；是故，君子努力追求人生之根本，根本確立然後產生道；孝悌的表現，這就是『仁』的根本呀！」】人必先有孝悌行爲，然後才有仁愛之心，此爲人生之真理，「百善孝爲先」，理論圓滿自足，正是中國傳統文化之精神。

孔子身通六藝，以此本事授徒學藝應該綽綽有餘，然而孔子並不滿意於此。如果孔子僅以六藝維持生活，而不見道，亦無孔子其人，孔子之心意不止於此。子貢指孔子是「天縱之將聖」，有一半是對的，天生聖人，似爲自然事實，不可解釋。聖父叔梁紇並不知自己所生爲聖人，當時他只求子嗣而已；自己頗負盛名，是建有戰功之勇士，豈可無後？故又靦腆求婚。顏家三女，二女不應，唯有幼女顏徵在乖巧諒解，完全由父親作主；顏父是礙於叔梁紇的面子，不好拒絕，故只得以幼女應之。聖母成婚後，從孔子孩提開始就負起教養責任，至孔子長大完婚以後，可以自立然後安然逝世，似乎責任完了就離開，也是天意安排。孔子能夠體會母親之苦心，故必將父母合葬，了卻心願。從此，孔子是完全獨立的人格，無人可以依靠，亦無外力之支持，完全追求自立自達，假以時日終於找到自己人生之路，而傳聖人之道。孔子此時是否是聖人，必須靠印證，然而「三十而立」，則已經建立人生之理想。

子曰：「若聖與仁，則吾豈敢！抑為之不厭，誨人不倦，則可謂云爾已矣。」公西華曰：「正唯弟子不能學也。」（述而）

孔子不敢以聖人與仁人自居，雖是自謙，然而乃事實。如果孔子自居於聖與仁，則歷史上無孔子其人，僅得一狂徒而已，更不必經過以後之種種歷練，歷史上亦無孔子之真知卓見傳於世；以孔子之智，固不居於聖與仁。（抑，是或者：云爾已矣，即這樣說罷了）。【今天，正好公西華陪著孔子，孔子就說：「像聖與仁的境界，我不敢講我能達到那樣，或者我所做的是好學不厭，教導別人不倦，僅可以這樣說罷了。」公西華聽後說：「老師這種精神，正是我們做弟子所不能學的。」】公西華推崇孔子之精神爲弟子所不能學，這是事實，孔子之教與學，固非別人所能效法，他開平民教育之先例，亦非平常人可及。聖人境界，孔子自已應該有所體會，但自己不能言；孔子弟子必然感知孔子聖人之崇高精神，亦自然而然贊頌而推崇，孔子默認，不言亦無反對。孟子又記：

昔者子貢問於孔子曰：「夫子聖矣乎？」孔子曰：「聖，則吾不能；我學不厭，而教不倦也。」子貢曰：「學不厭，智也；教不倦，仁也。仁且智，夫子既聖矣！」（〈公孫丑〉）

孔子僅自許爲學不厭，教人不倦，子貢則以此下結論，認爲孔子「仁且智」就是聖人，這個推理非常正確。孔子之成爲聖人，是「天縱之將聖」與「爲之不厭，誨人不倦」二者之結合，始成爲真正的孔子。公西華，姓公西，名赤，字子華，魯人，少孔子三十二歲，在孔門以知禮見長。

孔子早期弟子並不多，當時教育風氣未開，教育本爲貴族之專利，由政府設立公辦，孔子以私人設教授徒，要開風氣之先，甚難！孔子設教並不能像開店營利一樣，擇日營業，生意自來。孔子「三十而立」之所以能夠立足於社會，一則應該是能力被肯定，孔子做事受到社會信任，再則孔子教育亦使弟子有信心，而自願就學。孔子教育均等，不分貧富貴賤。

子曰：「有教無類。」（〈衛靈公〉）

這是孔子的教育精神，孔子打開平民教育的風氣，必然與貴族模式相反，一律平等，而無階級身分之別。【孔子說：「我的教育是不分貧富等級的。」】「三十而立」後，孔子弟子漸多，許多青年受教於門下，孔子也適時提出自己教育之道。

子曰：「自行束脩以上，吾未嘗無誨焉。」（〈述而〉）

孔子教育開放，以微薄之禮來拜師，就收在門下。束脩，是一束十脡的肉乾。【孔子說：「自己以束脩來拜在我門下，我都會好好地教導他。」】（古者相見，必執贄以禮，束脩其至薄者。蓋人之有生，同具此理，故聖人之於人，無不欲其入於善。但不知來學，則無往教之禮，故苟以禮來，則無不有以教之也）。孔子提倡平民教育，目的是鼓勵求知，這是孔子「有教無類」的精神。

舉一反三

孔子有教無類的精神，是他奉獻教育的一種偉大力量，終身行之不已。

子曰：「不憤不啟，不悱不發；舉一隅不以三隅反，則不復也。」（同前）

此章與前章並列，是孔子的教育方法。孔子「不憤不啓，不悱不發」，是教育的重要條件。（憤是心求通而未得，悱是口欲言而未能）。弟子有心向學則教，無心則否。【孔子說：「我的弟子必須心有求通而不得，然後開導之；口欲言而不能，然後引發之；也就是能夠舉一反三才教，不能的人教一次就不再教了。」】學生完全被動，毫無反應，則不教。（隅是桌角，舉一反三是舉一角能推知其他三角）。來求學而肯動腦筋連想的人，孔子才教。這是「爲仁由己」，能夠「克己」與「自省」，自身有求知欲，內心自發之需求，是教育之必備條件。

周敬王二年（西元前五一八年），孔子三十四歲，知老子在東都洛邑，這是孔子仰慕崇拜之人，而有意前往就教。春秋時代，洛邑是天子所居王都，老子時爲守藏室之史，學問淵博，是禮學名家。此時，是魯昭公二十四年，南宮敬叔向魯君建議，給孔子一車，兩馬，一豎子，助孔子適周，孔子遂得以成行。南宮敬叔是孟僖子之子，孟孫氏，名說；魯國政治衰弱，爲三桓所把持，即孟孫、叔孫、季孫等。孟僖子是孟孫氏之主，對孔子極仰慕，曾遺言孟懿子與南宮敬叔二子師事孔子，故南宮敬叔對孔子非常敬重，知孔子之心願，言於魯君，使孔子適周。孔子至洛邑，奉一大雁爲見師之禮，拜謁老子，老子聞孔子來，心中歡喜，親自迎接孔子入坐；此爲中國兩大智者相會，是歷史之光。孔子與老子相處數月，請教問禮，受益良多。洛邑即周之東都，幽王無道，鎬京爲犬戎所破，平王東遷而居東都。孔子至洛邑，觀看王城建築，歷郊社之所，親自觀賞周敬王祭祀上帝，莊嚴肅穆；考察明堂之則，始知明堂由來，是明諸侯之尊卑，爲周王朝見諸侯之殿堂，老子親自率孔子進明堂，體會王道之遺風；孔子並至宗廟，看到周王廟堂之宏大，法度之威儀。明堂之四門有古代帝王圖像，東門繪有帝堯之像，天下祥和，如旭日之東昇；南門有帝舜恭己正南面之圖像，天下安定而太平；至西門則見夏桀暴政，民不聊生之苦；北門有紂王凌虐天下之圖，眾叛親離。帝王善惡，歷歷如繪，正在眼前，孔子留下深刻印象。宗廟裡，繪的是周公相成王南面朝諸侯之圖像，令孔子深信周公之偉大。

子曰：「為政以德，譬如北辰，居其所，而眾星共之。」〈為政〉

此章是〈爲政第二〉篇首。天子以德服人，所行是聖人之道。周自武王建國，僅二年而崩，成王誦即位，周公輔佐，制禮作樂，行王道，施仁政，教化大行，天下安定，是成、康之治時期，四十餘年間，天下措刑；此皆爲周公之睿智所造成，是儒家政治理想之淵源，孔子以此爲王道目標。【孔子看到周公相成王之圖，乃深有感觸地說：「爲政要以道德領導天下，就比如北極星，永遠固定在其位置，然後眾星圍繞四周。」】周公爲相，成王端居於天子正位，接受諸侯群臣朝拜，一片祥和而肅穆。孔子又走到后稷之廟堂，右階之前有金人，鑄像三緘其口，背有銘文，孔子讀之，感觸良深。

子曰：「古者言之不出，恥躬之不逮也。」〈里仁〉

古人樸拙，注重品德表現，謹言慎行，故金人鑄像則三緘其口。【孔子說：「古人言不輕發，是怕自己做不到，會感到可恥。」】鑄像爲戒，此爲聖人之遺教。

子曰：「君子欲訥於言，而敏於行。」（同前）

此章與前章僅隔一章，孔子又作此言。【孔子說：「君子言辭上表現木訥，卻勤勉做事，努力做好。」】欲訥於言，就是不隨便說話，然而做事勤勉，力行完成。

子曰：「剛毅木訥，近仁。」（子路）

孔子之仁，是全德之稱，不易達到；然而卻肯定剛毅木訥接近仁，即離仁不遠。（剛，是剛正，無欲則剛；毅，是堅毅，堅忍不拔；木，是樸實，篤厚老實；訥，是言拙，口才遲鈍）。四者本質善良，故近仁。剛毅木訥，皆不善逢迎，性格真誠不欺，其中有仁。

子曰：「其言之不怍，則為之也難！」（憲問）

大言不慚的人，所說的話常常做不到。【孔子說：「這種說話一點也不慚愧的人，那麼他要做到自己所說的，就會很難啊！」】（怍是慚愧）。人之言多必失，故言不可不慎。言之不怍，比巧言更令人厭惡，巧言有掩飾作用，大言不慚，是強辭奪理，目中無人，完全失去了人性。

子曰：「君子恥其言而過其行。」（同前）

此章孔子指出君子要注意言行。【孔子說：「君子知道羞恥，言不過行，如果言過其行，就會感到非常可恥。」】君子言不輕發，避免做不到，與「古者言之不出」同意。孔子此次適周，增廣見聞，並訪樂於萇弘，對音樂了解更加深入。

周有八士：伯達、伯适、仲突、仲忽、叔夜、叔夏、季隨、季騧。（微子）

孔子在洛邑聽到有人談起周初八士，但是這八位賢人事跡不見記載，或謂文王時人，或謂成王時人，或指一母生四胎八子，皆有賢才，而不得其詳。（适，騧，皆音刮）。此章因孔子談及八士，弟子記於〈微子第十八〉篇末。

孔子與老子相會，是中國歷史上之盛事，亦是民族文化之重大啓發，二者一是儒家之祖，一是道家之淵源，充滿智慧之光，終於孔子拜別，老子親自送行。

老子送之曰：「吾聞富貴者送人以財，仁人者送人以言，吾不能富貴，竊仁人之號，送子以言。曰：聰明深察而近於死者，好議人者也；博辯廣大危其身者，發人之惡者也；為人子者毋以有己，為人臣者毋以有己。」（《史記．孔子世家》）

老子以仁人身分送孔子三言：第一、好議人者，雖聰明深察也可能喪生；第二、發人之惡者，雖博辯廣大也會有生命危險；第三、爲人兒子不要有自己，爲人臣下不要有自己。這三句話孔子謹記於心中，而玩味其深意。古人重禮，如果家中有錢，親友遠行則送財物以助之，老子無財，謙稱竊仁人之號，以言語相贈，此爲智者之言。臨別贈言之典故出於此。孔子回國後，弟子更多。然而，魯國三桓專政，季氏尤甚，季平子掌權，至爲狂妄。

孔子謂季氏八佾舞於庭：「是可忍也，孰不可忍也！」（〈八佾〉）

三家者以雍徹，子曰：「『相維辟公，天子穆穆。』奚取於三家之堂？」（同前）

子曰：「人而不仁，如禮何！人而不仁，如樂何！」（同前）

第一章是〈八佾第三〉篇首。孔子認爲季氏專權跋扈，已至忍無可忍的地步。此三章並列，是孔子之憤懣，譴責季氏倒行逆施。八佾舞是天子之舞，八八六十四人之大型歌舞，天子逢祭祀天地時，使舞於大殿之上，天子與文武百官共同觀賞；季氏爲魯國大夫，竟然在自己家裡之庭堂觀賞天子之舞，囂張狂妄至極，孔子責之不可忍。季氏更聯合三家，行天子祭禮。天子祭天，必歌〈周頌．雍〉詩，然後徹祭品。三家不知輕重，實爲大夫祭典，卻歌頌此詩，孔子認爲不倫不類。「相維辟公，天子穆穆」是一章十六句中三四句，相指助祭，辟公指諸侯；天子祭宗廟，有諸侯助祭，「天子穆穆」指天子威儀莊嚴肅穆，一片祥和。【三家聯合祭拜，歌〈雍〉詩再徹祭品，孔子氣憤地說：「『相維辟公，天子穆穆』，三家之堂怎麼會有這種威儀呢？」】（奚取，指怎麼會這樣）。三家之狂妄，猶如沐猴而冠，極爲可笑。【孔子說：「一個人如果沒有仁心，禮又能如何！一個人沒有仁心，樂又能如何！」】三家不仁，行天子之禮樂，禮樂又能如何呢？禮樂本是生活規範，現在三家僭禮越分，禮樂徒具形式，對人又有什麼作用呢？實行禮樂，必須有誠敬之心，不仁之人如何能行禮樂？禮崩樂壞至於如此，令人浩歎。

子曰：「奢則不孫，儉則固；與其不孫也，寧固。」（〈述而〉）

孔子指行禮以心意爲主。「奢」與「儉」皆不合中道，而取捨不同。【孔子說：「奢侈就會僭禮越份，節儉就會固陋簡略；與其太奢侈而僭禮越份，寧可簡陋而表現真誠。」】老子雖是禮學專家，但崇尚儉樸，主張真實自然，孔子學禮於老聃，顯然體會到爲禮之精神，注重心意之誠敬，而不在於繁文縟節。

子曰：「能以禮讓為國乎？何有！不能以禮讓為國，如禮何？」（〈里仁〉）

此章是孔子有感而發。禮的儀式要有誠敬之心，井然有序，不失其節，故禮讓是行禮之基礎，雍容華貴，人人誠敬而肅穆。【孔子說：「能夠用禮讓來治國，有何困難呢？不能用禮讓的態度治國，那麼禮又能如何呢？」】禮的態度必須謙讓，故行禮先拜而後讓，如果禮而無讓，則毫無意義可言。

子曰：「禮云禮云，玉帛云乎哉？樂云樂云，鐘鼓云乎哉？」（〈陽貨〉）

孔子感慨禮崩樂壞，徒具虛文。【孔子說：「禮啊禮啊，只是擺上一些玉帛嗎？樂啊樂啊，只是用鐘鼓敲敲打打嗎？」】古代祭祀用玉帛爲祭品，故祭祀時有獻玉獻帛儀式，傳統祭拜大都如此。玉帛鐘鼓是祭典之工具，禮樂是祭祀之行爲，禮樂成爲虛文，行之而不知其意。是故，孔子倡導「仁」，目的在喚醒人性的自覺，以改善社會風氣。禮樂之根本在仁，人而不仁，禮樂之形式，則毫無意義。

有子曰：「禮之用，和為貴；先王之道，斯為美；小大由之。有所不行，知和而和，不以禮節之，亦不可行也。」（〈學而〉）

有子指出先王設禮之作用，而且行禮必須有節。【有子說：「禮的運用，以從容溫和最可貴。先王行禮的方法，儀節從容不迫就很優美；大小的祭典都是如此進行。但是，有時候會行不通，是只知道溫和卻一切求和緩，不用禮法來節制，也會行不通的。」】禮而無節，就會繁雜混亂，拖宕而無度。此章有子指明聖人制禮之用意平實。孔子謂治國要禮讓，是政治手段；有子謂祭禮要有節，是祭祀的態度，重點是不可徒具形式，而無誠敬之心。由此章，可見有子雍容華貴的氣度。

君君臣臣

魯昭公二十五年（西元前五一七年），孔子三十五歲，季平子專政，執國柄，跋扈狂妄，昭公銜之已久。有一次，昭公在長府，將發動士卒擊殺季平子。

> 魯人為長府，閔子騫曰：「仍舊貫，如之何？何必改作？」子曰：「夫人不言，言必有中。」（〈先進〉）

閔子騫，姓閔，名損，字子騫，魯人，少孔子十五歲，在孔子弟子中以孝行著稱。閔子騫之行爲廉潔而謹慎，爲「德行」科高弟。（長府，是魯藏財貨之所；爲長府，即整建長府；仍舊貫，是依照舊制；改作，即改造）。【魯人正在擴建長府，閔子騫認爲目前用不上，所以說：「依照舊的規模來整修，怎麼樣？何必改建浪費金錢呢？」孔子聽了高興地說：「這個人平常不講話，一講話就講到重點。」】對閔子騫表示贊許，有鼓勵之意。當時，昭公以長府士卒攻擊季平子，失敗，昭公長久失政，無人支持，故敗；後來，季平子與郈昭伯又因鬥雞之事，得罪昭公，公以師擊之，三家連合攻昭公，公敗，出奔齊。此後，季氏專政，有一次，季氏設宴饗士，孔子過之，欲以大夫身分參加，陽虎守門口，見孔子說：「季氏饗士，非敢饗子也。」（《史記．孔子世家》）孔子遂退。魯政敗壞，權臣專政，陽虎爲家臣，亦仗勢欺人，無可爲，孔子遂至齊。

子在齊聞韶，三月不知肉味，曰：「不圖為樂之至於斯也！」（〈述而〉）

韶是舜樂，帝舜嘗居於此，故齊國有韶樂。（不圖，即不料，想不到之意）。【孔子在齊國，正在欣賞韶樂，爲音樂之優美而沉迷陶醉，三個月吃肉而不知其味；孔子深受韶樂之吸引，食不知味，有所感觸地說：「想不到我爲音樂之美妙，沉迷到如此地步！」】孔子人生達觀，喜好音樂，而樂在其中。

子謂韶：「盡美矣，又盡善也。」謂武：「盡美矣，未盡善也。」（〈八佾〉）

孔子指韶樂盡善盡美，武樂雖美而未盡善，二者音樂境界互有高下。舜爲仁君，恭己而正南面，致天下於太平，音樂和熙溫雅；武王起兵伐紂，爲激勵士氣，武樂則高昂雄壯。孔子倡導王道，推行仁政，以德爲治，固不待武力。

孟子曰：「以力假仁者霸，霸必有大國；以德行仁者王，王不待大。」（〈公孫丑〉）

孟子認爲假借行仁之名，以武力征服諸侯的是霸業，稱霸必須大國才做得到；以德服人，實行仁政的是王道，王者不必等強大。王霸之分在於政治手段不同；武王伐紂，弔民伐罪，至建立周朝後，推展文王之道，實行仁政而天下治，與齊桓公靠武力而稱霸不同。孔子至齊，景公在位。

齊景公問政於孔子，孔子對曰：「君君，臣臣，父父，子子。」公曰：「善哉！信如君不君，臣不臣，父不父，子不子，雖有粟，吾得而食諸？」（〈顏淵〉）

齊爲姜太公之國，姜姓，景公名杵臼，有賢名，用晏嬰爲相，國勢強大。齊自建國以來，前有桓公用管仲而稱霸，百餘年有景公用晏嬰，明君賢相，遂使齊國常強。孔子至齊，拜見景公，已有出仕之意，而景公亦向孔子問政，孔子答覆極簡單，景公反應亦佳，知道孔子所言爲政治之根本。國家失序，政治混亂，國勢再強，必然會動蕩不安，國君自不能安穩。君臣父子皆如其位則安，若不正則亂，吃飯也不安心，焉能下嚥？孔子對齊國有所厚望，故注意觀察其政治情況。他看景公生活奢侈享樂，內寵又多，太子至今懸而不立，政治表面安定，實則問題已經顯露。孔子之言，對景公頗有警示之意，景公知其意故稱「善哉」，然而並未放在心上。晏嬰雖然不失爲賢相，然而政治僅維持現狀；景公信任晏嬰，亦不熱衷革新政治，且大夫田氏勢力逐漸強大，強取豪奪，而景公任其所爲，置之不問。齊之國勢，由齊桓公而稱霸於天下。

子曰：「晉文公譎而不正，齊桓公正而不譎。」（〈憲問〉）

春秋五霸，桓公居首，晉文公次之。文公姬姓，名重耳，因父獻公寵幸驪姬，欲殺之，重耳出亡在外十九年，然後得秦穆公之助而返國即位，在位九年卒。【孔子說：「晉文公是詭詐而稱霸，非正道；齊桓公行正道，尊王攘夷，稱霸天下，非狡譎。」】孔子此言對景公也有試探之意，齊國國勢強大，只要君臣奮發有為，必使國際間產生新氣象。

子路曰：「桓公殺公子糾，召忽死之，管仲不死。曰：未仁乎？」子曰：「桓公九合諸侯，不以兵車，管仲之力也。如其仁！如其仁！」（同前）

桓公稱霸，是管仲之力。齊襄公無道，鮑叔牙奉公子小白出奔莒，公子無知弒襄公，管仲、召忽奉公子糾奔魯，齊人殺無知，小白自莒先入，即位為桓公。桓公殺公子糾，召忽死節，管仲囚，因鮑叔牙之薦，桓公親解管仲之縛，奉請為相，稱仲父。子路以為召忽為主而死，管仲不死，是未仁，孔子就管仲事功，稱「如其仁」者再。【子路問孔子說：「桓公殺掉公子糾，召忽因此自刎而死，管仲不死。要說嘛，管仲這個人不仁吧？」孔子嚴肅地說：「桓公屢次召集諸侯，主持盟會，不是靠武力，完全是管仲的功勞。像他這樣就是仁！像他這樣就是仁！」】（九合，九是多次，即屢次召集；如其仁，如即乃，指這樣就是仁）。桓公稱霸，乃管仲之功勞，其所行是仁之大者，故孔子重複而贊許之。

子貢曰：「管仲非仁者與？桓公殺公子糾，不能死，又相之。」子曰：「管仲相桓公，霸諸侯，一匡天下，民到于今受其賜。微管仲，吾其被髮左衽矣。豈若匹夫匹婦之為諒也，自經於溝瀆，而莫之知也。」（同前）

此章與前二章並列，意義相同。子路之疑，子貢亦然。師徒因管仲問題討論熱烈，子路好勇，認爲管仲不肯爲其主而死，不僅不忠，且不能稱仁；子貢聽孔子說桓公召集諸侯，不用兵車，就是管仲之力，稱贊「如其仁」二次，令子貢大惑不解。【子貢有所疑惑地說：「管仲不是仁者吧？桓公殺死公子糾，他不能爲主人死節，又做齊桓公的宰相，老師……」】子貢顯然還有很多話要說。子路之問，孔子就子路長於軍事，以不用兵車，強調管仲之事功；子貢就提出「又相之」的問題，認爲不僅不爲主人而死，反而幫助主人的敵人，當他的宰相四十年，這樣太過分了吧！所以子貢之問，孔子必須深入分析。【孔子莊重地說：「管仲當宰相，使齊桓公完成霸業，安定天下，到現在天下的人都還受到他的恩惠。沒有管仲，我們都會變成野蠻人。哪裡像無知小民爲信守一點小誓約，在田間水溝自殺而棄屍野外，自己還不知道爲什麼而死呢！」】孔子是從民族文化的貢獻肯定管仲，認爲管仲尊王攘夷，一匡天下，使華夏不至於淪爲夷狄之邦。管仲不能死，自有其事功之價值，故不計較小節。（微，無之意；被髮，是頭髮散亂；左衽，是衣襟向左邊；諒，指小信；溝瀆，田間水溝；自經，用繩子自縊而死）。被髮左衽是夷狄之俗，中原民族則束髮右衽，風俗習慣不同。

子夏曰：「大德不踰閑，小德出入可也。」（〈子張〉）

子夏心意與孔子相通。（大德就是大節，小德就是小節）。正道是大節，人生行正道，品德無所虧損；出仕官職是小節，良禽擇木而棲，士爲知己者死，小節對品德無妨。是故，【子夏說：

「大節不可以超越規範，小節則有所出入，也是無妨。」】人生之成就，不必在小處論長短，英雄志業大致如此。

孔子曰：「天下有道，則禮樂征伐自天子出；天下無道，則禮樂征伐自諸侯出。自諸侯出，蓋十世希不失矣；自大夫出，五世希不失矣。陪臣執國命，三世希不失矣。天下有道，則政不在大夫；天下有道，則庶人不議。」（〈季氏〉）

孔子看到管仲輔佐桓公，稱霸天下，使人民不受戰亂之苦，雖然有所推崇稱許，但亦難免有所感慨。孔子適周，親自看到王室衰微，今日看到齊國國勢強大，凌駕天子；時代變化至此，想要改變局勢很難。（出，出命，指作主）。【孔子感歎地說：「天下有道，聖王在位，禮樂制度，征伐討逆，完全聽命於天子；天下無道，王室衰弱，禮樂征伐則由諸侯作主。」】孔子分天下有道無道，心中感到無奈，東周王道衰微，這是事實；幽王亂國，平王東遷，孔子仍然期待「天下有道」，這是孔子一生努力之志業，故孔子言「天下無道」是極痛心之事。（希不失，指很少不會失掉；大夫，是諸侯之官；陪臣，是大夫家臣）。孔子進一步評論。【「由諸侯出命，大概不超過十世就會失掉；由大夫用命，不會超過五世就會失掉；陪臣掌握政權，不超過三世就會失掉。」】這是聖人不忍心看到的，孔子是聖人而無位，奈何！【最後孔子語重心長地說：「天下有道，則政權不會在大夫手中；天下有道，則人民不會私議政治。」】庶人不議，指實現王道，則人民不會私下批評政治。孔子對天下有道仍然寄望殷切。「政不在大夫」

此言正與當時相反，不僅政在大夫，甚至於陪臣執國命，天下之亂至於斯矣！

孔子曰：「祿之去公室，五世矣；政逮於大夫，四世矣；故夫三桓之子孫，微矣。」（同前）

此章與前章並列。孔子感慨魯國政權旁落。（去公室，指不由魯君作主；逮，是及，指落到；三桓，是由魯桓公所傳，即孟孫氏、叔孫氏、季孫氏等三家）。【孔子傷痛地說：「魯國失政，爵祿已經有五代不是由魯君作主；政權落到大夫手中，也已經四代了；是故，今天三桓的子孫，越來越衰微了。」】伯禽治魯，行周公之道，有仁政，然而國勢衰微，至於今日昭公爲三桓所黜，出亡於齊。三桓子孫衰微，孔子對陽虎氣焰淩人，有所警示。至於昭公在齊，景公禮遇之。

齊侯曰：「自莒疆以西，請致千社，以待君命。寡人將帥敝賦，以從執事，唯命是聽。君之憂，寡人之憂也。」公喜。（《左傳．昭公二十五年》）

景公將莒地以西，送千社給魯君安居，並且聽命於魯君。景公謂自己將親帥齊軍，跟隨昭公之後．唯魯君之命是聽。景公安慰昭公說：「您的憂患，就是我的憂患。」昭公因此很高興。昭公自此暫居於齊，孔子在齊，三十七歲返魯一次。

延陵季子適齊，於其反也，其長子死，葬於嬴博之間。孔子曰：「延陵季子，吳之習於禮者也。」往而觀其葬焉。（《禮記．檀弓下》）

季札是孔子敬仰之前輩，將葬子於嬴博之間。嬴博在泰山之東方，地近於魯，孔子先返魯，再往觀其葬子之禮，並學習焉。觀禮畢，孔子復適齊，齊景公本有意用孔子，因晏嬰反對作罷。

晏嬰進曰：「夫儒者滑稽而不可軌法；倨傲自順不可以為下；崇喪遂哀，破產厚葬，不可以為俗；游說乞貸，不可以為國。自大賢之息，周室既衰，禮樂缺有間，今孔子盛容飾，繁登降之禮，趨詳之節，累世不能殫其學，當年不能究其禮。君欲用之，以移齊俗，非所以先細民也。」（《史記．孔子世家》）

晏嬰反對之意見非常複雜，認爲孔子發揚儒學，崇禮繁飾，講究節目，太過麻煩，累世學不完，用一年也不能盡其禮，所言皆針對儒家重禮而發。晏嬰一開頭即瞧不起儒者，認爲儒者「滑稽無法」，口出鄙夷之辭，且「倨傲不可爲下」，顯然欲加之罪，強爲說辭，爲反對而反對，不盡成理；然而，最後「君欲用之，以移齊俗，非所以先細民也」則是真心話。孔子推行王道，其內容尙不可見；但孔子至齊國，有意尋找政治理想則是事實，如果景公真正重用孔子，齊國社會必會有所更張，制度上亦有所變動；晏嬰以國家立場，認爲生事擾民，而無此必要。

管仲器小

孔子「三十而立」後，有用世之心，至齊國見桓公霸業猶存，若能得到景公之重用，加上晏嬰是賢相，本身節儉愛民，二人合作，就齊國強大國勢，可以將管仲尊王攘夷政策推而廣之，以王道精神，行仁政，則國際局勢必然有所改觀。然而，景公未用孔子，晏嬰即阻之於前，孔子無言以對，他是客人身分，受制於人，無法主動；且景公是庸君，由晏嬰主政，並無政治之理想。晏嬰阻撓，孔子有所覺醒，似乎看到昔時管仲的影子，孔子感觸良深。

子曰：「管仲之器小哉！」或曰：「管仲儉乎？」曰：「管氏有三歸，官事不攝，焉得儉？」「然則管仲知禮乎？」曰：「邦君樹塞門，管氏亦樹塞門；邦君為兩君之好，有反坫，管氏亦有反坫。管氏而知禮，孰不知禮？」（八佾）

此章是孔子對管仲之貶辭。齊國兩位賢相，皆能使齊國強盛，然而二人性格完全不同；管仲極盡奢華，晏嬰則以節儉爲本，然而器量之小皆同。孔子指管仲器小，原因很複雜，很難說清楚，而重點在齊桓公對管仲之信任。管仲使桓公稱霸四十年，時間長久，卻不能進而致王道；管仲若能恢宏器識，在一匡天下之後，可以輔佐桓公進而王天下，受天下人之贊頌。然而，管仲不僅無此智慧，卻只能迎合桓公，滿足其物欲享樂而已，故孔子指其器小，實際上是志太小。【孔子說：「管仲的器量很小啊！」，有人誤會說：「這樣是管仲很節儉囉？」孔子說：「管仲有華麗的三歸臺，官職繁多，無人兼職，怎麼可以說節儉呢？」又有人誤會說：「那麼是管仲知禮囉？」孔子說：「管仲住家像宮殿一樣，國君宮殿門口有大屏風，管仲家門也設立大屏風；君主爲兩君會好進酒後，有置爵之反坫，管仲家裡也有反坫，管仲這樣是知禮，誰不知禮呢？」】（三歸，臺名。事見說苑。攝，兼也。屏謂之樹。塞，猶蔽也。坫，在兩楹之間，獻酬飲畢，則反爵於其上）。這是孔子就事實談論管仲的豪華奢侈，並無否認其事功。

或問子產，子曰：「惠人也。」問子西，曰：「彼哉！彼哉！」問管仲，曰：「人也！奪伯氏駢邑三百，飯疏食，沒齒，無怨言。」〈憲問〉

此章孔子評論三人。子產，即公孫僑，鄭國賢相，孔子指其恩澤普及鄭國人民。子西，楚公子申，讓國於昭王，為賢大夫，後來昭王欲聘孔子，子西阻之，所以孔子說他啊！他啊！而不予置評。（疏食，即粗飯；沒齒，指年老）。【問管仲，孔子則贊許說：「管仲是人才啊！他奪取伯氏駢邑三百家，使伯氏過著平民的生活；到老，終身對管仲毫無怨言。」】這是孔子對管仲之贊揚，孔子稱贊管仲有三：一是「如其仁，如其仁」；二是「微管仲，吾其被髮左衽矣」；三是稱管仲「人也」，真是一個人才，處事公正，令人心服口服。然而，孔子責備管仲亦有三：一是器小，眼界不高，能霸不能王。桓公與管仲，君臣相得，霸業維持四十年之久，若孔子執政又將如何呢？事實上，管仲僅迎合桓公所好，使齊國為霸主，並無王道思想；二是管仲不儉，生活極盡華麗而奢侈；三是管仲不知禮，住家富麗堂皇，建築宏偉如宮殿，管仲的作風顯然有所僭越。管仲執政，處理國際事務，家中排場完全比照齊桓公，孔子因此責之。晏嬰則相反，生活極節儉，守住齊國不衰，亦是齊國之「器」而已，境界不高，故阻止景公用孔子；晏嬰不欲孔子用於齊，若進而思之，齊國有晏嬰，足矣，又何須孔子？

孔子以「仁」爲中心思想，這是對「人」的關愛，以人爲本，而肯定人的貢獻，只要對社會人群有利，皆在「仁」的範圍之內，並無私人之偏見。

子曰：「晏平仲善與人交，久而敬之。」（公冶長）

這裡說明孔子對晏嬰並無成見，晏嬰字平仲，孔子肯定他的優點。【孔子說：「晏平仲很會與朋友交往，他和朋友長久相處，都能保持互相尊敬。」】此點頗爲難得，晏嬰不以自己官職之高低，而對朋友態度有所改變。

子曰：「齊一變，至於魯；魯一變，至於道。」（雍也）

此章可以看出孔子對時代之理想。魯是孔子祖國，而齊國是強大之臨邦，孔子有強烈期望。齊爲姜太公之國，魯爲周公之國，二公皆開國元勳，有聖人之德；齊又爲帝舜之故鄉，尙保有聖人文化，且維持霸業不衰。孔子是魯國人，對魯國有一份鄉土之愛，而寄予復興民族文化之重任，這也是孔子對自己的期許。【孔子說：「齊國國勢強盛，如果能革新政治，改善社會風氣，必能達到魯國的文化水準；魯國有聖人之教化，如果能夠提昇國力，確立魯國國君的地位，必能恢復王道精神，使國家安定。」】孔子對齊、魯有所寄望，希望能夠恢復聖人之大道。

子曰：「觚不觚，觚哉？觚哉？」（同前）

孔子有心行王道，實現仁政，但不得機會。魯國政治長年把持在權臣手中，國勢積弱而不振，魯昭公被趕到齊國，一直回不了自己的國家；齊國雖爲大國，晏嬰爲相，卻無政治理想，不懂聖人之道，僅以自我爲本位，不圖振作，比管仲還不如。【孔子看到整個政治都被扭曲了，心中非常感慨地說：「酒器都不像酒器了，酒器啊？酒器啊？」】酒器是禮儀之工具，然而連酒器都不成樣，這個國家像什麼國家呢？當然，孔子無法直接批評政治，故以隱喻徒自感慨而已。

齊景公待孔子，曰：「若季氏則吾不能，以季、孟之間待之。」曰：「吾老矣，不能用也。」孔子行。〈微子〉

魯國之季氏專擅，大權在握，孟氏則爲人軟弱。【齊景公之對待孔子，說：「像季氏那樣我則不可能，只能待你如季、孟之間。」】此爲模稜兩可之言，實則是示之不用。【終於說：「我老了，不能用。」孔子就離開齊國。】講開了，自己年老，不能用孔子，這是推託之辭，孔子遂行，留之無益。孟子對孔子此行，記曰：

孔子之去齊，接淅而行；去魯，曰：「遲遲吾行也！」去父母國之道也。〈萬章〉

孔子離開齊國，接淅就走，濕米不及炊，攜之而行，是去他國之道；至於去魯，則遲遲慢行，是去父母國之道。孔子行止，固有自己之取捨。

（孔子曰：）「齊景公有馬千駟，死之日，民無德而稱焉。伯夷、叔齊餓於首陽之下，民到於今稱之。其斯之謂與！」〈季氏〉

此爲孔子有感之言。（章首當有孔子曰字，蓋闕文耳），指當加孔子曰。此次孔子齊國之行，頗感灰心。景公病卒，立少子荼，未葬，群公子出奔，孔子對此感觸良深。孔子重視品德修養，不在貧富之別。伯夷、叔齊是孤竹君之二子，孤竹君愛叔齊，曾言自己死後由叔齊繼位，及孤竹君卒，叔齊讓長兄伯夷，伯夷以父命不可違而出亡，叔齊亦不就君位，隨兄出亡；兄弟讓國，聞知文王納賢，遂投奔文王，適文王卒，武王奉文王神主出師伐紂，伯夷、叔齊叩馬而諫，指責以臣弒君不可；及天下宗周，誓不食周粟，餓死於首陽山。司馬遷《史記．伯夷列傳》誌於第一。孔子稱贊伯夷、叔齊之賢，拿景公相比。齊景公是大國之君，死時人民無一德以稱之；伯夷、叔齊雖餓死於首陽山，而節操凜然，千古傳頌，人民到今天仍然稱贊不已，「其斯之謂與」是蓋指此而言吧！可見人們心中皆重視品德，而功名富貴僅爲空名，轉眼幻滅。「其斯之謂與」前有二句，是錯簡，不相干。

子曰：「伯夷、叔齊不念舊惡，怨是用希。」（〈公冶長〉）

孔子直接稱贊伯夷、叔齊二人。【孔子說：「伯夷、叔齊不會記住別人以前的過錯，所以別人也不會怨恨他們。」】（怨是用希，指怨恨所以很少）。兄弟讓國，不就君位，人格已經極爲崇高；今再就其心無芥蒂，純潔無私之精神，深表贊許。

允執其中

泰伯之讓，孔子稱之爲至德，伯夷、叔齊兄弟讓國，終則餓死於首陽山，孔子贊許「求仁而得仁」，兄弟二人之品德完美無缺，受世人稱贊不已。對於高士逸民，孔子極爲崇拜敬仰，下面列舉七人，皆以美德傳世。

逸民：伯夷、叔齊、虞仲、夷逸、朱張、柳下惠、少連。子曰：「不降其志，不辱其身，伯夷、叔齊與！」謂柳下惠、少連：「降志辱身矣；言中倫，行中慮，其斯而已矣！」謂虞仲、夷逸：「隱居放言，身中清，廢中權。」「我則異於是，無可無不可。」（微子）

孔子評論歷史人物，列舉七人，將之分爲三組，卻遺漏朱張一人。柳下惠，姓展名獲，字子禽，魯國賢人，居於柳下，死後門人從師母言，諡惠，後世稱柳下惠。其弟盜跖，是惡人。【孔子說：「自己志向絕不降低，也絕不污辱己身的，就是伯夷、叔齊吧！」又評柳下惠與少連說：「雖然降低志向而污辱其身；然而言論則合理，行事則適當，他們就這樣罷了！」又評虞仲與夷逸說：「他們隱居不問世事，本身行爲清高，絕不談人世之是非，卻能夠知所變通。」】（中倫，指合於倫理；中慮，指合於思慮；放言，是放棄言論；廢，是廢掉言論，二者皆指不談人世之是非；中權，是合於權變，就是知所變通；中皆讀仲，是合之意）。【孔子指自己說：「我和他們的態度不同，沒有絕對可，也沒有絕對不可。」】此章七人，因「史之闕文」僅知伯夷、叔齊與柳下惠等三人，其餘虞仲、夷逸、朱張、少連等四人，事跡不詳。孔子之人生以中庸爲本，處世合情合理，「毋固、毋我」而「義之與比」，故無可亦無不可，完全以正義爲準。

柳下惠為士師，三黜，人曰：「子未可以去乎？」曰：「直道而事人，焉往而不三黜？枉道而事人，何必去父母之邦？」（同前）

柳下惠生於孔子百年之前，事魯釐公。（士師，掌典獄之官；直道，即正道；枉道，即不是正道）。孔子與弟子談論柳下惠，稱贊其行爲守正道而無愧於心。【柳下惠擔任獄官，去職三次，有人說：「您不可以到別國去嗎？」柳下惠說：「我用正道事奉國君，到哪裡不會被三黜？我如果不行正道而奉承國君，又何必離開自己的祖國呢？」】柳下惠行正道，心安理得，雖被罷黜而坦然以對，令孔子敬佩。

堯曰：「咨，爾舜！天之曆數在爾躬。允執其中！四海困窮，天祿永終。」舜亦以命禹。曰：「予小子履，敢言玄牡，敢昭告於皇皇后帝，有罪不敢赦，帝臣不蔽，簡在帝心！朕躬有罪，無以萬方；萬方有罪，罪在朕躬。」

周有大賚，善人是富。「雖有周親，不如仁人；百姓有過，在予一人。」

「謹權量，審法度，修廢官，四方之政行焉。興滅國，繼絕世，舉逸民，天下之民歸心焉。所重民食、喪、祭；寬則得眾，信則民任焉；敏則有功，公則說。」（堯曰）

此章是〈堯曰第二十〉篇首。談論聖人之大道，而爲孔子思想之淵源。禪讓政治是王道精神，堯傳之舜，舜傳之禹；至商湯代夏，周武王滅紂，皆聖人之治。【堯將天下讓給舜時說：「唉，你現在就是帝舜啊！聽好，上帝給你的運道就在你身上，你要真誠地守住中庸之道啊！如果天下各地窮困了，上天給你的帝位也就結束。」舜讓禹時，也將這些話告訴禹。】（咨，嗟歎聲。曆數，帝王相繼之次第，猶歲時氣節之先後也。允，信也）。【至商湯得天下，祭祀上天時說：「我是小子名履，膽敢用黑色公牛，祭拜昭告於崇高偉大的上帝之前，夏桀有罪我不敢赦免，上帝指示的賢人我也不敢蒙蔽，而私心自用，就以上帝心意來選用吧！如果我本身有罪，不關天下的人；天下人有罪是我的教化不好，罪過由我一人承擔。」】這是商湯祭天之辭。（履，蓋湯名。用玄牡，夏尚黑，未變其禮也。簡，閱也。言夏桀有罪，己不敢赦。而天下賢人，皆上帝之臣，己不敢蔽。簡在帝心，惟帝所命）。【周武王建國，大封天下有功之人，使功臣富足。武王說：「雖然在我身邊有眾多賢士，但都不如仁人可以安邦定國；如果百姓有罪，罪過都由我一人承擔。」】（其所富者，皆善人也）。周親，指身邊輔佐之士。仁人，指無位之聖人，暗示周公。輔佐建國功臣尚有姜太公、召公等人，然而周公之睿智，武王心理有數，言仁人則有仰仗之意。聖人政治，是孔子最高之理想，孔子歸納為王道精神。【（孔子說：）「謹慎整理度量衡制度，審察禮法規章，整修廢置的官職，使天下各地的政治都能夠運行。振興滅亡的國家，延續斷絕的世族，舉用有德之士，使天下的民心歸順。政治重點在人民的飲食、喪禮、祭祀等；政治寬厚就會得到民心，政府守信人民就會信任；勤政愛民就會成功，大公無私人民就會心悅而誠服。」】這是二帝三王之政治，乃王道精神所在，孔子所追求之政治理想。

子謂公冶長：「可妻也，雖在縲絏之中，非其罪也。」以其子妻之。（〈公冶長〉）

此章是〈公冶長第五〉篇首。公冶長，姓公冶，名長，字子長，司馬遷記爲齊人，或孔子在齊之及門弟子。公冶長因罪被囚，但孔子謂「非其罪」，或者被陷害，或者爲人頂罪，自己不辯解而繫獄，孔子因此肯定他是個好人，品德沒問題，遂收爲女婿。或傳公冶長通鳥語，史書有載，而真僞難辨：公冶長知鳥語，有鳥鳴於樹上，語中指某人死於山中，公冶長往視，被誤認爲兇手。孔子居齊頗久，歷來記載皆不知其住處，若公冶長爲在齊弟子，又是孔子的女婿，或許就住在公冶長家中。孔子四十歲仍然在齊國，或因魯君留齊之緣故，或沉緬於聖人之鄉，因有關記載極少，不太清楚。而且齊國弟子不多，據司馬遷記載尚有：公晳哀，字季次；后處，字子里；步叔乘，字子車等三人，孔子收門徒條件極寬，只要有心求教，孔子未嘗無誨。

子謂南容：「邦有道，不廢；邦無道，免於刑戮。」以其兄之子妻之。（同前）

南容，姓南宮，名适，字子容，又稱南容，魯人。南容是君子，言行守正道，極受孔子贊賞。

【孔子說：「南容這個人，他在國家安定時，一定受到國君重用；反之，國家動亂，他就潔身自愛，避免受到刑罰。」孔子將長兄孟皮之女兒嫁給南容爲妻。】（不廢，指被重用）。南容是一位可靠的君子，孔子作主，收爲姪女婿。據云，孔子長兄孟皮早卒，遺子女各一由孔子撫育，子名忠，亦爲孔子弟子。

南容三復白圭，孔子以其兄之子妻之。（〈先進〉）

〈大雅．抑〉中有「白圭之玷，尚可磨也；斯言之玷，不可爲也」之詩句，本爲衛武公自儆之詞，其意說白圭之汙點，還可以磨掉；說話錯誤，得罪別人，就無法改變。南容每天將白圭之句復誦三遍，以自儆言行，孔子將長兄之女嫁給他。此章並非指南容娶姐妹花，而是孔子再一次談及南容的優點，重點在潔身自愛。

南宮适問於孔子曰：「羿善射，奡盪舟，俱不得其死然。禹、稷躬稼，而有天下。」夫子不答。南宮适出，子曰：「君子哉若人！尚德哉若人！」（〈憲問〉）

羿，即后羿，有窮國之君，善射，好畋獵，被其大臣寒浞所殺，並篡其位；奡，音奥，寒浞子，有大力，盪舟，指在陸地上行舟。奡弒夏后相，遂使夏統中絕，至相之子少康誅奡，中興夏朝。南容讀歷史，讀到二人，一善射，一有力，皆因不行正道，而不得好死。大禹與后稷親自種田，最後擁有天下。南容的話並非問辭，所以孔子不答；應該是南容向孔子報告對二人的看法，孔子聽後表示默許。【等到南宮适走了，孔子才對著其他弟子說：「南容這個人真是君子啊！南容這個人真是重視品德啊！」】孔子看見好人，不僅稱許，內心高興，還跟他結爲親戚，可見孔子通達事理，極富有人情味。此章前記南宮适問，實則並不是真正問孔子，僅是就教請益，南容師事孔子，是一位君子，重視品德表現，孔子對弟子之稱許完全坦然無私。

子曰：「吾未見剛者。」或對曰：「申棖？」子曰：「棖也慾，焉得剛？」〈公冶長〉

子曰：「孰謂微生高直？或乞醯焉，乞諸其鄰而與之。」(同前)

此二章在同篇而未並列，指出孔子對品德完美要求極嚴。【孔子說：「我還沒有看過剛正的人。」有人問孔子說：「申棖不算嗎？」孔子說：「申棖還有貪慾，怎能稱剛正呢？」】孔子贊許「剛毅木訥」近仁，剛則無慾，其中有仁，然而慾望多則貪，不能算剛。【孔子說：「誰說微生高為人正直呢？有人向他要些醋，自己家裡沒有，就向鄰居要一些給人家。」】這是「慷他人之慨」，當然不可以稱正直。申棖，字子周，魯人，孔子弟子。微生高，人稱他正直，孔子則存疑，並舉出事實來證明，可見其行為不直，家裡沒醋直言才是直，向別人要來再給人，就是不直。微生高，或是孔子鄰人，故孔子了解其為人。

其四　四十而不惑

孔子「志於學」歷十五年至「而立」，今又歷十年而至「不惑」。孔子「三十而立」之工夫最難，然後再進入「四十而不惑」之境界，孔子明確地感到自己之進境，而體會極深刻。孔子自述人生之進境，宋．邢昺疏：「此章明夫子隱聖同凡，所以勸人也。」指出孔子隱聖同凡，目的在勸人力行上進之意。孔子志於學是學聖人之道，而注重全人格之發展。

子曰：「興於詩，立於禮，成於樂。」（泰伯）

此章是孔子志學成聖之總綱領。【孔子誠懇地說：「引發人之感情的是詩，使人卓立於社會的是禮，使事情圓滿達成的是樂。」】此爲孔子修身進德之全人格。詩是感情之凝斂，可以美化情操，代表人性之真；禮在端正行爲，養成獨立的人格，代表人性之善；樂在陶冶心靈，使人心平氣和，代表人性之美。孔子由詩中之真，而行禮之善，親自體會音樂之美，人生之歷練更加深刻，至此四十歲而不惑。孔子「立於禮」最重要，禮正是立足社會之根本，學禮之目的在此，禮與「三十而立」關係最密切。孔子鼓勵其子孔鯉學禮。

陳亢問於伯魚曰：「子亦有異聞乎？」對曰：「未也。嘗獨立，鯉趨而過庭，曰：『學詩乎？』對曰：『未也。』『不學詩，無以言。』鯉退而學詩。他日，又獨立，鯉趨而過庭，曰：『學禮乎？』對曰：『未也。』『不學禮，無以立。』鯉退而學禮。聞斯二者。」陳亢退而喜曰：「問一得三：聞詩，聞禮，又聞君子之遠其子也。」（〈季氏〉）

此章強調孔子不私其子，乃聖人大公無私之精神。學詩學禮，皆是孔子教育內容，對其子言如此，對弟子言亦如此，孔子之觀念以教育爲大眾公器，而不藏私，對自己兒子亦然。【陳亢私下問伯魚說：「你也有什麼特殊的聽聞嗎？」】老師對你這個獨子有沒有秘傳什麼？【孔鯉人老實，答說：「沒有啊！有，我父親曾一個人站在中庭，我要快走過去，被叫住問：『有學詩嗎？』我說：『沒有。』父親說：『不學詩，無法與人談話。』我退而學詩。另一天，父親又一個人站在中庭，我快走經過，又被叫住問：『有學禮嗎？』我說：『沒有。』父親說：『不學禮，無法與人立足於社會。』我退而學禮，就這兩次，父親私下對我講話。」陳亢退出後，很高興地說：「我問一得三：得知學詩，學禮，又得知君子不偏愛自己的兒子啊。」】君子之遠其子，「遠」並非疏遠，而是不特別親密，就是不偏愛。遠，反義是近，近則若拉在身邊，有溺愛之意，孔子對自己兒子不會如此。陳亢，陳國人，爲孔子弟子，對孔子是否私其子，表示疑惑而好奇，故問孔鯉「有異聞乎」，老師有否特殊教你什麼？孔子「有教無類」，對兒子與弟子皆同，教育內容一致，不分彼此。

孔子「立於禮」是自己真實之體驗，可以與「三十而立」彼此參證，故告訴孔鯉「不學禮，無以立」，就是指出無禮則不能立足於社會，是自己經驗所得。然後孔子又經過十年之歷程，至「四十而不惑」，人格更加光明正大。

立人達人

孔子之子孔鯉已經長大，與弟子一同受教。孔子行聖人之道，光明磊落，絕不藏私，開誠布公，而無任何隱瞞。

子曰：「二三子，以我為隱乎？吾無隱乎爾。吾無行而不與二三子者，是丘也。」（述而）

孔子對其弟子毫無隱瞞，完全公開，所謂「知無不言，言無不盡」、「夫子循循然善誘人」，對其弟子盡心盡力，是一位和藹慈祥的師長。（二三子，是孩子們，對弟子親密稱呼；無隱乎爾，是對你們毫無隱瞞；無行而不與，「無不」二字否定表示肯定，指孔子任何事情都會告訴弟子）。【今天，孔子語氣極仁慈地說：「孩子們，你們認爲我有隱瞞嗎？我對你們一點都不隱瞞。我是任何事情都會教給你們的，我孔丘就是這種人。」】孔子教育方式平實，皆生活上正常之言行，然而孔子聖人之道德崇高，爲弟子所不及，故孔子強調自己並無隱私，完全是正常之言行而已。孔子所注重是人生務實的態度。

子貢曰：「如有博施於民，而能濟眾，何如？可謂仁乎？」子曰：「何事於仁，必也聖

乎！堯舜其猶病諸。夫仁者，己欲立而立人，己欲達而達人；能近取譬，可謂仁之方也已。」（雍也）

此章可見子貢驕矜自大之心態。子貢以得意之語氣問話，一個人如果能夠博施於人民，又能救濟社會大眾，「怎麼樣」，了不起吧！是不是仁呢？語氣則透露出傲慢。孔子因管仲之事功，稱「如其仁」者再，子貢不解孔子之道，認爲仁是由事功而得到，只要拿大筆金錢幫社會大眾解決生活，就算是仁了；孔子指出，這跟仁有什麼關係呢？一定是聖人才能做得到，堯舜可能還會感覺做不到而有所擔憂呢！何事於仁，指與仁何干？即「博施」與「濟眾」與仁無關，照顧天下是堯舜帝王之事，聖與仁不同。孔子之意，堯舜時代，天下太平，但不能保證絕無窮人。「博施」與「濟眾」說來好聽，但聖人是否能完全做到，還是有問題。是故，【孔子說：「有仁德的人，自己想立足於世也幫助別人立足於世，自己想通達事理也幫助別人通達事理；能就近拿自己來相比，可以說是行仁的方法。」】能近取譬，是就自己相比，今天與昨天比，把優點缺點拿來相比而取其善。能近取譬，即顏淵之「克己復禮」，要求自己視聽言動合禮；也是曾子「吾日三省吾身」，每天以三件事自省。行仁由自己本身做起，外在事功與仁無關。

孔子「而立」，然後行聖人之道，此後自己有信心，亦對時代有其使命感。孔子適周，所學甚多，「每事問」，對王城更加好奇，好學精神得到充分發揮。

子曰：「三人行，必有我師焉；擇其善者而從之，其不善者而改之。」（〈述而〉）

三人同行，其中一人是自己，其餘二人即可當老師。【孔子說：「三個人走在一起，就一定有我的老師；選擇好的表現來跟他學，其中有不好的行爲就警惕自己要改進。」】此即好學精神之表現，孔子隨時隨地皆可學習，在洛邑更是如此。從之，就是指學習善人。孔子在洛邑見聞廣博，至於老子臨別贈言，令孔子智慧頓開，而邁向智者之路，因此而不惑。

子曰：「知者不惑，仁者不憂，勇者不懼。」（〈子罕〉）

子曰：「君子道者三，我無能焉：仁者不憂，知者不惑，勇者不懼。」子貢曰：「夫子自道也。」（〈憲問〉）

君子之道有三，孔子前後言之，前章是直言，後章則謙稱「我無能焉」。我無能，是我做不到，當然是孔子自謙。然而，三者是孔子之全人格，包括智、仁、勇等三方面，三者亦是孔子人生之目標。仁者大公無私，故不憂；智者沉靜光明，故不惑；勇者浩氣凜然，故不懼。人生至此，天地無我，日月光明，充滿人性的光輝，而永垂不朽。孔子「四十而不惑」已達到如此境界，孟子「四十而不動心」亦如此，孔、孟精神因此「一以貫之」。孟子「乃所願，則學孔子也」（〈公孫丑〉），是學孔子之道，又自謂「予未得爲孔子徒也，予私淑諸人也」（〈離婁〉），諸人指子思之門人，孟子受業於子思之門人。不惑之簡單解釋爲不疑惑，若深層之意則是智者境界；實則，孔子適周，與老子相處數月，因所見所聞而開通，老子對孔子之啓發甚大，使孔子智慧通達，人生圓融而無礙。

孔子適周，將問禮於老子，老子曰：「子所言者，其人與骨皆已朽矣，獨其言在耳。且君子得其時則駕，不得其時則蓬累而行。吾聞之，良賈深藏若虛；君子盛德容貌若愚；去子之驕氣與多欲，態色與淫志，是皆無益於子之身。吾所以告子，若是而已。」（《史記‧老子韓非列傳》）

老子以智者身分，啓發孔子，對孔子之期許殷切。中國二大聖哲交會之光輝，永留人間，成爲中國人智慧永恆之標竿。老子認爲孔子所學，其人死之已久，人骨早已腐朽，徒存其言而已；老子之意，古人之言雖在，但不能食古不化，而要知所變通。老子對孔子之期勉，認爲若得時出仕，則駕車而行，不得時則蓬累而行，雖爲平民亦不在意。蓬累是無主的樣子，猶子然，獨自無依之意。重點在下面三言：一、良賈深藏若虛，智者當如是；二、君子盛德，而容貌若愚；三、去子之驕氣、多欲、態色、淫志，自制而內斂。孔子「三十而立」頗有自得之意，老子慧眼獨具，知可以再造進境，故而殷殷期勉，孔子內心感受深刻，體悟真切，因此而邁向「不惑」之境。孔子之好學精神，隨時皆有機鋒，處處悟得妙諦，心中圓滿自足，從此以明道行道爲人生之目標。

子曰：「知之者不如好之者，好之者不如樂之者。」（〈雍也〉）

爲學進德有深有淺，人生體驗各自不同。知之者僅得知識之進步，尚未深入其中；好之者已知所輕重，心生喜悅，而未得其樂；樂之者則深入玩賞，沉緬其中，樂趣無窮，安貧而樂道。【孔子說：「知正道的人不如喜歡正道的人，喜歡正道的人不如以行正道爲快樂的人。」】孔子四十歲，雖然身居齊國，但生活安泰自適，智慧清明，心無掛礙而不再迷惑。從此以後，孔子樂在道中，人生以行道爲樂，清新明亮，自在而順適。「不惑」正是人生光明之意，不爲塵俗之雜物所牽拌。孔子仁在道中，光輝而清明，這就是「四十而不惑」了。

子曰：「知者樂水，仁者樂山；知者動，仁者靜；知者樂，仁者壽。」（同前）

此章與前章僅隔二章，從此章可知，孔子達於聖人境界。智者通達事理，若水之清澈流動，故智者喜愛水；仁者安祥穩重，若山之厚實聳立，故仁者喜愛山。智者流動不居，仁者沉靜慈祥。因此之故，智者隨機變化而長樂，仁者恬淡自安而多壽。孔子悟道至此，正是仁且智的境界，人生達於清明而自在，心安而理得。

我待賈者

魯昭公三十二年（西元前五一〇年），孔子四十二歲，自齊返魯，距三十五歲魯昭公失政奔齊，孔子去魯適齊，迄今共歷七年，曾一度返魯外，長居於齊。

十有二月己未，公薨于乾侯。（《公羊傳·昭公三十二年》）

指昭公於三十二年十二月，卒於晉之乾侯（今河北成安縣東南），昭公自流亡至今客死他邦，孔子亦自齊回魯國。然而魯國政治並未改善，季平子仍然跋扈；定公五年（西元前五〇五年），平子卒，子桓子繼立，孔子四十七歲。此時，季氏失政，家臣陽虎專權，囚季桓子，迫之盟約然後放人，陽虎氣焰高張，不可一世。陽虎是陪臣而專權，態度狂傲，孔子鄙之。

陽貨欲見孔子，孔子不見，歸孔子豚。孔子時其亡也，而往拜之，遇諸塗。謂孔子曰：「來！予與爾言。」曰：「懷其寶而迷其邦，可謂仁乎？」曰：「不可。」「好從事而亟失時，可謂知乎？」曰：「不可。」「日月逝矣，歲不我與！」孔子曰：「諾，吾將仕矣！」

（〈陽貨〉）

此章是〈陽貨第十七〉篇首。陽貨即陽虎。此章記述二人之對話非常生動。陽虎是「陪臣執國命」，魯政敗壞至此，孔子對陽虎有鄙視之意。然而，陽虎猶知孔子之賢，欲拉攏孔子，以壯大自己勢力，故想見孔子。陽虎之意，認爲他要見孔子，把孔子叫過來就是，可惜！行不通，「孔子不見」，故陽虎無法，先送個禮吧！孔子是知禮的人，禮尚往來，陽虎送孔子小豬，孔子必須親往答謝。【孔子探知陽貨不在，去拜謝，不巧途中碰到，孔子只好勉強地拜見，陽貨口氣很不好，說：「過來！我跟你說話。」說：「你自己有本事卻不爲國家做事，是仁嗎？」答說：「不是。」「你一直想找機會出仕，現在該出來卻不出來，是智嗎？」答說：「不是。」】陽虎的語氣非常傲慢，「予與爾言」就有教訓的味道，又問「仁乎」、「知乎」則有責備之意，態度非常狂妄。（歸通饋，贈送之意；懷其寶，指孔子有本事；迷其邦，指在自己國家迷失；

從事，指出仕做官；亟，是屢次）。【陽貨最後對孔子說：「時間浪費太多了，歲月不等人啊！」孔子說：「好吧！我就要出仕了！」】（歲不我與，倒裝句，歲不與我，指時間不會等人）。陽虎之意是要孔子出仕，但陽虎不能作主，孔子仍未出仕。孔子之德望日盛，陽虎欲借之以顯揚自己之威風而已。此事後，又經過三年，陽虎謀殺三桓，三桓聯合攻之，陽虎據陽關相抗；翌年，魯軍攻伐陽虎，陽虎敗而奔齊。此爲後事。

子曰：「巧言令色，鮮矣仁！」（〈學而〉）

陽虎本身是一點品德都沒有的小人，竟然以仁與智誆孔子，實則不仁之至，純然是自私自利的小人。【孔子說：「說話善巧，臉色好看，顯然自以爲是的小人，這種人一點仁心都沒有！」】對於陽虎之人，孔子當然知其心意，而鄙其不仁。

子曰：「巧言令色，足恭；左丘明恥之，丘亦恥之。匿怨而友其人，左丘明恥之，丘亦恥之。」（〈公冶長〉）

孔子與陽虎對話，內心深感不安，但是出於無奈；對於無恥之人，孔子有意逃避，然而竟然途中遇到，自己是躲無處躲。陽虎仗勢欺人，雖知孔子之賢，然而並無誠意，僅在炫耀自己；二人之對答有虛僞應付的缺陷，孔子顯然以爲羞恥。左丘明是魯國賢人，孔子引之以自比，有自我警戒之意；巧言令色足恭皆是僞裝，不真誠。（足恭，是過分謙卑；匿怨，是把不滿藏起來）。對於陽虎，孔子可以不理，但途中相遇，孔子實在沒辦法。孔子答覆陽虎是「不惑」

之最佳印證，陽虎以威勢又滿口仁與智脅迫孔子，孔子知之而猶應對之，是大智若愚，僅能如此。

子曰：「已矣乎！吾未見能見其過而內自訟者也。」（同前）

此章與前章隔一章。這是孔子感慨之言，是一般人的通病，然而若指陽虎其人則正是。常人皆不認爲自己有錯，爲惡之人更不認錯，何況要能自責更難，故常一錯再錯，而永遠無法改過。【對於這種無恥之人，孔子說：「算了吧！我還沒看過自己看見過錯，卻會自己責備自己的人。」】認錯困難，自責更難。

子曰：「過而不改，是謂過矣！」（〈衛靈公〉）

人生歷程會發生許多事，不可能自己事事順利，不會犯錯，有過能改，善莫大焉，故每個人皆因歷練而得到成長。【孔子說：「明知有過而不改，過錯一錯再錯，這就是真正的過錯了！」】惡人積習難改就是如此。

孔子因自覺而悟道，而道在己身，對民族文化有強烈之責任心，故目前未能推行仁政，則立身於教育，以道傳諸弟子，期望人性之覺醒。仁是孔子人生之目標，生生不息，永恆向上，不惑之意志，因自覺而力行不懈。

子曰：「甯武子，邦有道則知，邦無道則愚。其知，可及也；其愚，不可及也。」（〈公冶長〉）

甯武子，衛國賢大夫，先事文公，後又佐成公，振興衛國。據載，甯武子早孔子八十一年生，故孔子是由史料而知甯武子之爲人。【孔子說：「甯武子這個人啊，國家安定太平時就很聰明，國家動亂時就很笨拙。他的聰明，是人人可及的；他的笨拙，是無人可及的。」】邦有道，是指衛文公而言，文公是明君，甯武子與之相安無事，是個聰明人；邦無道，是指成公而言，成公無道，甯武子則不避艱危，獻其身以護衛國家。衛成公即位，好大喜功，進兵中原，與晉國爭勝，結果兵敗失國，甯武子周旋於其間，力圖振作，終於重建衛國，迎接成公復位。甯武子從政之進退，當仁而不讓，誠然是君子風度，令孔子嚮往。

闕黨童子將命，或問之曰：「益者與？」子曰：「吾見其居於位也，見其與先生並行也；非求益者也，欲速成者也。」（〈憲問〉）

闕黨童子欲速成，想快一點變爲成人，孔子則教他依禮而行。（闕黨，即闕里，孔子家鄉；益者，即進益之人，指學問進步很好的人；居於位，坐在大人之位；求益者，指求學進步很好的人；速成，成是成人，即趕快成人）。闕黨童子像個小大人，尙未成人卻喜歡表現大人的樣子，所以孔子讓他增加見識。【孔子派闕黨童子去傳命，有人問孔子說：「他是學問進步很好的人嗎？」孔子說：「這個童子到我這裡來學習，我看他坐在大人的位置，也看到他和大人走在一起；他並非學問進步很好的人，而是一心想要趕快變成大人的樣子。」】達巷黨人稱「大哉孔子」，是贊頌孔子的偉大；有人指達巷黨人是項槖，外號小兒神，七歲爲孔子師，此事雖不可信，但歷來神童之說時有所聞。闕黨童子是孔子家鄉的小孩，可能仰慕孔子而投在門下，看到孔子弟子都是正正經經的君子，有樣學樣，人小鬼大，學君子的樣子；孔子有意讓他見見世面，代替傳命，看看各種不同身分的人。這種情形一而再，再而三，有人懷疑孔子屢次使喚童子，是不是童子學問進步很快，提出疑問，孔子則針對疑問，正式向大家說明。

子貢曰：「有美玉於斯，韞匵而藏諸？求善賈而沽諸？」子曰：「沽之哉！沽之哉！我待賈者也。」（子罕）

孔子期待出仕，然而從政必須造福民生，安定社會，目的在於實行仁政。孔子教學相長，以王道政治爲目標，此章之問答完全用隱喻，以美玉待賈而沽喻從政理想。【子貢問孔子說：「這裡有一塊美玉，非常珍貴，是應該把它收藏在保險箱呢？還是把它拿出來比一比好價錢再賣出去呢？」孔子說：「賣出去吧！賣出去吧！我是等待好價錢的人啊。」】（韞，是收藏；匵，是藏物家具，即保險箱；沽，是賣出）。待價而沽，是孔子從政之基本條件，而期待國君之重用。子貢用隱語提問，孔子順著隱語而答，師弟間心意互相契合，言辭瀟灑而富有諧趣。

過猶不及

孔子等待出仕機會，目的在推行聖人政治，改善人民的生活，使天下安定。然而，機會常常是外在的因素所造成，無法勉強。

子曰：「三軍可奪帥也，匹夫不可奪志也。」（同前）

此章指出任何人都應該被尊重，孔子仁道思想以此爲根本。孔子提倡教育，就是以人爲本，故「有教無類」，絕無尊卑貴賤之分，即使匹夫也是。古代稱匹夫是指平民，匹夫匹婦更是指無知之人，這是古代社會不公平的現象；貴族可以受教育，平民則不可；而且，貴族可以多妻並納妾，平民則行一夫一妻制，故稱爲匹夫匹婦。孔子提倡平民教育，暗中有打破這種不平等之意。孔子所行乃開風氣之先，就此而言，孔子是中國民族文化之先知；他不僅打開社會風氣，也開啓了中國人的智慧。【孔子說：「三軍的主帥可以靠武力強奪過來，然而匹夫之意志是無法奪取改變的。」】事實上，匹夫就是一個人，任何人的意志是無法被迫而改變。

子曰：「善人為邦百年，亦可以勝殘去殺矣。誠哉！是言也。」（子路）

孔子推崇堯舜禪讓政治，天下太平，這是大道之行，天下爲公。五帝時代，聖人政治是最高理想，而以堯舜爲代表，是善人之治，孔子政治思想淵源於此，實行仁政以此爲目標。孔子至四十而不惑，以其智慧已經看見這個目標，而堅信後人應該朝此目標努力，期待於世界大同，天下一家。今天，科技文明，日新月異，資訊網路，無遠弗屆，人與人之間的距離縮短，地球村已經出現。【孔子說：「有善人來治理國家一百年，也就可以感化惡人，廢除死刑了。真的啊！這句話說的真對。」】「善人爲邦百年，亦可以勝殘去殺矣」是古語，孔子贊美此言，亦借此言表達自己的期待。今日世界各國，紛紛主張廢除死刑，或許這是走向和平之大道。（勝殘，是感化殘暴之人；去殺，猶言止殺，即廢除死刑）。實現仁政，孔子知其不易，但政治之最高理想，必須靠人類努力追求，而止於至善。

子曰：「邦有道，危言危行；邦無道，危行言孫。」（〈憲問〉）

春秋時代，諸侯爭霸，天下不安，明君非常難得，孔子指出從政之道。（危言，是正言，說話正直；危行，是正行，行爲端正）。【孔子說：「國家明君在位，說話正直，行爲端正就好；國家之君主無道，行爲要端正，但說話就應該謙遜，明哲保身。」】國家有道或無道，維繫在君主手中；有道之君明理，無道之君則忠言逆耳，臣下必須謹言慎行。

子曰：「君子不重則不威；學則不固；主忠信；無友不如己者；過則勿憚改。」（〈學而〉）

此章是孔子之正面教育。孔子直接勉勵弟子學習君子，指出君子注重五種行爲。【孔子說：「一位君子必須注意：第一、不重則不威，態度莊重才有威儀；第二、要學道才不會固執己見；第三、做人以忠信爲主，不可狂妄；第四、朋友都會有優點，應該見賢思齊；第五、有過錯不要怕改。」】無友，一般以友爲動詞，指不交友，但有矛盾，如果大家不交不如自己之友，則人人無朋友；故無友不如己者之意，是沒有朋友是不如自己的人。交友就是要取朋友的優點，若一無是處的人當然不值得爲友。以上第五點指改過，不可心存姑息，有過要承認，且不怕改；知道過錯一定要改，不再犯，就沒有過錯了。

子夏之門人問交於子張。子張曰：「子夏云何？」對曰：「子夏曰：『可者與之，其不可者拒之。』」子張曰：「異乎吾所聞：『君子尊賢而容眾，嘉善而矜不能。』我之大賢與，於人何所不容？我之不賢與，人將拒我，如之何其拒人也？」〈子張〉

此章記子夏與子張交友之道有所不同。子夏居西河教授，弟子眾多。子張，姓顓孫，名師，字子張，少孔子四十八歲，魯人，是孔子晚期弟子，個性寬廣而有大志。子夏與子張二人性格明顯不同，對孔子之道，各有所執；子夏好學而謹慎，堅守自持，子張則較開放。【子夏與子張往來密切，有一天，子夏的門人來子張家，談話中，請教交友之道。子張說：「你們老師子夏怎麼說？」答說：「子夏老師說：『可以的就交往，不可以的就拒絕。』」子張說：「這和我所聽到的不同，我聽夫子說：『君子要尊重賢人而包容大眾，嘉勉善良的人也要體諒能力差的人。』這才是交友之道。若照子夏所說，我是大賢，別人有誰不能容納我呢？我要是不賢，別人就會拒絕我，我怎能拒絕人呢？」】子夏對孔子言「無友不如己者」的解釋，顯然是不交不如自己的朋友，故主張「不可者拒之」，不交無益的朋友。

子貢問：「師與商也孰賢？」子曰：「師也過，商也不及。」曰：「然則師愈與？」子曰：「過猶不及。」〈先進〉

子張志大，在孔門是狂者；子夏敬謹，在孔門是狷者。孔子教育，主張中道，不過亦無不及，但弟子個性不一，有過之亦有不及，子張與子夏正是顯例。【子貢對二位師弟才華出眾，顯然有好奇心，問老師說：「師與商二人，誰較賢明呢？」孔子說：「師有所超過，商有所不足。」

子貢說：「那麼師比較好囉？」孔子說：「超過猶如不足，皆不適當。」】中庸之道是孔子生活原則，亦以此教弟子。

子曰：「中庸之為德也，其至矣乎！民鮮久矣！」（雍也）

不偏之謂中，不易之謂庸，中庸是永恆之中道，不偏不易，若天道之永恆不息。孔子行天道之正，故可以不離中庸，弟子至此甚難。（至，即至德；民鮮，指很少人做到）。【孔子說：「中庸這一種美德，是至高無上的啊！可惜太久沒有人能做到了！」】孔子自己所行是中庸之道，但無法言喻，過與不及皆不合中道。

子曰：「不得中行而與之，必也狂狷乎！狂者進取，狷者有所不為也。」（子路）

中行即中道，指中庸而言。孔子之弟子，真正能自我要求的是顏淵，可以「三月不違仁」，長時間行仁而不違，中行則猶不及。【孔子有所感慨地說：「找不到中行的人來教導他，必要的話就只有取狂狷吧！狂者有進取之心，狷者守本分，不隨便亂做。」】孔子不得中行而與之，故退而求狂狷之士。孔子這兩章所言皆有所保留，一言中庸為至德，一言不得中行而與之，而何謂中庸與中行，意義不清楚，顯然其義懸之極高，與仁可以等同，而不可以企及。

喜怒哀樂之未發，謂之中；發而皆中節，謂之和。中也者，天下之大本也；和也者，天下之達道也。致中和，天地位焉，萬物育焉。（《中庸．第一章》）

內心平和，無喜怒哀樂之動，叫做中；發動喜怒哀樂後都合理，叫做和。是故，達到中和之最高境界，是天地正位，萬物成長，生生不息，此爲天下之達道。聖人行天地之正道，「天行健，君子以自強不息」，效法天道，強健而不息。

無為而治

孔子人生而不惑，受教弟子越來越多。孔子教育條件非常開放，但要求卻極嚴格，孔子把教育當做終身之職志，而誨人不倦。孔子在齊國未出仕，回魯國後，亦在靜待機會。孔子出仕，決定權在魯君，而無法勉強。

或謂孔子曰：「子奚不為政？」子曰：「書云孝乎：『惟孝，友于兄弟。』施於有政，是亦為政。奚其為為政？」〈爲政〉

此章又講到爲學之本。孔子有意出仕，但一直無出仕機會，儒家之爲學從政，目標嚴正，目的在造福民生；然而治國、平天下之基礎在於齊家，齊家必須從孝悌做起。【有人問孔子說：「您爲何不從政呢？」】此話問得沒道理，似是而非。孔子有意從政，但孔子出仕自己不能作主，孔子聽到此問，很難針對問題答覆，所以只得從政治之根本來談。《尙書．君陳》有載：「惟孝，友于兄弟。」【孔子答說：「書記載孝道說：『孝順父母，友愛兄弟。』這樣施行於家族而有條有理，也是一種爲政，何必出仕才算是爲政呢？」】中國是家族社會，同族的人長久居住，動輒數十百人，要齊家並不容易，故從政必須先齊家，齊家是從政之基礎。孔子知道政治不是單純問題，但本身之端正最重要，孝悌爲仁之根本，也是社會制度的基礎，政治之安定從齊家開始。儒家主張仁政，聖人以孝治天下，百善孝爲先，此爲常理常道，正是治國之本。有子謂「孝弟也者，其爲仁之本與」指此。

子曰：「道千乘之國：敬事而信，節用而愛人，使民以時。」〈學而〉

這裡孔子談論治國之道。千乘是一千輛兵車，千乘之國是當時諸侯之國。【孔子說：「治理一個國家要注意三點：一、誠敬做事而且守信用；二、節省國家費用並且愛護人民；三、差遣人民要在農閒的時候。」】孔子所指三事是治國之道，亦是國家安定的條件。（道，通導，是治理之意；時，是歲時，指秋收後農閒之時）。儒家主張愛民政治，治理人民就要以民爲主。

子曰：「道之以政，齊之以刑，民免而無恥；道之以德，齊之以禮，有恥且格。」〈爲政〉

政治不在控制人民，而在於主政者之感化，注重引導人民，使人民自然從善。此章孔子以對比方式，說明爲政之得失。【孔子說：「治理國家完全靠政令，並且用刑法使人民一致遵守，可行！但人民會避免受罰，只要能逃避就好，不以爲可恥；治國用另一種方式，以道德引導，用禮儀來規範，要求人民行爲正當，則人民做錯事會覺得可恥，而自然改正。」】愛民政治是治國之本。（格，即正；有恥且格，是自己有羞恥心就會自然改正）。政令和刑法之效力雖然好，但對人民造成壓迫感，人民就會想逃避；至於用道德和禮儀來引導，使人民知道端正的行爲，自己有羞恥心而不敢隨便做錯，自動改過而從善如流。

子曰：「民可，使由之；不可，使知之。」（〈泰伯〉）

此章歷來備受誤解，皆因可與不可之訓有問題。許慎曰：「可，肯也。」此爲可之本義，而與孔子之意吻合。【孔子說：「國家政策人民肯支持，就讓人民照政策實行；如果不肯，就必須使人民知道政策之目的。」】爲政之道，必須合理而對民生有利，若政策較複雜，人民一時無法接受，就必須開導之，不可強行，而造成擾民。孔子主張行仁政，不可以強民所難，故「不可使知之」非不可使人民知其道理，政府應該讓人民知道政策之重要性，而做適當之宣導。孔子之言合情合理，不可曲解，然而甚者以此攻擊孔子，指孔子主張愚民政策；如果孔子主張愚民的話，又何必提倡平民教育呢？

子曰：「不在其位，不謀其政。」（同前）

孔子雖有出仕之意，對政治也有自己的理想，但爲政要靠機會，沒有機會即無法出仕，不出仕當然就無職位。爲政本身必須有負責的態度，盡自己的職責。【孔子說：「政治必須在其職位的人負責，不在職位的人，不干預別人的政事。」】非職責所在，與己無關，則不可越分。不謀，是不計謀，不謀其政就是不要干預別人的政事，這是從政最基本的態度。

子曰：「巍巍乎！舜禹之有天下也，而不與焉。」（同前）

聖人器量與天地相同，雖爲帝王而不把天下視爲己有。此章孔子同時推崇舜和禹，二人聖德崇高偉大。【孔子說：「真是崇高偉大啊！舜和禹兩位聖君統治天下，卻不以天下爲己有，只是盡其在我而已。」】身爲帝王，統治天下，卻不認爲天下爲我所有。（不與，即不預，指不相干，就是不把天下據爲己有）。堯禪讓舜，舜禪讓禹，三者行禪讓政治，是公天下時代，皆不以天下爲我所有；至禹死後，諸侯朝其子啓，才變成家天下。聖人治民，以民生爲本，不在自己地位之尊榮。

子曰：「無為而治者，其舜也與！夫何為哉？恭己正南面而已矣。」（衛靈公）

此章推崇舜無爲而天下治。舜與禹不把天下據爲己有，舜是「恭己正南面」，自己態度恭敬，而端居於帝王之位，則天下無爲而治；禹爲帝王，則以天下爲先，只要對人民有利則吾往矣。【孔子說：「無爲而治的人，就是舜吧！他做什麼呢？就是自己恭敬地坐在帝王的位置罷了。」】政治本身基本上很簡單，君主只要品德好，無私心，端居其位，爲天下之典範，天下自然太平。這是王道精神，行仁政，是孔子政治之理想目標。

子曰：「禹，吾無間然矣！菲飲食，而致孝乎鬼神；惡衣服，而致美乎黻冕；卑宮室，而盡力乎溝洫。禹，吾無間然矣！」（泰伯）

大禹治水，恩澤普及天下，受人民之愛戴。及禹受禪爲帝王，統治天下，仍然以天下爲己任，孔子因此贊歎並且推崇大禹之美德，帝王如此，足爲後世之典範。（間，是空隙；無間然，是沒有任何空隙可言，即毫無缺點可以責備；致孝，指祭拜，敬奉鬼神；黻，音福，是禮服；

冕，是禮冠)。【孔子莊重地說：「大禹這個帝王，我對他毫無可責備的！飲食仍然菲薄，卻對祭拜鬼神極盡豐美；自己穿衣服樸素，卻盡力使祭祀之禮服禮冠都很華麗；自己宮殿矮小，卻努力於建設民生之溝洫。大禹，我實在無可責備啊！」】孔子前一句「無間然」表示肯定，後又一句「無間然」是贊美，對大禹身爲帝王，生活如此，一再推崇。

子曰：「吾之於人也，誰毀誰譽？如有所譽者，其有所試矣。斯民也，三代之所以直道而行也。」(〈衛靈公〉)

對人不可偏私，也絕無虛譽，而實事求是。【孔子說：「我對於一般人，毀謗誰呢？稱贊誰呢？如果真正要稱贊的人，就是真正考驗過；考驗過是善的，才會稱贊。這些受到贊譽的人，就是三代而能夠順正道而行的人。」】(有所譽者，指真正稱譽的人；試，是考驗；所以，在此當能夠講)。「斯民」指「有所譽者」，是夏、商、周等三代聖人所治之人；先王以直道治民，人民自然從善，孔子所譽與此相同。孔子行天道，絕不偏私；此章言毀譽重點在譽，故有所試然後有所譽，可見譽非虛譽，這是孔子的教育精神。孔子倡導教育，目的在指引世人走向正道，故以「仁」爲中心，發揮人性，以改善社會風氣。直道就是遵守正道，依仁而行。

子曰：「巧言亂德，小不忍則亂大謀。」(同前)

子曰：「衆惡之，必察焉；衆好之，必察焉。」(同前)

此二章並列，是警世之言。【孔子說：「善巧取悅的話會使人品德敗壞，小事不忍耐就會破壞重大的計劃。」】巧言，是善巧之言，其中有詐，或另有居心，顯然心術不正，足以敗壞品德。【孔子又說：「大家都厭惡的人，一定要察明真相；大家都喜歡的人，一定要察明真相。」】此言與前面「毀譽」相照應，厭惡或喜歡皆有所偏，故必須察明真相。惡之是毀謗他，好之是稱譽他；別人之毀譽常因主觀而不同，故要察明真相，始知好惡之所在，而不至於盲從。

子曰：「事君，敬其事而後其食。」（同前）

從政的目的在於把事情做好，孔子指出明確的政治原則。【孔子說：「在朝廷事奉國君，誠敬做好自己的事然後才接受俸祿。」】（食，指俸祿）。敬其事，指面對自己職務要認真做好，不可以馬虎；後其食，就是把俸祿放在後面，不爭利。孔子此言是時代之箴言，勸世人不要重視利益，一味爭名奪利是社會亂象的根源。

不為酒困

孔子隨時以品德自勉，要求自己力行實踐，永恆向上，而絕不鬆懈。道德之實踐，皆在自我之要求，不進則退。

子曰：「出則事公卿，入則事父兄，喪事不敢不勉，不為酒困。何有於我哉？」（子罕）

孔子列舉自己為人處世之四項重點。【今天，孔子鄭重地說：「出外事奉公卿為國做事，在家裡就孝敬父兄，辦理喪事一定要勤勉，不被酒所困苦。這四件事以外，我還有什麼呢？」】孔子之言，在於要求自己努力做好這四件事，並不責求於別人。何有於我，即於我何有，對我還有什麼，沒有了。四件事，前三件皆盡自己之本分，「不爲酒困」則是自制能力，指飲酒不過量，或不借酒鬧事，孔子飲酒有自制能力，所謂「唯酒無量，不及亂」，就是指不被酒所困。

子曰：「躬自厚，而薄責於人，則遠怨矣。」（〈衛靈公〉）

修養是自制工夫，必須先要求自己，才能提高品德。孔子從「志於學」即注意要求自己，至「而立」也是立自己，而己立立人，至於「不惑」境界完全在自己，不惑是智慧光明，不被世俗所迷惑，人生之進境皆由「躬自厚」而來。嚴格要求自己，如此才能隨時進步，顏淵之「克己復禮」就是如此。【孔子說：「做人要嚴格責求自己，卻很少責求別人，就可以避免別人的怨恨。」】（責己厚，故身益修；責人薄，故人易從。所以人不得而怨之）。君子自立自強，對別人絕不苛責。

子曰：「君子求諸己，小人求諸人。」（同前）

君子與小人之辨別簡單，然而君子與小人懸殊，截然不同，重點皆在於對自己之要求。【孔子說：「君子是每天要求自己進德修業，自強不息；小人則相反，只要求別人，希望對自己有利。」】求諸己則近，求諸人則遠，「能近取譬」就是求己，是「仁之方」，行仁方法在於求自己，小人則寧願捨近求遠；故君子安於仁而自足，小人則無所不至。

子曰：「知及之，仁不能守之，雖得之，必失之；知及之，仁能守之，不莊以涖之，則

民不敬；知及之，仁能守之，莊以涖之，動之不以禮，未善也。」（同前）

此章所指為進德修業之全面工夫，亦是「克己復禮」之深入實踐。【孔子說：「智慧能達到的事，不能用仁守住，雖然能得到，但很快就會失去。」】此指人之靈感稍縱即逝，若非穩重仁厚之人，僅靠一時機敏，聰明反被聰明誤。【「智慧能夠達到，又能以仁守住，完成事情時沒有莊重的態度，人民就會不尊敬。」】此指政策雖然對人民有利，態度卻傲慢而無禮，則人民不服。【「智慧能達到，且用仁守住，面對人民也有莊重的態度，行動卻不合禮，不知有所節制，還不算完美。」】此章所指是「克己復禮」之層層推進，智慧、仁德、莊重等皆對人有利，足以成事，但禮為社會規範，無禮則粗鄙無度，不好。孔子在此明確地指出從政有三個層次，是完美政治的進境，智與仁與莊皆善，而合禮始為至善。堯舜禪讓政治重點在於「讓」，「禮讓為國」亦重在「讓」。「唯天為大，唯堯則之」，堯取法天道，順天道而行，「日出而作，日入而息，鑿井而飲，耕田而食。帝力于我何有哉」；舜則「恭己正南面」，隨時注意行己有節，行為上完全合禮。「以禮節之」，禮而有節，大公而無私，則天下太平。許慎曰：「禮，履也。」禮，就是履行之意，指合理而可行的事，故有智、有仁、能莊又要合禮，才算完美。

子曰：「上好禮，則民易使也。」（〈憲問〉）

此章言簡意賅。禮是人群社會生活之產物，亦是社會文明之表徵，社會無禮則為野蠻世界，父子相殘，人將相食；故人類進入文明，禮即應運而生，聖人以禮規範人民的行為，創立制度，人人遵守，社會自然安定。【孔子說：「長官好禮，那麼要差遣人民就容易了。」】行禮必須由上而下，長官謙恭有禮，爲人民典範，人民亦知守本分，則上下合作，要人民做事自然容易。

子曰：「恭而無禮則勞，愼而無禮則葸，勇而無禮則亂，直而無禮則絞。君子篤於親，則民興於仁；故舊不遺，則民不偷。」（泰伯）

此章一則強調禮之重要性，再則指從政者是人民之表率。禮是行爲之節度、規範，處世之準則，孔子戒人不可無禮。（葸，音洗，是畏懼；絞，是急切；興於仁，指競相行仁，就淺近言是自動孝順父母；故舊，指老朋友；偷，是澆薄；不偷，就是善良）。【孔子說：「恭敬而無禮就會徒勞無功，謹慎而無禮就會畏懼不前，勇敢而無禮就會胡作非爲，正直而無禮就會急躁不安。」】恭敬、謹慎、勇敢、正直等得禮之引導，則皆爲美好品德，失禮則「過猶不及」，適得其反，禮之重要性在此。【孔子進一步說：「做長官篤厚敬愛父母，人民就會自然孝順父母；對老朋友懷念不忘，人民就會心地善良。」】此爲「風行草偃」之效果，執政者必須爲人民表率，引導社會，民風自然純樸善良。

子曰：「夷狄之有君，不如諸夏之亡也。」（八佾）

中國爲禮儀之邦，然而至春秋時期，諸侯爭霸，禮崩樂壞，各國君主只知擴張勢力，無視於周王室之存在，孔子因此感慨「禮失而求諸野」。（諸夏指中國）。【孔子感慨地說：「夷狄之邦尚有君主，知道尊重，不像今日中國不把王室看在眼裡，目無王法，妄自尊大。」】孔子看到諸侯爭強鬥勝，道德低落，有所貶斥。

子曰：「禘自既灌而往者，吾不欲觀之矣。」（同前）

或問「禘」之說，子曰：「不知也。知其說者之於天下也，其如示諸斯乎？」指其掌。（同前）

二章並列，皆談論禘祭。（禘，音帝，是帝王祭天，五年一大祭）。所謂「禮之本」，是以誠敬之心爲本，聖人制禮，目的在引導人類進入文明世界。魯是諸侯之國，本不該有禘祭，魯公因周公而有禘，周公治周，魯公因之治魯，故伯禽至魯亦行禘祭，至今魯國五年一祭。三家之狂妄，孔子謂之不可忍，今天看到魯國行禘祭，孔子如何看得下去呢？（既灌，即以酒祭天地，將酒灑於天地間，是始祭時敬告天地之儀式）。【孔子說：「魯國舉行禘祭，在用酒祭天地以後的儀式，我就不想再看下去了。」】看下去也沒用，一則身分不對，再則沒有一點誠心。孔子大概帶弟子們去觀禮，有感而說的，因此有弟子反應很快，就提出問題。【弟子有人問「禘祭」的道理在哪裡？孔子說：「不知道。帝王行禘祭而知道其意義的，對於治理天下，那就像看這個吧？」孔子指著自己的手掌。】（示，借爲視：示諸斯，是看這個）。指其掌，就是說帝王知禘祭的道理，治天下就在自己手掌之中。孔子知道帝王之道，亦嚮往王道政治，孔子至洛邑，看到王道精神猶在，天子祭天意義深遠，魯國祭天則不同：孔子有心重振王道，但時不我與，孔子在一般人眼裡僅是普通士大夫，並無特別，故孔子說話適可而止，多說無益。魯爲周公之國，周公是孔子嚮往的政治家，魯有禘祭，孔子不願多加評論。

子曰：「好勇疾貧，亂也；人而不仁，疾之已甚，亂也。」（〈泰伯〉）

時代演變，社會風氣敗壞，孔子看出癥結所在。此章重點在「疾」字，疾本意是疾病，但大家都不喜歡疾病，故引申爲痛恨之意。【孔子說：「一個人好勇卻痛恨自己貧窮，就會作亂；一個不仁的人，大家非常痛恨他，也會因不滿而作亂。」】動亂發生，應該屬於社會成本，皆因階級和道德不同所造成，是時代的責任。家天下以後，貴族與平民對立，地位懸殊；物質享受不同，富貴爲少數人獨享，刑不及大夫，造成不公平的待遇；加上官吏的欺壓，平民知識貧乏，官逼民反，動亂就發生了。孔子指出老百姓之心理問題，解決人民心理之不平，首先要實行愛民政治，其次就要提倡教育，使人民提高知識水準，以改善自己的生活與地位。

子曰：「愛之，能勿勞乎？忠焉，能勿誨乎？」（〈憲問〉）

子曰：「貧而無怨，難；富而無驕，易。」（同前）

此二章所言也是心理問題。愛，最基本是愛子；忠，曾子曰：「爲人謀而不忠乎？」人可以單純指朋友，忠即忠於朋友。【孔子說：「愛兒子，能不讓他多勞動嗎？忠於朋友，可以不規勸他的過錯嗎？」】（誨，是教誨，這裡當規勸講）。【孔子說：「一個人貧窮卻不埋怨，很難；一個人富貴卻不驕傲，容易。」】此章正好可以拿兩位弟子來做比較，前面指顏淵，後面指子貢；

顏淵不僅能無怨，且「回也不改其樂」，故孔子肯定「賢哉回也」，子貢問「富而無驕」，孔子勉之好禮，是鼓勵之意，都是正面教育。此章孔子是正常之心理分析，指人生處世要重視理性。

子曰：「孟公綽為趙魏老則優，不可以為滕薛大夫。」（同前）

此章繼前章，孔子評斷孟公綽其人。孟公綽，魯國賢大夫，事魯襄公，有無欲之美德，受到時人的尊敬。【孔子說：「孟公綽爲趙魏的國老就很優秀，卻不可以爲滕薛的大夫。」】晉國是大國，而由韓趙魏等三家專政；滕薛是魯南方小國，常受大國之侵凌。孟公綽寡欲，如爲趙魏國老會被人所敬重，若爲滕薛大夫，國家安危堪虞，無欲則不善謀略，不能爲國家解決災難，故不可。孟公綽因爲聞名，當時人捧得太過分，孔子針對其特長理性分析，沒有貶謫之意。

吾從先進

孔子感歎「禮樂」徒具虛文，尤其祭祀幾乎人人都會，但已經不知其意義，並且沒有誠心，孔子特別提出警示。

祭如在，祭神如神在。子曰：「吾不與祭，如不祭。」（〈八佾〉）

子不語：怪、力、亂、神。（〈述而〉）

樊遲問知，子曰：「務民之義，敬鬼神而遠之，可謂知矣。」問仁，曰：「仁者先難而後獲，可謂仁矣。」（〈雍也〉）

三章不在一起，但皆談到鬼神之事，可見孔子務實之人生觀。【祭拜祖先如祖先就在眼前，祭神明如神明在眼前，態度恭敬而誠意。】（此門人記孔子祭祀之誠意）。孔子祭祀的態度莊重。祭拜猶如吃飯一樣，沒人可以替你吃飯，孔子深深感覺這一點非常重要。是故，【孔子語重心長地說：「事實上，我不參加祭拜，就像沒有祭拜一樣。」】（又記孔子之言以明之）。祭拜是自己對鬼神的誠意，並不能由別人代轉。孔子雖然不是宗教家，但是他的人生經歷六個階段，都是自己親自體驗，所以孔子知道見證之重要性，必須親自做到，祭拜也是。所謂「師父帶進門，悟道在個人」，正是「如人飲水，冷暖自知」。二章，【孔子不語：怪異、暴力、悖亂、鬼神等四事。】此爲孔門之教條。四者與品德無關，言之無益，故孔子不講：怪異現象會擾亂人心，暴力行爲會造成動亂，悖亂之事則違反常理，鬼神作祟會發生災害，都是背亂綱常，而遺害社會，故不可以亂講。三章是孔子回答樊遲之問。樊遲，名須，字子遲，魯國人，少孔子三十六歲，是孔子晚期弟子，勤學好問，有強烈求知欲。（務民，是專力治民；義，指正義的事）。【樊遲問孔子怎樣是明智，孔子說：「盡力做人民認爲正義的事，尊敬鬼神卻遠離祂們，這就是明智。」】以義治民，人民才會擁戴，就是明智。孔子對鬼神敬而遠之，因爲人與鬼神不同道，保持距離才是明智。（先難，是難事先做；後獲，是把獲利放在後）。【樊遲再問孔子怎樣表現仁，孔子說：「仁人是把難事先做好，然後再獲得利益，這樣就可以說是仁了。」】仁者盡其在我，不在利益。樊遲問「智」與「仁」是重點，這是孔子教育內容，孔子示之務實，是針對樊遲個性而言。

樊遲問仁，子曰：「愛人。」問知，子曰：「知人。」樊遲未達，子曰：「舉直錯諸枉，能使枉者直。」樊遲退，見子夏曰：「鄉也，吾見於夫子而問知，子曰：『舉直錯諸枉，能使枉者直。』何謂也？」子夏曰：「富哉言乎！舜有天下，選於眾，舉皋陶，不仁者遠矣。湯有天下，選於眾，舉伊尹，不仁者遠矣。」（顏淵）

樊遲未達，同樣問題問兩次，仍然不懂，然而「打破砂鍋」問到底的精神，證明求知欲很強。上次樊遲之問，孔子的回答是外在的行爲，樊遲懂不懂，沒有進一步表示；孔子聖人之德，聽到樊遲又提出同樣問題，孔子靈機一動，知道樊遲悟力不足，必須直接切入核心。【樊遲問什麼是仁，孔子說：「去愛護別人。」再問什麼是智，孔子說：「去知道別人。」】「愛人」與「知人」，意義最簡單，樊遲仍然未達。【樊遲滿臉疑惑，孔子說：「舉用正直的人，放棄邪曲的人，就能使邪曲的人變成正直。」】什麼？孔子越講越難，樊遲邊聽邊想，舉直？諸枉？什麼意思呢？樊遲弄得滿頭霧水；知人他就不懂，這些如何能懂？樊遲不敢再問。【退下來，看到子夏說：「剛才，我看見老師問什麼是智？老師說：『舉直錯諸枉，能使枉者直。』這是什麼意思呢？」子夏說：「這話的意義真豐富啊！舜治理天下，在許多人才中選人時，選出皋陶來治民，不仁的人就沒有了。商湯得天下，選用人才時，選到伊尹為宰相，不仁的人也沒有了。】子夏雖然年紀較輕，而悟力極高，故對樊遲之疑，舉簡單之例證。錯諸枉，就是放棄邪曲的人，就能讓邪曲的人變成正直。富哉言乎，指孔子的話含意豐富。遠矣，就是沒有了。用君子，遠小人，這是政治成功之道。

樊遲從遊於舞雩之下，曰：「敢問崇德、脩慝、辨惑？」子曰：「善哉問！先事後得，非崇德與？攻其惡，無攻人之惡，非脩慝與？一朝之忿，忘其身以及其親，非惑與？」

（同前）

此章在上一章之前。前二章樊遲重複問「仁」與「智」，孔子的答覆不同，可見樊遲悟力不足；然而，樊遲之求知精神，非常難得。（雩音魚，慝音特；脩慝，是祛除惡念；攻其惡，是治理自己的過惡；忘其身，是不顧己身之安全）。【樊遲陪孔子出遊於舞雩臺下，問孔子說：「膽敢請問老師，怎樣提高品德、祛除惡念、辨別疑惑呢？」孔子說：「問得好！做事先做好然後再想到利益，不就能提高品德嗎？專心治理自己的過惡，不要指責別人的過惡，不就能祛除惡念嗎？因一時之憤怒，不顧自己和父母的安全，不是令人疑惑嗎？」】先事後得，與先難而後獲意義相同，皆不在意利益，一則是仁者，一則是崇德，道理亦相通。樊遲利用出遊請益，孔子說「善哉問」，表示肯定，這是機會教育，不愧為聖人之徒。

孟懿子問孝，子曰：「無違。」樊遲御，子告之曰：「孟孫問孝於我，我對曰：『無違。』」

樊遲曰：「何謂也？」子曰：「生，事之以禮；死，葬之以禮，祭之以禮。」（〈爲政〉）

這一次，明確地記載樊遲爲孔子駕車，又是機會教育。孟懿子是孟僖子之子，孟孫氏，名何忌。【孟懿子問怎樣孝順父母，孔子說：「不要違背禮。」樊遲爲孔子駕車，孔子告訴他說：「孟孫向我問孝，我對他說：『不要違背禮。』」樊遲說：「什麼意思呢？」孔子說：「父母在世時，奉養父母要盡禮；父母去世了，安葬要盡禮，祭拜也要盡禮。」】孝道盡禮，這是貴族家庭之本分，貴族以身作則，上行下效，自然可以使社會風氣善良。對於樊遲，孔子是「循循然善誘人」。

子所雅言：詩、書、執禮，皆雅言也。（〈述而〉）

此章記載孔子注重教育方式。周公行封建制度，將宗室與功臣分封天下各地，亦將周文化帶往各地，然而各地之文化背景與語言皆不同，如何統一政令，則必須雅言。（雅言，指正式語言）。就是「官話」，爲國家統一之語言，有別於方言。孔子平常與鄉人會講方言，有濃厚的鄉音，但教育弟子必須用正統語言。此章強調孔子之正言爲：誦詩、讀官書、行禮儀等，皆用正式之語言。

子曰：「先進於禮樂，野人也；後進於禮樂，君子也。如用之，則吾從先進。」（〈先進〉）

此章是〈先進第十一〉篇首。孔子之言與「寧儉」、「寧戚」同義。禮樂是社會制度，先民開始有禮樂，所行皆質樸而忠厚，不懂得華麗虛文。【孔子說：「前輩對禮樂之創制，以鄉野村民質樸可行爲主；今日後輩所設的禮樂，注重君子文雅之形式。但如果在社會上實行禮樂，爲引導人民風俗之純樸，我寧願用前輩的禮樂。」】可見孔子對禮樂也注重質樸，並不主張繁文縟節。

子曰：「麻冕，禮也，今也純；儉，吾從眾。拜下，禮也，今拜乎上，泰也；雖違眾，吾從下。」（〈子罕〉）

此章也是指孔子重視簡樸。（麻冕，緇布冠，以麻縷所織成之禮帽，細密而費工；純，絲線，指用絲線來織禮帽，快而儉省）。【孔子說：「戴緇布冠，是合於禮節，今天改用純絲之禮帽；這是爲了儉省，我贊同與大家一樣。臣下見君主，在堂下跪拜，合乎禮節，今天改在堂上跪拜，太驕慢了；雖然與大家不合，我還是贊同在堂下跪拜。」】孔子認爲合禮，也要注意態度儀節，可儉則儉，亦不可失其節度。（拜下，指面君時拜於堂下，有言才登堂；拜乎上，直接登堂拜見；泰，指態度驕慢）。臣下至堂上拜見君主，因人多而擁擠，失禮而無序，且對君主也有侵犯之意。此種君臣失序現象，春秋時代已經逐漸嚴重，孔子所言有糾正之意。

子曰：「夏禮吾能言之，杞不足以徵也；殷禮吾能言之，宋不足以徵也。文獻不足故也，足則吾能徵之矣。」（〈八佾〉）

周武王建國，行仁政，對前朝後裔未加殲除，並立國封之以祀；杞爲夏之後，宋爲殷之後。孔子「猶及史之闕文」，對前朝殘存文物，見而細察之，且「信而好古」，自己細心加以研究，對夏商之禮知悉概略情形。【孔子說：「夏禮的情形，我可以說個大概，但在杞國之文物欠缺，無法證明；殷商之禮，我也能說個大概，但宋國沒有文物可以證明。這些都是文獻不足，如果有足夠文物，就可以用來證明我所說的。」】古代社會制度粗野，亦不知保存文物，夏、商有千年之歷史，文物制度雖然在發展之中，但保存之史料闕如，故周以前歷史皆由傳聞而來。

孔子快五十歲了，但仍然未出仕。孔子三十而立，已經立於聖人之道，又適周，適齊，尋找自己的理想；至周，純粹是遊學性質，目的是拜見老子。東周僅存王畿，以維持王室存在，政治上並無權利，無法制裁諸侯，當時孔子不可能出仕。然而，孔子至齊，有出仕之意，亦進謁景公，而居住甚久，後來卻爲晏嬰所阻，而景公亦明示不用，孔子去齊。孔子四十二歲以後，返魯，在父母之國雖然生活安定，但看到魯政敗壞，政權表面在三桓手中，實則政局非常不穩定，季氏家臣陽虎與公山弗擾朋比爲姦，玩弄權勢，維繫魯國的力量非常薄弱；在此情況之下，孔子沒有出仕的機會。

子曰：「加我數年，卒以學易，可以無大過矣。」（〈述而〉）

易，由伏羲氏畫八卦，文王重爲八八六十四卦，孔子讀之心中有疑。【孔子說：「如果能多給我幾年時間，終於把易好好地讀通，就可以沒有大過了。」】卒以學易，另記：五十以學易，或因磨損，卒字錯成五十；若以孔子晚年喜易來看，應該不以五十歲爲限。易理玄奧，孔子自勉再下工夫。

子曰：「南人有言曰：『人而無恆，不可以作巫醫。』善夫！」「不恆其德，或承之羞。」

子曰：「不占而已矣。」（〈子路〉）

孔子「好古，敏以求之」，這裡舉二件例證。此章說明恆心的重要性。「人而無恆，不可以作巫醫」，是南方俗語。【孔子說：「南方俗語說：『人而無恆，不可以作巫醫。』這句話說得真好啊！」】（巫，所以交鬼神。醫，所以寄死生。故雖賤役，而猶不可以無常，孔子稱其言而善之）。【易．恆，九三：「不恆其德，或承之羞。」孔子說：「無恆心的人就不必占卜罷了。」】「不恆其德，或承之羞」，是易．恆卦，九三之爻辭。（不恆其德，指沒有恆心之美德；或承之羞，是常會受到羞恥的事）。沒有恆心的人，朝秦暮楚，做事不可靠，終於一事無成；人而無恆，一則不可以作巫醫，再則人生常會遇到羞恥的事。恆心是修身進德之基礎，孔子倡導仁的思想，恆心是最佳考驗，顏淵「三月不違仁」，就是經得起考驗而有恆心的人。

吾有知乎

孔子之聖人氣象，自己未嘗言，唯以行動示之，弟子亦心悅而誠服，孺慕而涵溶之。孔子教育，一則不藏私，再則誨人不倦，光明正大，如天道之流行。

子曰：「吾有知乎哉？無知也。有鄙夫問於我，空空如也，我叩其兩端而竭焉。」（〈子罕〉）

孔子前面說自己是「知之次者」，並非先知，現在乾脆說自己「無知」，無知才是智慧之知。先知之知是自然之知，若太陽光芒四射，無所遁形，西諺：「太陽底下無新鮮事。」或即此意。此非人之知，亦非經驗之知，故不含有智慧。孔子之知完全由智慧而來，是「不惑」之印證，這種認知是親身體驗，而不是天賦。孔子博學多能，聖人而無所不知，這是一般人的觀念，因此許多人有問題就請教孔子，把孔子當成先知先覺，是萬事通，馬上可以幫忙解決問題。孔子知道有很多弟子也有這種看法，故對弟子表示自己人生毫無隱瞞。【今天上課，孔子開口就說：「我有別人所認為先知的條件嗎？事實上，我是無知的啊！因為有個粗俗無知的人問我，他態度誠懇，但說不出所以然，我只能觀察他前後之言談，再推敲問題的癥結，然後盡量告訴他我所知道的。」】孔子之言重點在「竭焉」，是盡力而為之意；別人來問我，但所講的是空空洞洞，不能講出問題所在；他進來開始發言是一端，到最後結結巴巴又是一端，他本來就是無知的人，要同情他，並幫助他理出頭緒來，把自己所知道的告訴他，使他得到進步。孔子只能竭力而為，至於所言是否是鄙夫之意則很難，因為本來是空空然，實在沒有重點；故孔子非先知之知，無法知其空空然，僅能靠智慧判斷而竭焉，是智慧之知。

互鄉難與言，童子見，門人惑，子曰：「與其進也，不與其退也。唯何甚？人潔己以進，與其潔也，不保其往也。」（述而）

孔子之教育精神是「有教無類」，只要「束脩以上」必然誨人不倦，前章鄙夫之空空如亦僅能

「竭焉」，盡力說明，此章更可看出聖人器量如天地，無所不容，這一點，弟子之心胸仍然不足。互鄉是地名，魯國城邑，風俗鄙惡；難與言，即很難與之談正道，可能只講暴力，或殺人放火，無惡不作，故弟子對當地人惡之已甚。這一天，竟然有互鄉的童子跑來請見孔子，門人擋在門口，不讓童子進來，而童子一直堅持要見孔子，孔子聽到外面喧嘩，出來一看，是個十一二歲的孩子，動作粗野，但看到孔子，馬上跑過來，說要向孔子學習，孔子馬上說好好，弟子大聲地說：「不可以！」【（互鄉是很難講正道的地方，有一位互鄉的童子來見孔子，孔子就要帶他進門，弟子疑惑地張望，孔子說：「不要這樣嘛！他還是個孩子，他有心來求教，我贊同他有上進之心，要鼓勵他，如果他不求進步也是沒辦法。做人何必太過分呢？人家潔身自愛來求進步，我贊同他潔身上進，至於他們家鄉的不好也不要太計較。」】孔子對童子不僅仁慈，也對互鄉之惡俗表示寬容，對弟子則勸之心胸要寬大。（「與其進」及「與其潔」之「與」，是贊同之意；其退，是不求進步；唯，當哎；何甚，是何必太過分；不保其往，指不追究他的過去，即對於互鄉以往的事不必在意）。孔子人生自在，不僅是對自己有所肯定，也對天下人敬重，天命如此，任何人都應該被尊重，更尊重每一個生命。

師冕見，及階，子曰：「階也！」及席，子曰：「席也！」皆坐，子告之曰：「某在斯！某在斯！」師冕出，子張問曰：「與師言之道與？」子曰：「然，固相師之道也。」（〈衛靈公〉）

古代盲人學音樂，保障其生存權利。盲人失明，正常人應該幫助他，師冕即樂師名冕。【有一天，樂師冕來看孔子，孔子一聽，趕快出去帶他，走到階梯，孔子說：「有兩層階梯，慢慢走啊！」一到席位上，孔子說：「這裡有位子，慢慢坐下啊！」等許多人都坐好，孔子告訴他說：「你左邊是誰啊！右邊是誰啊！」等談完話後，師冕出去了，子張問：「老師！和樂師談話應該是這樣嗎？」孔子說：「對！樂師看不見，本來就應該幫助他。」】（相師之道，是幫助樂師的方法）。孔子尊重別人，更尊重有殘疾之人，孔子提倡「仁」的精神就是如此，希望人與人互相敬重。許慎曰：「仁，親也。」仁之本義就是親愛之意，孔子希望以「仁」來挽救人性，把失落的人心喚回來。

子見齊衰者，冕衣裳者，與瞽者；見之，雖少必作；過之，必趨。（〈子罕〉）

此章可見孔子之愛心，是隨時都是如此。有三種人，孔子看見皆表示敬重，態度上絕不隨便：第一種、是穿孝服的人；第二種、穿整齊禮冠禮服的官員；第三種、是盲人。孔子看到這三種人，雖然是年輕人也會站起來，打個招呼；如果要從他們面前走過，一定注意然後快走，不防礙到他們。齊衰，音咨吹，是孝子之服，在辦喪事。冕衣裳者，盛裝官員，穿戴禮服禮冠參加國家祭典的人。二者都是正在進行禮儀之中，故孔子態度上表現嚴肅而敬重。

子食於有喪者之側，未嘗飽也。子於是日哭，則不歌。（〈述而〉）

子與人歌而善，必使反之，而後和之。（同前）

此二章未相連，所記是孔子平居之態度。在平常生活中，孔子之「仁心」是與身俱在，未嘗須臾離，「吾道一以貫之」，永恆不懈。鄰居有喪事，食不飽足，有關懷之心；若這一天參加弔喪而哭，就不唱歌，於此可見孔子平時喜歡唱歌，若不哭必然天天唱歌。是故，第二章正寫孔子喜愛唱歌，孔子和人唱歌，如果是好歌，就叫他從頭再唱，然後孔子和他一起合唱。

子曰：「飯疏食，飲水，曲肱而枕之，樂亦在其中。不義而富且貴，於我如浮雲。」（同前）

此章描述孔子樂天知命的人生。【孔子之心境長樂而無求，恬淡而自在，故孔子以愉悅的心情說：「每天生活平實，吃粗飯，喝開水，吃飽喝足後，彎曲手臂當枕頭，小睡一下，快樂就在這裡了。那種不義而得到的富貴，對於我就像天上浮雲一般。」】（飯，當動詞，指吃；疏食，即粗飯）。天上浮雲，隨風飄走，不義而富且貴與我無關，孔子之心境如清風麗日，光明正大，通達而自在。

子釣而不綱，弋不射宿。（同前）

孔子之仁心仁德，普及眾生。孔子釣魚，卻不用大網絕流撈魚；孔子射箭技術精湛，他會到山林中打獵，但絕不射殺晚上睡覺的鳥。（綱，用大繩繫網；弋，指箭繫絲線）。上天有好生之德，聖人與天地一致，眾生平等；孔子思想由人出發，最後普及萬物，大公而無私。

孟子曰：「君子之於物也，愛之而弗仁；於民也，仁之而弗親。親親而仁民，仁民而愛物。」（〈盡心〉）

此爲孔子人本思想之觀念，也是儒家倫理道德的重心。孟子發揚儒家思想，指君子對於萬物，有愛物之心卻不是親愛的態度；對於人民，有親愛之心卻不是表現親情。因此之故，君子之仁德是由內而外，表現對親人的親情，再推而愛護人民，由愛護人民擴而充之，愛及萬物。這是合理的大愛精神，無私而坦然，以平常心面對一切，故可以保持長樂，孔子理想中的君子就是如此。

子以四教：文、行、忠、信。（〈述而〉）

此章明確地記載孔子教育之四項內容：第一、文科，即文物典籍、禮樂制度等；第二、品行，即修齊治平、倫理道德等；第三、忠誠，即明心盡性、己立立人等；第四、信用，即處世待人、寬容和諧等。此四項包括知識與智慧，是孔子全人格的教育內容。

子絕四：毋意，毋必，毋固，毋我。（〈子罕〉）

孔子完全斷絕四件事：一、不臆測；二、不專斷；三、不固執；四、不我私。孔子所言四事，皆是自己的心理作用。「意」是憑空猜測，與「思而不學則殆」同義；「必」是一定如此，主觀性太強；「固」是頑固不通，沒有轉圜餘地；「我」是以自我爲主，自私自利。四者皆有自以爲是之弊，通達的人絕不如此。

益者三樂

孔子弟子眾多，在魯都曲阜相當轟動，有的是從遠方慕名而來，因爲孔子教育開放，所以來者不拒，弟子也都誠心誠意受教於門下。

子曰：「士而懷居，不足以為士矣。」（〈憲問〉）

孔子以仁設教，教導弟子王道精神，以「大道之行也，天下爲公」爲目標。孔子教育從修身、齊家、治國到平天下，一以貫之，訓練弟子成爲士人。【孔子說：「一個士只是貪戀自己的居室，就不值得稱爲士了。」】士的身分不是貴族，也不是平民，是受過教育的人。士，大都是出仕家族的子弟，平時與人民相處而居，生活習慣與平民相同，因接受教育養成爲士，在社會上屬於知識分子，而比貴族更接近與了解平民，正是國家之中堅。是故，孔子說：「士志於道。」士必須重視品德，對社會更有責任心，以行道爲志，如僅貪戀自己居室就不是士。

子曰：「人無遠慮，必有近憂。」（〈衛靈公〉）

這是孔子警世之名言，言簡而意義深遠。今日科技文明，電腦資訊，一日千里，有人提倡「時間管理」，注重「生涯規劃」，孔子此言，則更有時代之意義。遠慮，簡單意思指思慮深遠，深一層是指長遠的計劃。【孔子說：「一個人對生活沒有長遠的計劃，一定會有眼前的憂患。」】近憂，指困難就在眼前。人生要看得遠，有志氣，有理想，永恆向上，則生活積極樂觀；反之，沒有任何理想，得過且過，每天生活昏昏沉沉，遇到事情，不知如何是好，這種人是社會的可憐蟲。孔子勉勵弟子爲士，學習君子的人格，表現樂觀進取之人生。

孔子曰：「益者三樂，損者三樂。樂節禮樂，樂道人之善，樂多賢友，益矣。樂驕樂，樂佚游，樂宴樂，損矣。」（季氏）

孔子指示正確的人生觀。人生而讀書求學，是智慧的成長，「學而時習之，不亦說乎」，令人心生喜悅，這就是「智者樂」，快樂的人生觀。【孔子說：「人生有三件喜歡的事是有益的，也有三件喜歡的事是有害的。喜歡禮樂有節，喜歡稱贊別人的優點，喜歡結交更多的賢友，這是有益的。喜歡奢侈享樂，喜歡安逸遊蕩，喜歡宴飲歡樂，這是有害的。」】孔子所謂三樂，與生活息息相關，是平時要注意的習慣。西諺曰：「習慣，起初是個陌生人，最後就變成主人了。」養成壞習慣，終身受害。（三樂之樂與各句首字樂，讀要，是喜歡之意；節禮樂，指禮樂有節；驕樂，指驕縱作樂；宴樂，指宴饗作樂）。人生注重安身立命，則必須生活平實而自在，人生淡泊，每天盡本分，做自己該做的事；如果過分享樂，或喜歡靡爛的生活，不僅毫無意義，而且傷身害命，故生活要實際而自然。

孔子曰：「侍於君子有三愆：言未及之而言，謂之躁；言及之而不言，謂之隱；未見顏色而言，謂之瞽。」（同前）

本章繼前章，孔子指出言語要得當。（愆，音千，是過錯；瞽，是眼瞎，常用來反諷，指有眼的瞎子）。【孔子說：「陪在君子身邊有三件容易犯的過錯：就是還不該說話時就搶著說話，叫做急躁；應該說話時卻不說話，叫做隱瞞；沒有看清對方臉色就亂說話，叫做有眼的瞎子。」】

君子才德兼備，心胸開放，「君子不器」，故可以包容各種不同言論，但講話要得體才容易被接受；這種說話的態度不僅「侍於君子」應該如此，平常講話也要注意，尤其在父母與師長面前更該如此，不可僅「亨亨哈哈」而已。人與人相處，講話是必要的溝通工具，必須注意不要犯「太急躁」、「有所隱瞞」、「睜眼說瞎話」的毛病，就容易彼此增進了解。

冉求曰：「非不說子之道，力不足也。」子曰：「力不足者，中道而廢；今女畫。」（〈雍也〉）

冉求是中上之資，而信心不足，責求自己失之消極，容易安於現狀，此章孔子勉其不可畫地自限。（中道，即中途）。【有一次，下課後，冉求覺得剛才老師講課內容太高深，有點膽怯地向孔子說：「老師！不是弟子不喜歡老師所說的道，只是弟子力量不夠，怕做不到。」孔子開導地說：「如果說力量不夠，那是走到一半就沒力氣了，不得不停下來；現在你還沒做，就說力量不夠，是自己畫個界限不走，這樣怎麼可以呢？」】孔子是鼓勵冉求力行上進，不要氣餒。冉有，名求，字子有，魯人，少孔子二十九歲，與子路同爲「政事」科高弟，個性怯懦。

子路問：「聞斯行諸？」子曰：「有父兄在，如之何其聞斯行之？」冉有問：「聞斯行諸？」子曰：「聞斯行之。」公西華曰：「由也問：『聞斯行諸？』子曰：『有父兄在。』求也問：『聞斯行諸？』子曰：『聞斯行之。』赤也惑，敢問？」子曰：「求也退，故進之；由也兼人，故退之。」（〈先進〉）

子路率直，勇敢過人，與冉求之退縮完全相反；孔子因二人性格不同，同樣問題答案亦完全不同。【子路問：「聽到有道理的話，就去做嗎？」孔子說：「你父兄還在，怎麼可以聽到就去做呢？」冉有問：「聽到有道理的話，就去做嗎？」孔子說：「聽到後就去做。」公西華說：「由問：『聞斯行諸？』老師說：『有父兄在。』求問：『聞斯行諸？』老師說：『聞斯行之。』我赤啊很疑惑，膽敢請問老師是什麼道理？」孔子說：「求啊他的個性退縮，所以鼓勵他進取；由啊他的個性好勝，我要他退而與父兄商量。」】孔子因材施教，皆正面教育，有所過之，或有所不足，皆示之以正道。（兼人，是勝過人）。子路勇敢，好勝心太強。

子曰：「雍也，可使南面。」仲弓問：「子桑伯子？」子曰：「可也，簡。」仲弓曰：「居敬而行簡，以臨其民，不亦可乎？居簡而行簡，無乃大簡乎！」子曰：「雍之言然。」（〈雍也〉）

子謂仲弓曰：「犁牛之子，騂且角；雖欲勿用，山川其舍諸？」（同前）

第一章是〈雍也第六〉篇首。此二章中間隔三章，談論仲弓，孔子一再地贊美。仲弓，姓冉，名雍，字仲弓，魯人，少孔子二十九歲，亦屬「德行」科高弟，有南面爲君之德；傳聞仲弓父親低賤且爲惡人，故出身背景不好，而仲弓出淤泥而不染，品德高潔。【有一次，孔子看見仲弓走進教室，對弟子說：「大家看看雍啊！他真像君主，可以南面爲王了。」仲弓聽到老師在說他，走過去問：「子桑伯子怎麼樣？」孔子說：「可以啊！但他爲人太簡略了。」仲弓說：「對啊！一個人態度誠敬而行事簡約，面對人民並不苛求，這種做法不也是很好嗎？如果自己個性簡略，而辦理政事又一簡再簡，那未免太簡化了！」孔子對仲弓有這樣深刻的理解，點頭說：「雍所說的對極了。」】仲弓為人穩重，悟性極高，但因為出身不好，偶爾也會面帶憂愁。【有一次，孔子看到仲弓，叫他過來，面帶微笑地說：「雍，你看雜色的牛生了小牛，長大了，這牛全是純紅色的毛，角長成彎彎中正的圓形，這牛雖然不想當祭品，山川之神難道會放棄嗎？」】（騂，音星，赤牛；角，指牛角周圓而中正）。此章孔子完全用隱喻。仲弓氣度非凡，不因出身而受影響。祭祀山川，是一年之大祭，牛是主要牲禮，必選純色的毛，中正的角，為上上之牛。子桑伯子，姓子桑，名伯子，與孔子同時人，年紀稍小，家境貧困，窮到無衣裳可穿，卻與孔子交情深厚，孔子稱他「質美無文」，是個極純樸的人；子桑伯子不善營生，孔子指「簡」，大概生活太簡樸。孔子稱子桑伯子可，是其人之品德沒問題，但生活簡略，以之治民則有問題；孔子之言不清楚，仲弓加以申明其意，可見二人極熟悉伯子，對子桑伯子一切從簡，認為不適合從政。此章由孔子贊美冉雍，而引發仲弓談論為君治國之道，師弟之言，相得益彰。君主居敬而行簡，正是「恭己而正南面」，無為而治，是大善政，堯舜之道如此；若居簡而行簡，放任天下之所為，置天下於不顧，無視於民生疾苦，君主就毫無意義，是大不善。當然，此章目的在稱贊仲弓，仲弓因此談及治國之道，印證了孔子對冉雍之稱許。

孔子四十歲不惑以後，對事理完全通達，清明自在。此時，魯定公在位，季氏家臣陽虎爲亂，故孔子不求仕，每天與弟子相處爲樂，孔子以民族文化爲使命，教育弟子。然而，天下局勢不穩定，正是吳越爭霸之際，而秦楚之政局亦在轉型之中，齊晉則仍然維持天下霸主的地位。

其五　五十而知天命

孔子自「志於學」，至「而立」，至於「不惑」，然後至此「五十而知天命」，已歷三十五年，時間長久而歷練豐富。孔子降生以來，歷魯襄公十年，昭公三十二年，而今是定公八年，孔子五十歲而知天命。天命，簡單地講就是天賦給我們的生命，就這一點而言是人人皆有，不足爲奇；生命是每個人出生存在的事實，人人都是，事實而不可否認。人雖然都是父母所生，但有人不久夭折，有人橫禍死亡，有人卻能活到數十百歲，殤子與高壽，皆是天命。然而，知天命則非人人如此，每個人生活幾十年，對這個生命有沒有認知，這是一門大學問。孔子只能說「五十而知天命」，雖是自謙之辭，但也是事實；孔子僅能「知天命」，不能「通天命」，天命可知而不可通；「知天命」，簡單地講即知道天所賦予之生命，一則擁有天命，再則知自己之天命，至於孔子所知天命爲何？孔子不曾明言。實則，孔子五十歲了，智慧之光四射，而命運之轉機亦開始啓動。孔子五十而知天命，代表的是智慧之光，也是自我的期許，故「知天命」有不凡之意義。孔子「三十而立」，基本上應該是建立於教育事業，對教育有信心，而使教育普及化，以此爲改變時代之事業；至「四十而不惑」，則信心堅定，具有智慧之光，相信人生事業在此。孔子創立平民教育，就歷史而言是一種嘗試，而有自覺意義，必須經過歷練與證驗；孔子不認爲自己是先知，只是「好古，敏以求之」，是知之次者，由於自我要求，而證明自己存在的意義。然而，孔子是「天縱之將聖」，自己心中有所體認，孔子自己不言，由子貢言之，孔子則默認。孔子是天縱聖人，這一點應該是孔子對弟子的吸引力，非常重要，弟子長期地追隨與陪在身邊，「天生聖人」應該是孔子的無窮魅力。孔子至此始言「五十而知天命」，這層含意並不容易了解，是孔子故作神秘？或者是事實？則無法作詳細地說明；這是孔子自我之覺悟，說來簡單，而意義深遠，故必須以孔子之言行來證驗。

吾其為東周

魯定公八年（西元前五〇二年），孔子五十歲，魯國終於爆發政變。

> 公山弗擾以費畔，召，子欲往，子路不說。曰：「末之也已！何必公山氏之之也？」子曰：「夫召我者，而豈徒哉？如有用我者，吾其為東周乎！」（〈陽貨〉）

孔子正在尋求出仕機會，現在終於來了。公山弗擾是季氏家臣，與陽虎同是「陪臣執國命」，現在更據費城叛變（費音必），此時孔子已顯於時，公山氏召孔子，孔子眼看機會來了，想去試試看，他與弟子談論這件事。【公山弗擾據費城叛變，召孔子，孔子想去，子路很不高興地說：「沒地方去就算了吧！爲什麼像公山氏這種人一叫，老師就要去呢？」】（末之也已，指孔子無處可去就罷了；之之，前之是的，指召的事，後之是往，即去）。公山氏之「召」，未有實際行動。子路率直，馬上表示反對。

子路有聞，未之能行，唯恐有聞。（〈公治長〉）

此章記載子路之為人，非常傳神。子路之優點是果決，聽到孔子講有道理的話，必定努力實踐，但如果自己還沒做到，很怕再聽到有道理的話。此則贊美子路勇於實踐，而「恐」字下得好，顯然子路理性不足，常給自己心理壓力。公山弗擾召孔子，孔子去了能做什麼呢？孔子是借此機會與弟子談論政治理想，子路沉不住，直接反對，而孔子則有自己的盤算。這是一個起步，要走向理想，必須從這一步開始。孔子聽到子路反對，自己內心也明白。【孔子心平氣和地說：「人家要召我，難道沒有什麼用意嗎？如果真有人用我，我是打算好好地振興東周呢！」】（豈徒哉，言必用我也。為東周，言興周道於東方）。孔子認為公山氏召他並非徒然，實則孔子是對自己從政有信心。公山氏召，孔子欲往是事實，但孔子的理想是振興東周，像周公治理西周一樣，尋求實現聖人大道。

子曰：「苟有用我者，期月而已，可也；三年有成。」（〈子路〉）

此章可以看出孔子積極求仕的心情。孔子至五十歲仍未出仕，自己心中有所期待；人生至四十五十是重要的關卡，正當壯年而可以出仕之時。孔子期待出仕，對從政亦有信心，說話的語氣堅定。【孔子說：「假使有人重用我的話，只要滿一周年，我就可以有政績；一直三年，我的施政就成功了。」】（期月，指過一周年）。孔子期待的是國君完全信任，實行王道，使國家安定而進步。然而，魯政是陪臣執國命，孔子有從政之熱忱，但政治日益敗壞，內心感到焦慮。

子曰：「後生可畏，焉知來者之不如今也？四十五十而無聞焉，斯亦不足畏也已。」（〈子罕〉）

孔子期待從政，心境則相當複雜。教育是孔子人生之寄託，亦希望弟子將來從政，此時孔子未出仕，弟子亦不可能從政，孔子有所期待，亦有所戒懼。【有一天，孔子看到弟子皆在用功，就語氣深長地說：「這些青年是可敬畏的，他們來日方長，怎知道他們的成就不如今天的人呢？不過，到四十歲或五十歲還沒有任何聲聞的話，這樣也就不足敬畏了。」】此話，一則是對弟子之期許，再則亦有警惕作用。孔子似乎借此而自勉，無聞之「聞」，並非僅指名聲，其廣義可以涵蓋道德學術之聽聞。無聞指對聖賢大道無所聽聞，品德上泛泛無所知，人生至四五十歲而毫無優點，如此則不足畏。

子曰：「君子疾沒世而名不稱焉。」（〈衛靈公〉）

此章可與前章互相印證。【孔子說：「君子擔心死後沒有好名聲被世人所稱贊。」】（沒世而名不稱焉，則無為善之實可知矣）。君子而不為善，就不是君子，故君子行善而注重品德，其德業可以傳世不朽。孔子之意，是勉勵弟子實踐道德。

子曰：「年四十而見惡焉，其終也已！」（〈陽貨〉）

此章是反面之警戒。若四十歲還被人所厭惡，一點品德都沒有，這個人一生就完了！（四十，成德之時。見惡於人，則止於此而已，勉人及時遷善改過也）。品德好就不會被厭惡，孔子人生正朝著完美的方向前進，力行實踐，守正道而不移。

佛肸召，子欲往。子路曰：「昔者，由也聞諸夫子曰：『親於其身為不善者，君子不入也。』佛肸以中牟畔，子之往也如之何？」子曰：「然，有是言也。不曰堅乎？磨而不磷；不曰白乎？涅而不緇。吾豈匏瓜也哉？焉能繫而不食！」（同前）

佛肸（音必細），晉大夫趙簡子之邑宰。晉是西方大國，孔子之名聲已經遠聞。【晉國佛肸召孔子，孔子想去。子路就說：「以前，我仲由聽老師說：『一個人親自做壞事，君子就不去他的地方。』現在佛肸是據中牟叛變，老師要去，是什麼意思？」】子路表示反對。晉國在西方，路途遙遠，孔子要長途跋涉，又要渡過黃河，在理論上非常困難；子路舉孔子自己講的話，提出質疑，子路問「如之何」倒是問得好。（磷，是薄；涅，是黑色染料；緇，是黑色）。【這次子路顯然問對了，孔子的語氣緩和地說：「對啊，以前我說過這種話。然而，不是說堅硬嗎？真正堅硬是磨也磨不薄；不是說潔白嗎？真正潔白是用黑色染料也染不黑。我難道是匏瓜嗎？怎麼只能吊著看，卻不能採下來吃呢？」】孔子有自己之原則與理想，子路只見表面，不了解孔子之道，故一有不滿就表示反對，其剛正率直之性格，孔子知其短，也重視其所長。

子曰：「片言可以折獄者，其由也與！」子路無宿諾。（顏淵）

子路正直而果斷。【孔子贊美子路說：「用明確的一句話，就可以判決案件，使人信服，能做到這樣的只有仲由啊！」子路沒有隔夜的諾言，說到做到。】（片言，半言。折，斷也。子路忠信明決，故言出人信服之，不待其辭之畢也）。片言，指一句話，非謂片面之辭；子路判案，只一句話而決，明確果斷，使人信服。

閔子侍側，誾誾如也；子路，行行如也；冉有、子貢，侃侃如也。子樂。「若由也，不得其死然！」（先進）

此章最後之言，當有「子曰」二字。據班固〈幽通賦〉「固行行其必凶兮，免盜亂爲賴道」下注，補正。【閔子騫陪侍孔子身邊，和悅舒坦的樣子；子路是剛強果敢的樣子；冉有、子貢是溫和歡愉的樣子。孔子很高興。對於子路，孔子說：「像仲由那樣，好像不得好死的樣子！」】此言不吉利，卻是聖人之真言。所謂「相由心生」，子路剛強的態度，孔子擔心他會有意外的災難。（誾音吟，誾誾如，和悅的樣子；行音沆瀣一氣之沆，行行如，剛強的樣子；侃侃如，溫熙的樣子；不得其死，指死而不得其所）。孔子有弟子隨侍身邊，生活和樂而自在。

出仕於魯

魯政敗壞，至季桓子時，爲陽虎所執，國政大權旁落於陽虎之手，陪臣執國柄，魯政更爲不堪。此時，孔子不仕，與弟子講學論道。

子曰：「可與共學，未可與適道；可與適道，未可與立；可與立，未可與權。」（〈子罕〉）

此章談論人生求學有不同的層次，又因爲天賦資質不同，而成就各自有別，這是天命使然。教育誠然是人生之大事，中國文字發明極早，至甲骨文已經非常成熟，此爲數千年演進之結果，然而至周朝初期，民智仍然未開，蓋教育僅限於少數貴族之專利，文字之流通非常有限；至孔子始提倡教育，就這一點而言，孔子是中國民族文化之先知先覺。孔子開教育之先河，然後造成戰國時期百家爭鳴的局面。孔子弟子雖然號稱三千，而身通六藝者七十二人，但弟子資質不同，正如前面談論過的人，每位之言行皆不同，智慧層次不一，故此章是孔子談論人生之境界，是嚴正而理性的論證，其內容含意非常深遠。共學，就是同學，這是開始讀書之正常關係；可與共學，意思較簡單，即所謂同窗共硯。（適，往，奔赴之意；適道，即共赴大道，一同追求正道；立，是建立、建樹）。此「立」與「三十而立」境界相同，即立於正道，而有所成就。權是最高境界，指通權達變，圓融無礙。【孔子說：「今天大家來上課，可以一起共學，很好！等到學問有了基礎，有一天，必然要到社會上去做事，大家可能希望有志同道合的同學，共同去追求大道；如果沒有，也不必太勉強。如志同道合之同學一起追求理想，當然很好！彼此共同努力，互助合作，向大道邁進；同學之間，認真做事，目標相同，可以彼此關照，如此十年二十年之後，大家的努力或許有了成果，建立成功的事業。然而，世事難料，個人的運氣不同，有人也許沒有什麼建樹，那也不必太在意。至於努力有了良好的成果，建立一番大事業，能不能權衡變通，那就要看個人的智慧與度量了。」】孟子曰：「權，然後知輕重；度，然後知長短。」（〈梁惠王〉）權，就是用秤錘稱物，然後可以知物之輕重；度，就是用尺度量，然後可以量出物之長短。是故，若上學後，有許多同學，而要共同適道則難；有人共同適道，但要人人皆有所建樹更難；至於彼此有所建樹後，權衡變通則最難；權是指變通，即事業達到顛峰之權變，如何利己又利人，則必須有大智慧。人至於權是最高境界，必須發揮理性，知所變通，完全要靠智慧判斷；智者功成不居，不智者得意而忘形，樂極而生悲。常言道：「富不過三代。」驕奢容易敗家，唯有能夠戒慎恐懼者，始得以遺澤後世。由共學而適道，是資質相通，這是第一層；因適道而建立事業，是人生成功，這是第二層；事業成功而知所權變，回饋社會，遺愛人間，這是最高一層。適道之人已少，立與權更不易得，此爲孔子客觀之評析，指人生不同之境界。是故，共學，適道，立與權，人生成就不同。孔子此言是人生立世之目標，共學常有，適道者或有，有所立者少有，權衡變通者沒有，天賦資質不同，是天命所造成的，無法勉強。孔子與弟子言志，境界亦各自不同。

顏淵、季路侍，子曰：「盍各言爾志？」子路曰：「願車馬衣輕裘，與朋友共，敝之而無憾。」顏淵曰：「願無伐善，無施勞。」子路曰：「願聞子之志。」子曰「老者安之，朋友信之，少者懷之。」（〈公冶長〉）

今天剛好有二大弟子陪在孔子身邊，是機會教育；顏淵賢明，子路率直，正可聽聽二人之志向。【顏淵和季路陪在孔子身邊，孔子關愛地說：「爲何不各自談談你們的志向呢？」子路馬上說：「我願意把自己的車馬、衣服、輕裘，和朋友共用，用壞了也不會感到遺憾。」顏淵接著說：「我願意不誇耀自己的優點，也不矜張自己的功勞。」二人談完，子路急著說：「老師，我們很想聽聽老師的志向。」孔子就說：「我願天下老年人都能得到安養，朋友之間都能講信用，少年人都能得到關懷與教養。」】（敝，是破舊；伐，是誇耀；施，是矜張；懷，指懷育）。孔子把「仁」的精神擴充到天下，使天下安定順適，一片祥和。子路好勇而講義氣，故以義交朋友；顏淵則安貧樂道，即使自己有優點也不誇耀。季路即子路，古書相通。三人言志，皆不藏私，唯有小大之別；子路就實物而言，所見是現實面，與朋友不分彼此；顏淵之無我精神，行所當行，自己有何優點並不放在心上；孔子則大公無私，眾生平等，聖人大道如此，「五十而知天命」之目標在此，關照天下之老者、朋友、少者等。顏淵與子路同學，而人生成就不同。

孔子「五十而知天命」是「不惑」之進境，比「不惑」則高一層；「不惑」是智者之境，「知天命」則是與「天命」相證知，對天所給予之生命有所體悟。孔子「而立」已經立於聖人之境，「不惑」就是承擔時代之使命感，故「知天命」是已經認知天所賦予之使命；孔子雖然是個肉體之身，爲父母所生之常人，但在春秋時代末期，孔子應運而生，由於孔子的自覺與認知，至此已經超凡入聖，正是道成肉身之聖人，道即在孔子身上，與「天命」合而爲一。

子謂顏淵曰：「用之則行，舍之則藏，惟我與爾有是乎！」子路曰：「子行三軍則誰與？」子曰：「暴虎馮河，死而無悔者，吾不與也。必也臨事而懼，好謀而成者也。」（述而）

孔子之行藏順時推移，自然而行，顏淵契合聖人大道，可以相通。顏淵爲人安分守己，而不愛表現。周制，天子六軍，大國三軍，其次二軍，小國一軍，一軍是一萬二千五百人。（行，是率領；暴虎，是空手打虎；馮河，馮音平，是徒步過河）。【孔子很自信地對顏淵說：「如果有人重用的話，就盡力做事；人家不用的話，就深藏而自持，也不在意。這種態度，大概只有我和你能夠這樣吧！」子路在旁邊聽到，馬上說：「老師！您率領三軍出征，則誰可以跟隨呢？」孔子嚴肅地說：「如果一個人只會空手打虎、徒步過河，白白送死卻不後悔的人，我不和他一道。一定要臨事謹慎戒懼，而會好好計劃以取得成功的人，我才會和他在一起。」】子路好勇，誠然可嘉，然而逞強好勝，有勇無謀，則是最大缺點。

魯定公九年（西元前五〇一年），孔子五十一歲，陽虎事敗奔齊，魯國政權雖仍在三桓手中，但彼此相安，政治趨於穩定。有一天，定公召見孔子，孔子前往，定公說：「中都，是個重要之城邑，現在正缺一位長官，由你去擔任吧！」孔子說：「是，遵命！」於是孔子爲中都宰，這是孔子第一次出仕。

孔子初仕為中都宰。制為養生送死之節，長幼異食，強弱異任，男女別塗，路無拾遺，

器不彫偽。為四寸之棺，五寸之槨，因丘陵為墳，不封不樹。行之一年，而西方之諸侯則焉。（《孔子家語．相魯第一》）

孔子爲中都主管，開始推行地方行政，建全良好的社會制度，人民生活井井有條，政治亦因而改善，不再有無謂之爭端，一年，終於政績良好，使西方之諸侯群起效法。魯國在東方，大部分國家在西方。孔子主張王道，推行仁政，以愛民爲主。

定公問：「君使臣，臣事君，如之何？」孔子對曰：「君使臣以禮，臣事君以忠。」（〈八佾〉）

此章孔子強調君臣相對義。魯君一直受制於權臣，定公對此有所猶豫，拿不定主意。【定公問孔子說：「君要差遣臣，臣要事奉君，應該怎樣才對？」孔子答說：「君臣是相對的，君以禮差遣臣，臣就會以忠來事君。」】孔子之言是最簡單的原則，而重點在於君主，君主是國家元首，要以禮領導人民，爲人民之典範。

子曰：「聽訟，吾猶人也；必也，使無訟乎！」（〈顏淵〉）

孔子雖然開始從政，但並未放棄教育事業，行政上亦主張教化人民。【這一天，孔子處理完訴訟案件後，對弟子們說：「審判這些案件，我還是和別人一樣；但政治之最高原則，一定要使人民沒有爭端，而不用訴訟。這方面尚須繼續努力。」】政治如能使人民相安無事，則天下太平。一個國家政治之安定與否，與執政者息息相關，歷史上皆因昏君而亡國，故從政者要先正其身。

子曰：「其身正，不令而行；其身不正，雖令不從。」〈子路〉

子曰：「苟正其身矣，於從政乎何有？不能正其身，如正人何？」（同前）

此二章雖未並列，但意義相同。從政，先要端正自己，舜無爲而治，就是「恭己正南面」。【孔子有所感觸地說：「身爲長官的，本身要端正，爲人民之表率，不用下命令，人民也會做好；反之，長官自己亂做，即使下命令，人民也不會遵守。」】數日後，孔子仍然談論同一主題。【孔子說：「假使自己是端正的人，對於從政有什麼困難呢？如果本身言行不端正，又怎麼能夠去糾正別人呢？」】政治之效果顯著，執政者本身的好壞，人民看得清清楚楚，眾目睽睽，不可不慎。

當仁不讓

孔子初用，對政治充滿信心，他建議定公以禮待臣，君主有禮，臣下受到敬重，自然會爲國盡忠，此言雖指君臣相對義，然而政治安定建基於此。

定公問：「一言而可以興邦，有諸？」孔子對曰：「言不可以若是其幾也！人之言曰：『為君難，為臣不易。』如知為君之難也，不幾乎一言而興邦乎？」曰：「一言而喪邦，有諸？」孔子對曰：「言不可以若是其幾也！人之言曰：『予無樂乎為君，唯其言而莫予違也。』如其善而莫之違也，不亦善乎？如不善而莫之違也，不幾乎一言而喪邦乎？」

（同前）

定公在位，失之軟弱，魯政一直不振，孔子有心行仁政，然而機會不至。（有諸，指有這種話嗎；幾，借爲冀，即期望）。有一天，孔子至曲阜覆命，進見定公，定公一見孔子，心中有一份安全感。【定公興致勃勃地問：「孔夫子，你是睿智之人，請告訴我，一句話就可以使國家興盛，有這種話嗎？」孔子謹慎地答說：「說話不可能期望一句話就興邦！有人說：『做國君難，做臣子也不易。』如果知道做國君難，能注意自己的言行，那這句話不就差不多可以興邦嗎？」定公似不在意，接下去有點澀縮地問：「那麼一句話就會滅亡國家，有這種話嗎？」孔子答覆說：「這個一樣，說話不可能一言就會喪邦！有人說：『我當國君沒有什麼快樂，唯一快樂的是國君說話沒人敢反對。』如果國君是對的沒有人反對，不也是一件好事嗎？如果國君本身不對卻沒有人反對，那不就差不多這句話可以喪邦嗎？」】魯政不振，定公患得患失，二次請教孔子皆非政治振興之道，亦因此自暴其缺點。孔子至齊，景公則知問政，孔子仕於魯，定公並不問政；定公一問君臣相待問題，再問興邦喪邦問題，可見定公軟弱無能，並無積極治國之道，魯政岌岌可危。

周公謂魯公曰：「君子不施其親，不使大臣怨乎不以，故舊無大故則不棄也，無求備於一人。」（微子）

周公封魯，由子伯禽就國，是爲魯公。臨別時，周公告戒魯公四點：第一、君子不遺棄自己的親人；第二、不使大臣埋怨自己不受重視；第三、老朋友沒有大罪過就不可以遺棄；第四、對一個人不要責求完美無缺。這四點皆是仁政之基礎，故伯禽治魯，行聖人之道。（施，指遺棄；怨乎不以，是因不被重視而埋怨）。治國要顧及全面性之和諧。魯政之衰弱，其來有自。

> 魯有天子禮樂者，以褒周公之德也。周公卒，子伯禽固已前受封，是為魯公；魯公伯禽之初受封之魯，三年而後報政周公，周公曰：「何遲也？」伯禽曰：「變其俗，革其禮，喪三年然後除之，故遲。」大公亦封於齊，五月而報政周公，周公曰：「何疾也？」曰：「吾簡其君臣，禮從其俗為也。」及後聞伯禽報政遲，乃歎曰：「嗚呼！魯後世其北面事齊矣。夫政不簡不易，民不有近，平易近民，民必歸之。」（《史記．魯周公世家》）

魯誠然是聖人之邦，實施仁政，其弊則在於政弱；姜太公至齊，順齊民風俗而爲，政治簡化，人民易從，故五月而國內安定。伯禽用三年引導人民，尙有周公聖人之風，後世不肖，國勢浸衰，爲齊國所侵凌。今天，孔子始用，雖有心振作，但定公之態度太過於軟弱；魯國三桓擅政，卻無所作爲，季氏又爲陽虎所執，後來陽虎事敗奔齊，爲齊國所不容，又奔晉，依趙氏。

孔子任中都宰一年，政績遠播，遷爲司空。司空是大司空下之小司空，爲大夫之職，是幕僚隨從，並無實權，而是定公有意調他回京，不久升爲司寇，司馬遷稱大司寇。司寇有命辭。

> 五十二歲，定公以為司寇，命之曰：「宋公之子弗父何孫魯孔丘，命爾為司寇。」示重其祖也。（熊賜履《學統．孔子》）

此爲命卿之辭，是行政之主管，與三卿並列；魯國三卿即季孫氏爲司徒，叔孫氏爲司馬，孟孫氏爲司空。孔子爲魯司寇，已有行政主權，可以展現政治理想。定公十年（西元前五〇〇年），孔子以司寇身分，相定公參加齊魯夾谷之會。

> 定公十年春，及齊平。夏，齊大夫犁鉏言於景公曰：「魯用孔丘，其勢危齊。」乃使使告魯為好會，會於夾谷。魯定公且以乘車好往，孔子攝相事，曰：「臣聞有文事者必有武備，有武事者必有文備。古者諸侯出疆，必具官以從，請具左右司馬。」定公曰：「諾。」具左右司馬。（《史記．孔子世家》）

及齊平，是魯與齊議和；孔子攝相事，相是輔佐，即孔子輔佐定公參加會議。此次孔子爲定公決定外交事宜，認爲文武相濟，有備無患，安排左右司馬隨從，以保護定公之安全。於是定公與景公會於夾谷，二君入坐，二國代表亦就位，齊君揖讓進酒，定公揖讓而上，互相敬酒畢，齊請奏邊鄙之樂，音樂充滿殺伐之聲，於是旍旄羽袚矛戟劍撥鼓噪而至。

> 孔子趨而進，歷階而登，不盡一等，舉袂而言曰：「吾兩君為好會，夷狄之樂，何為於此？」請命有司，有司卻之不去，則左右視晏子與景公，景公心怍，麾而去之。有頃，齊有司趨而進曰：「請奏宮中之樂。」景公曰：「諾。」優倡侏儒為戲而前，孔子趨而

進，歷階而登，不盡一等，曰：「匹夫而熒惑諸侯者，罪當誅。」請命有司，有司加法焉，手足異處。（同前）

齊先以夷狄之樂欺淩魯君，孔子不懼，責而去之；又以宮中之樂迷惑，孔子加法歌舞者，斬其手足。於是景公懼，知自己有失禮節，得罪魯君，乃歸還所侵魯之鄆、汶陽、龜陰之田以謝過。這次孔子贏得外交之勝利，不僅使定公不至於受辱，且爲魯國爭回三處失地，因此頗得定公之信任。夾谷之會，看來是一齣鬧劇，可能完全出於晏嬰之安排，目標則針對孔子；夷狄之樂粗野，宮中之樂艷冶，皆非兩君好會之樂，孔子指正並加罪，齊侯則愧而退。故此次相會，實則無真正名目，純爲鄰邦之好會；然而，齊國之表現並非友善，似乎是晏嬰要試試孔子有何能耐，孔子則不肯示弱，先具左右司馬，以示有備而來；於會中，對齊國不當之安排，又以大義力爭，終於全身而退。齊強魯弱，孔子行君子之道，示之不可欺，齊亦不敢加兵於魯國。

子曰：「當仁不讓於師。」（衛靈公）

孔子勉勵行仁可以不讓，即使面對師長也應該如此。仁是至德，故不讓於人；行仁之事不易，有仁必行，絕不猶豫。仁是全德之稱，要做好不容易，然而仁是人性、善心，存於人人心中，故必須隨時行之，表現人性的光輝，崇高之品德，「朝聞夕死」固可，「殺身成仁」亦不足惜。

子曰：「志士仁人，無求生以害仁，有殺身以成仁。」（同前）

有志之士與仁德之人，人生以品德至上，而仁為最高品德，故不會為求生而害仁，卻能殺身而成仁，為仁而犧牲，保全自已品德完美無缺。比干諫而死，伯夷、叔齊餓於首陽之下，求仁而得仁，人品高潔，永遠受到世人的尊敬。

民無信不立

孔子以正道，行仁政，治魯已經看見政績，並且夾谷之會，在外交上獲得全勝，亦令弟子信心大增，而堅定意志，力求上進。

子貢問政，子曰：「足食，足兵，民信之矣。」子貢曰：「必不得已而去，於斯三者何先？」曰：「去兵。」子貢曰：「必不得已而去，於斯二者何先？」曰：「去食。自古皆有死，民無信不立。」（〈顏淵〉）

子張問政，子曰：「居之無倦，行之以忠。」（同前）

子路問政，子曰：「先之，勞之。」請益，曰：「無倦。」（〈子路〉）

第三章是〈子路第十三〉篇首。三章不相連而相近，主題相同，皆弟子問政，而孔子答覆。孔子因材施教，故答之不同，子貢之政，孔子大而言之，是指全國施政之目標；子張與子路皆指其本身表現為主，勉勵二人身先士卒。子貢問政，孔子答以「足食，足兵，民信之」，即充足糧食，加強軍備，使人民信賴，這是子貢前面有「博施」、「濟眾」之理想，孔子勉之實現，子貢一聽，顯然知道三者行之不易，故請一刪再刪，最後取信於民則不可刪；民無信不立，人民不信任政府，這個國家就完了。不立即不存在。子張問政，孔子指身居長官，治民不可倦怠，而盡忠職守，「以忠行之」，用忠誠態度做事；子路問政，孔子勉勵要身先士卒，並且任勞任怨，子路不滿足，「請益」，故孔子進一步指「無倦」，堅持不懈。三人問政，孔子以個人可行者答之，子貢高遠，子張寬宏，子路勇猛，各盡所長。

顏淵問為邦，子曰：「行夏之時，乘殷之輅，服周之冕；樂則韶舞；放鄭聲，遠佞人。鄭聲淫，佞人殆。」（衛靈公）

前三章是問政，此章顏淵問爲邦，是指如何治理國家。顏淵看到孔子從政以後，政績頗佳，深信大道之行不遠，故問孔子治國之大道，孔子對顏淵期勉殷切。【顏淵問孔子怎樣治理國家，孔子說：「治國要達到完美，必須取法古代之優點：一、記年歲則採用夏曆；二、座車採用殷商四馬的大木車；三、頭上戴的是周朝之禮帽；此外，音樂採用韶樂與武樂；並且禁止鄭聲，遠離諂佞之小人。因爲鄭聲淫亂人心，佞人奸詐危險。」】（輅，音路，天子所乘四馬大木車；舞，借爲武）。孔子指武樂美而未盡善，但可鼓舞人心進取。孔子之言明確，意義深遠，必須熟悉古代之文物，取法於古人優良之制度。孔子前面言「用行舍藏」，此章是具體事實，顏淵與孔子同道，雖未從政，然而孔子對之期許甚高，將來必有大用。孔子對弟子資質各自不同，從政理想亦各異，故答覆內容不同，而皆以聖人大道爲目標。下面四位弟子談論志向亦各自不同。四位弟子侍坐於孔子身邊，這是《論語》最長的一章，文意結構自然，今依其起、承、轉、合分爲四節，探知其義。

> 子路、曾皙、冉有、公西華侍坐。子曰：「以吾一日長乎爾，毋吾以也。居則曰：『不吾知也。』如或知爾，則何以哉？」（〈先進〉）

四位弟子陪侍，曾皙鼓瑟，音樂優美，氣氛和諧。【子路和曾皙和冉有和公西華等四人，侍坐於孔子的身邊。孔子溫和地說：「平時，你們都因爲我年紀比較大，今天不要因爲我，就不敢盡情說話。平時有人說：『沒人知道我。』如果有人知道你而重用你的話，那麼你會怎樣做呢？」】（以，因爲；居，平時）。接著：

> 子路率爾而對曰：「千乘之國，攝乎大國之間，加之以師旅，因之以饑饉，由也為之，比及三年，可使有勇，且知方也。」夫子哂之。
>
> 「求，爾何如？」對曰：「方六七十，如五六十，求也為之，比及三年，可使足民；如其禮樂，以俟君子。」
>
> 「赤，爾何如？」對曰：「非曰能之，願學焉！宗廟之事，如會同，端章甫，願為小相焉。」

孔子剛說完。【子路立刻率直地站起來說：「沒問題，千乘的國家，挾在大國的中間，並且有軍隊的壓力，又連年飢荒，生活困苦，我仲由來治理的話，連續三年下來，就可以讓人民勇敢抗敵，並且知道進退的道理。」孔子聽後微微一笑。孔子接著問：「阿求，你會怎麼做呢？」答說：「有六七十方里，或者五六十方里的地方，由我冉求來治理的話，連續三年下來，可以讓人民富足起來；至於禮樂制度的改善，只有等待賢明的君子了。」孔子鼓勵公西赤說：「阿赤，你會怎麼做呢？」公西赤細聲地說：「不敢說我能做到，只願意學習啦！有祭祀宗廟的事，或者諸侯開會，穿上黑色禮服，戴上禮帽，我願做一名輔佐行禮的儐相啦。」】子路率直而言，充滿信心。（率爾，即率然；因之，指連續；如，是或者；會同，是諸侯結盟開會；端，是玄端，黑色禮服；章甫，是禮帽。二者皆當動詞）。冉求爲人退縮，缺乏信心。公西赤以知禮見長，表現外交辭令。接著：

「點，爾何如？」鼓瑟希，鏗爾，舍瑟而作，對曰：「異乎三子者之撰。」子曰：「何傷乎？亦各言其志也。」曰：「莫春者，春服既成，冠者五六人，童子六七人，浴乎沂，風乎舞雩，詠而歸。」夫子喟然歎曰：「吾與點也！」

曾點鼓瑟，聲音轉弱。【孔子問：「阿點，你會怎麼做呢？」鼓瑟聲音逐漸稀疏，鏗然一聲停止，推開瑟站起來，答說：「和他們三位所談的不同。」孔子鼓勵地說：「有什麼關係呢？也只是各自說自己的志向啊。」答說：「到了晚春時，大家都換好春裝，青年五六位，童子六七位，一起到沂水沐浴玩水，再到舞雩臺吹吹風，然後邊唱歌邊回家。」孔子聽後笑了，贊歎地說：「我贊同點所說的啊！」】（莫，通暮；冠者，指青年）。曾點志大而言大，期待祥和太平之世。接著：

三子者出，曾皙後，曾皙曰：「夫三子者之言何如？」子曰：「亦各言其志也已矣！」曰：「夫子何哂由也？」曰：「為國以禮，其言不讓，是故哂之。」「唯求則非邦也與？」「安見方六七十，如五六十，而非邦也者？」「唯赤則非邦也與？」「宗廟會同，非諸侯而何？赤也為之小，孰能為之大？」

這堂課很自由，也很充實。【三個人分別出去了，曾皙留在最後，趁老師還在，曾皙說：「老師，剛才三位所談的怎樣？」孔子說：「也只是各自談自己的志向罷了。」曾皙不放棄，又問：「老師爲什麼對由所說的微笑？」孔子說：「治國要重視禮節，他的話毫不謙讓，所以我笑一笑。」「那求所說的不是國家嗎？」「六七十方里，或五六十方里的國家多得是，怎麼可以說不是國家呢？」「那赤所說的不是國家嗎？」「宗廟與會同，不是諸侯的事是什麼？赤只能做小相，那誰能主持大場面呢？」】公西赤擅長禮學，孔子曾經鼓勵弟子向公西赤學習賓客之禮。此章是長篇之記敘文，內容完整，文意則起、承、轉、合，自然天成；孔子鼓勵弟子發言是起，三弟子談論是承，至曾點之異是轉，最後曾點與孔子問答是合。此章雖然還是語錄體，但內容豐富，曲折變化，孔子與弟子一問一答，有強有弱，突顯出四位弟子不同的性格，語氣上有輕重緩急，文意則明確而真實。

子路治國不讓，孔子莞爾一笑，並未否認其才華，至曾點之問，始示之「爲國以禮」，而「其言不讓」之缺點；治國與成仁，二者範圍輕重不同，成仁是個人之品德，治國則關係國家命脈，民生之安危，若「不讓」則問題非常嚴重。觀看歷史，暴君、昏君之立場，出發點就是不讓，唯我獨尊；至於歷代之權臣、奸相，其跋扈與囂張，更是不讓之極惡者；而歷史上之變法與黨爭，亦是不讓之惡例循環。孔子此言雖然溫和，實則是指政治根本之道，可惜一談到政治，就可能落入子路之言行中。曾點之志，安祥和熙，與世無爭，契合聖人氣象。

孟子曰：「如琴張、曾晳、牧皮，孔子之所謂狂矣。」「何以謂之狂也？」曰：「其志嘐嘐然，曰：『古之人，古之人！』夷考其行，而不掩焉者也。」（盡心）

孟子列舉三人，是孔子所謂狂者，即琴張、曾點、牧皮等三人是孔門狂士。嘐嘐，指志大言大；掩，是覆蓋之意；不掩焉，指行不能覆蓋其言，就是所言常常做不到；夷考其行，即考察他平時的行爲。狂士不滿現實，而喜歡稱美古人，平常都說：「古代的人，古代的人啊！」即指古人了不起，而考查其平時之行爲，都是做不到。曾點之志向，誠然得聖人之意；其無爲安祥，氣象則近似，而行爲則有所不足。琴張即琴牢，簡稱牢，狂放不拘，卻記住孔子「吾不試，故藝」之言；牧皮，姓牧名皮，魯之狂士，亦爲孔子弟子。曾點與曾子性格完全不同。

曾子曰：「可以託六尺之孤，可以寄百里之命，臨大節而不可奪。君子人與？君子人也！」（泰伯）

曾子曰：「士不可以不弘毅，任重而道遠。仁以為己任，不亦重乎？死而後已，不亦遠

乎？」（同前）

此二章相連，皆曾子之言。曾子爲人魯實，與父親曾點狂放之性格不同，故終能傳孔子之道。曾子是孔子之孫孔伋（字子思）之師；孟子受業於子思之門人，因此將儒家之道統發揚光大，曾子是孔門重要之傳人。【曾子說：「可以託付保護幼主的重任，也可以寄託國家的命脈，遇到了生死關頭也絕不改變志節，肯全力負責的。這個人算是君子嗎？對！這個人就是君子啊！」】君子以人格爲生命，臨死不變節。（六尺之孤，指幼主；百里，指諸侯之國）。古代稱堂堂七尺之軀，六尺是未成年。【曾子又說：「士一定要寬宏氣度而堅定毅力，他的責任很重，而要走的路非常遠。把仁當做自己的責任，這不是很重嗎？行仁是到死才停止，這不是很遠嗎？」】任重，是以仁爲己任；道遠，是死而後已；二者皆須心胸寬弘，毅力堅定，才能堅持到底。孔子指「士志於道」，曾子繼承孔子，以仁爲己任。

魯定公十二年（西元前四九八年），孔子五十四歲。三桓專政，魯君爲其所制；季孫據費，叔孫據郈，孟孫據成，三家擁城自重，氣焰高張。

孔子言於定公曰：「臣無藏甲，大夫毋百雉之城。」使仲由為季氏宰，將墮三都。於是叔孫氏先墮郈，季氏將墮費。（《史記．孔子世家》）

墮費時，大費周章，有公山不狃（弗擾）與叔孫輒率費人與魯戰，孔子命申句須與樂頎（音悅其）伐之，終於在姑蔑敗之，遂墮費。孔子認爲大夫擁城自重，專擅甲兵，則必爲害公室，故主張隳三都；此事在朝廷曾有一番爭執與衝突，孔子曉以大義，使三桓者無話可說。叔孫氏未加反抗，順利隳郈；至於季氏則強力反抗，終於用武力解決；孟孫氏則頑抗到底，與魯軍僵持。

將隳成，公斂處父謂孟孫曰：「隳成，齊人必至于北門。且成，孟氏之保鄣，無成是無孟氏也。我將弗隳。」十二月，公圍成，弗克。（同前）

孔子雖然堅決主張隳三都，而終於三隳其二，孟孫據成而弗克，至此未竟全功。魯君態度軟弱，並不表示支持孔子，隳三都目的在削弱三家勢力，終則其一弗克，其二自然起而效法，立刻恢復自己的勢力。因此，三桓勢力依然如故，此時孔子頗有無力之感。定公立場搖擺不定，受制於三桓，孔子則深感無奈。

太史公曰：「余聞孔子稱曰：『甚矣，魯道之衰也。洙泗之間，斷斷如也。』」（《史記·魯周公世家》）

司馬遷引孔子之言，證明魯政衰微，在都城洙泗一帶，因爭論而吵鬧不休，政治局勢很不穩定。斷斷如，猶斷斷然，爭吵不休的樣子。孔子施政，至此功敗垂成。隳三都，是孔子有意試探定公之決心，這是振興魯國政治之道，先強公室，以鞏固魯君地位，然後穩定國勢，進一步就可以強化行政體系，而使名正而言順，國家局勢自然改觀。魯君堅定，讓孔子放手做好，就會成功。孔子之政治理想有其程序，一步一步推展，只要魯國君臣肯支持，同心協力，必能實現王道政治。

孔子墮三都受阻，魯君態度畏縮不決，孔子欲強公室而不能，不得已，在餘暇之時，仍然與弟子弦歌不輟。

思無邪

子曰：「詩三百，一言以蔽之，曰：思無邪。」〈為政〉

《詩經》有三百十一篇，六篇有題無詩，言詩三百是指整數，詩歌是先民之心聲，〈國風〉是主要內容，即各國之歌謠，代表各地之民情風俗。詩，不僅字句優美，音調鏗鏘，而且是感情之昇華，人心意志之凝斂，可以美化人性。【孔子說：「詩三百之內容，用一句話來概括，可以說：純真。」】詩歌句子優美，感情純真而無邪。（思，助詞，無義；無邪，即純真）。詩適於長歌吟詠。

子曰：「誦詩三百，授之以政，不達；使於四方，不能專對。雖多，亦奚以為？」〈子路〉

詩三百，誦之然後可以從政。春秋時代，貴族子弟誦詩，孔子亦教弟子誦詩，目的是訓練弟子將來出仕。【孔子說：「把詩三百篇都背熟，就可以接受官職，開始從政，但處理政事卻不通，用不上；或者被派往各國去辦理外交，對於國君交辦之事不能專責應對，得到解決。如此，雖然背熟很多詩，又有什麼用呢？」】（奚以為，即有何用）。春秋時代，外交辭令以詩對答，孔子指「不學詩，無以言」道理在此，故勉勵伯魚學詩；然而，學詩而不通其旨，從政而不達其意，出國辦外交而不能專對，僅會背誦也是無用。此與「學而不思則罔」道理相通，詩之韻味無窮，必須深入體會，從政則知其事理，出使各國可以專對而成功。

子貢曰：「貧而無諂，富而無驕，何如？」子曰：「可也。未若貧而樂，富而好禮者也。」子貢曰：「詩云：『如切如磋，如琢如磨。』其斯之謂與？」子曰：「賜也，始可與言詩已矣！告諸往而知來者。」（〈學而〉）

子貢以詩應答，令孔子高興，謂「可與言詩」。子貢爲人聰明，然而財大氣粗，恃才傲物，常有驕矜之氣。這一天，子貢興致勃勃來見孔子，認爲自己最近行爲有所收斂，表現不錯，自己頗爲得意。【子貢問孔子說：「老師！一個人貧窮卻不會諂媚，富貴卻不會驕傲，怎麼樣？」】子貢此話不知從何而來，實在問得沒道理，貧而無諂與他無關，不是問話之重點，重點在「富而無驕」，「富而無驕」當然不是指別人，而是講自己，問孔子好不好？問話如此，就有驕矜之氣，如果他真正「富而無驕」根本不必問，一問就是驕。【孔子一聽，是機會教育了，就說：「可以啊！但還是不如貧而快樂，富而好禮的人。」子貢說：「詩云：「如切如磋，如琢如磨」的句子，是指這個意思嗎？」】子貢不愧是聞一而知二，「如切如磋，如琢如磨」是〈衛風·淇澳〉首章詩句，切磋琢磨本爲治玉工夫，引申爲精益求精之意；因爲孔子勉勵，子貢立刻想到用詩對答，即專對之意，子貢不愧是言語第一。【所以，孔子很高興地說：「賜啊！很好！

我可以開始跟你談詩了，告訴你說過的，就會連想到接下去的。」】這是小聰明，子貢就喜歡這樣。（告諸往，指原來說過的；來者，是接下去的）。對於切身而具體的事物，子貢之反應頗佳。

子貢曰：「夫子之文章，可得而聞也；夫子之言性與天道，不可得而聞也。」（〈公治長〉）

子貢這話說得真確，也因此暴露自己的缺點。孔子對弟子毫無隱瞞，所言皆平常生活之道理，性與天道在生活中體會，悟者自悟，孔門弟子能悟道者唯顏淵與曾子，餘者皆因智力所限，不能見道。子貢認爲孔子教育講詩、書、禮、樂等文物制度，是人人可得而聞；但是孔子談性與天道，則無人可以聽到。意思是孔子教的是實際的，抽象的很少講。孔子有教無類，所教皆平常德行，與生活事實，至於性與天道存乎自然，僅爲原理，並無實物。孔子謂「吾道一以貫之」，亦明示自己並無隱瞞，然而僅曾子一人能體會，餘者不知。

子夏問曰：「巧笑倩兮，美目盼兮，素以為絢兮。何謂也？」子曰：「繪事後素。」曰：「禮後乎！」子曰：「起予者商也！始可與言詩已矣。」（〈八佾〉）

這是孔子「可與言詩」的第二人，子貢引詩應答，子夏是直問詩句。此章展現子夏智慧之光，已觸及「道」之本質。「巧笑倩兮，美目盼兮」出於〈衛風．碩人〉第二章後二句；「素以爲絢兮」是逸詩。（倩是笑容優美，巧笑倩兮即巧笑看起來真美；盼是深情注目，美目盼兮即美目注視含情脈脈；素，即白絹，可以做畫布；絢，是采色；素以爲絢兮，是純白畫布使采色鮮艷；繪事後素，是有純白畫布然後才繪畫）。【子夏問孔子說：「巧笑倩兮，美目盼兮，素以爲絢兮。這是什麼意思呢？」孔子提示說：「就是有純白畫布然後開始繪畫。」子夏立刻領悟說：「禮是後來才有的吧！」孔子高興地說：「能引起我思想的是商啊！我可以開始和你談詩了。」】子夏讀詩，發現二者似有所會通，而悟不出道理所在，經孔子點醒即悟。巧笑真美，美人之巧笑，再加上美目顧盼，風情萬種；美人之美，在於一笑一顰之間，西施之美如此。正是「工欲善其事，必先利其器」，孔子指繪事後素，有純素畫布才開始繪畫，即素以爲絢兮之意，是素烘托出絢，子夏懂了，就直問「禮後乎」。子夏指「禮後乎」似問而非問，孔子知其意而無下文，卻直接稱贊子夏。起予者商，是鼓勵的話，指出子夏連想力好，能引人思想；子夏問「素以爲絢兮」，孔子答「繪事後素」，二人皆就「素」字會意，而問答巧妙，韻味無窮。子貢以詩對答，是利口，反應好；子夏提詩句就教，是好學，自悟則尚有所不足。「巧笑倩兮，美目盼兮」與「素以爲絢兮」在不同詩中，而意義相似，子夏卻一時想不出道理所在，孔子點醒即悟，啊，對啊，就是這樣。

子曰：「仁遠乎哉？我欲仁，斯仁至矣。」（述而）

仁是人心，人之本性，人心、本性就在己身，不必外求。【孔子說：「仁這種美德很遠嗎？實則我想要仁，這個仁就在我的身上了。」】我想到仁，斯仁就在己身。仁在心中。子夏因孔子提醒，領悟「禮」是人群社會的產物；野蠻時代，弱肉強食，生活無禮，至人性覺悟然後有禮，故禮為人性之發揮。孔子「繪事後素」與子夏「禮後乎」，是異指而同歸，關鍵在「後」之義同；有素「後」繪畫，有人群「後」有禮。孔子要子夏為「君子儒」，是勉勵子夏學「道」，而成為一位通達之儒者，不可規規於「小人儒」；「小人儒」不是指道德不好，而是心胸不大。

子曰：「性相近也，習相遠也。」（〈陽貨〉）

孔子指出人之本性相近，習慣是後天生活所養成的，南北懸殊，截然不同。孟子指「性善」，為荀子所攻；荀子倡「性惡」，為世人所不喜，孔子「毋必」、「毋我」，不強言善與惡。「性與天道」是形而上者，無具體之物可稱，唯智慧可以感受。子貢謂孔子之文章，即詩書禮樂等，是教育之內容；至於「性與天道」全在於生活中自證自悟，而無法明言，子貢「不得而聞」則是事實。顏淵由「博文約禮」而見道，曾子「仁以為己任」繼承孔子之道，子貢之「富而無驕」則尚有所不及。是故，從孔子弟子三人，可見智慧因人而異，高下不同。

興觀群怨

孔子喜歡詩，平時則長歌為樂。今天，孔子自己誦詩，一遍又一遍，一首又一首，顯然興致極高，許多弟子在身邊，孔子看著大家，高興地笑了。

子曰：「小子！何莫學乎詩？詩可以興，可以觀，可以群，可以怨；邇之事父，遠之事君；多識於鳥獸草木之名。」（同前）

此章正面肯定詩之價值。（何莫，即何不，怎麼可以不之意；邇，是近）。此次，上課弟子眾多，因爲要講詩的關係，大家興致都很高，孔子鄭重地開講。【孔子說：「孩子啊！怎麼可以不學詩呢？大家注意！一定要學詩。詩的內容豐富，它可以引發人的感情，可以觀察各地風俗民情，可以使群眾和睦團結，可以抒發人們心中的哀怨，這就是溫和敦厚的詩教，影響深遠；因此讀詩之後，做兒子的會好好地孝敬父母，做臣子的會好好地做事，爲國盡忠，這是就影響方面而言；至於知識方面，詩中有許多鳥獸草木之名，可以增加對鳥獸草木的認識。所以一定要讀詩。」】孔子開始以反詰表示肯定，指出讀詩的重要性。事實上，詩是優美的文學，可以美化感情，涵溶氣度，而豐富人生，故孔子一再強調要學詩。

子謂伯魚曰：「女為〈周南〉、〈召南〉矣乎？人而不為〈周南〉、〈召南〉，其猶正牆面而立也與？」（同前）

此章繼前章，談論讀詩之事。上次伯魚經過中庭，被孔子叫住，伯魚聽父親說：「不學詩，無以言。」故退而學詩。（女爲，爲是爲學，指你有否好好學）。【今天伯魚與孔子弟子一起上課，趁休息時間，孔子把伯魚叫到面前，告訴他說：「你有沒有好好學〈周南〉、〈召南〉呢？這兩篇詩放在前面，很重要！要是一個人對這兩篇都沒有學好，就好像對著牆壁站住，怎麼樣？你看，無法前進了吧！」】人正牆面而立，向前看，被牆壁擋住看不到；要前進，則寸步難行。〈周南〉、〈召南〉置於詩之首，應該是最通行的歌謠，必須學好而且能用，在社會上與人來往就可以應對自如；此則不僅是「無以言」的問題，而是做人處世的基礎，即「邇之事父，遠之事君」的印證。孔子雖不私其子，但還是關愛自己的兒子，注重親情，特別提示，當時應有弟子在旁聽到，可以一並嘉勉。

子曰：「關雎，樂而不淫，哀而不傷。」（〈八佾〉）

〈關雎〉是詩三百之首，乃君子淑女之愛情詩。關雎，取「關關雎鳩，在河之洲」首句而來，古書命篇皆取自首句。【孔子讀關雎說：「關雎太美了！描寫君子樂得淑女，彼此愛慕對方卻不淫亂；因思念而哀愁，卻不會造成傷害。」】關雎之韻味與詩意都很優美，描述君子淑女純真的感情，讀之，令人陶醉其中。

子曰：「師摯之始，關雎之亂，洋洋乎，盈耳哉！」（〈泰伯〉）

此爲〈關雎〉配樂合唱之盛大演出，樂音美妙令孔子陶醉而沉迷。師摯，是樂師名摯，當時因祭典宴饗而請他指導〈關雎〉大合唱。（始，指音樂開始，即宴饗時升歌唱出，樂曲開始；亂，指音樂終結，即最後大合唱，音樂結束；洋洋乎，是樂曲美盛的樣子）。【孔子聽關雎大合唱，贊美地說：「在典禮中，由師摯引導升歌唱起，樂音和諧宏亮，持續發展，至關雎結束，眾樂齊奏，歌聲壯盛而美妙，縷縷不絕，太美了！」】孔子喜歡音樂，又愛唱歌，而樂在其中，生活藝術化；孔子安貧樂道，重視藝術生活，感情開放，享受生命之美妙，是快樂的人生觀。

子語魯大師樂，曰：「樂其可知也。始作，翕如也；從之，純如也，皦如也，繹如也；

以成。」（八佾）

此章孔子與樂師印證音樂，是孔子好學精神之表現。（大師，是掌音樂之官；大師樂之「樂」，指音樂演奏情形；翕如，翕音細，指眾樂合奏的樣子；從之，從通縱，指音樂放開演奏下去；純如，和諧的樣子；皦如，清晰的樣子；繹如，連續不斷的樣子）。【孔子告訴魯樂官音樂的演奏情形，說：「我可以知道一些音樂演奏的情形。開始時，眾樂合奏，音樂自然出現；演奏展開了，音樂逐漸加大而和諧，清晰而宏亮，連續而不斷，隨著音符演奏下去，一直到音樂完成爲止。」】這是指標準音樂演奏情形，孔子之意，一方面是就教於樂師，另一方面則對樂教有所期待。周公制禮作樂，以樂輔佐禮儀進行，然而春秋時代禮崩樂壞；禮徒成虛文，樂亦流於形式。孔子此時談論音樂，不在於欣賞，而是期待樂教能夠振興，而使純正的音樂普及，以引導社會風氣。音樂大都是配合民情與社會的生活，是人民真實的心聲，如果人生沒有音樂則生活乏味而了無生趣。

大師摯適齊，亞飯干適楚，三飯繚適蔡，四飯缺適秦；鼓方叔入於河，播鼗武入於漢，少師陽、擊磬襄入於海。（微子）

孔子因爲喜愛音樂，而注意到樂師之零落。孔子有心振興樂教，推行王道，然而魯國音樂散亂，人才凋零，難免有所感傷。魯是周公之國，音樂制度非常完善，而優於其他各國，原來樂官皆集中於魯國，想不到至春秋時代四處離散，而衰微至此，令孔子憂心。孔子參與國政，可以看到更多魯國的文獻，此章列舉曾在魯國負有盛名之樂官，都一個一個分散到各地去，魯國不能留住人才，蓋如此之甚，孔子爲之心痛。（大師，即太樂師，爲樂官之長；亞飯、三飯、四飯皆樂官名，鼓爲擊鼓官，播鼗爲搖小鼓官，鼗音桃，少師爲輔佐樂官，擊磬爲擊磬之官）。官名後皆人名，共八位。周公作樂，伯禽亦將音樂推行於魯，故魯國之君主每逢節慶，一日進食四餐，亞飯起則由樂官奏樂然後進食。然而，昔日之樂官都已經四處分散，【太師摯到齊國去了，亞飯干到楚國去了，三飯繚到蔡國去了，四飯缺到秦國去了；另外，打鼓的方叔聽說遷居到黃河，搖小鼓的武隱居在漢水之濱，副樂官陽與擊磬官襄也一起隱居於海邊。】這些優秀的樂官，都一個一個不願意留在魯國，可見魯國君臣皆不重視人才。

子曰：「色厲而內荏，譬諸小人，其猶穿窬之盜也與？」（〈陽貨〉）

此爲孔子所見之官僚作風，有鄙夷之意。（色厲，表面上威嚴；內荏，內心裡懦弱；穿窬，窬音余，指破牆穿洞進入別人的家）。【孔子說：「今天作官的人表面上很威嚴，內心裡卻懦弱無能，如果拿小人來比喻，就像那種只會穿牆破洞去偷人家東西的小賊吧？」】這是活生生的官場現形記，尸位素餐，是封建制度下之餘毒，孔子在官場，早就看清官僚作風。孔子所言不太露骨，寓意卻極深遠。

子曰：「鄉原，德之賊也。」（同前）

子曰：「道聽而塗說，德之棄也。」（同前）

子曰：「鄙夫，可與事君也與哉？其未得之也，患得之；既得之，患失之。苟患失之，無所不至矣。」（同前）

此三章繼前章，並列。孔子之內心似有忿懣之氣，而對時代的人有所鍼砭。（鄉原，表面忠厚卻喜歡同流合污的人）。【孔子氣憤地說：「表面忠厚而內心奸詐的小人，是敗壞道德的蠹賊啊。」】鄉原，即鄉愿，這種人完全不顧是非曲直，而隨世浮沉，不僅沒有品德，而且完全破壞道德，不知廉恥，令人痛心。【孔子說：「路上聽到馬上在途中告訴別人，這是自棄於道德啊。」】（德之棄，是自棄其德）。道聽途說，信口雌黃，不辨真假，是謠言的傳播人，擾亂視聽。孔子注重品德修養，對不顧品德的人非常痛惡。【孔子說：「那些鄙俗的人，可以和他一同事君嗎？他們還沒有得到官位時，就擔心自己得不到；已經得到官位，又怕失去官職。如果他們怕失去官職，就什麼事情都做得出來。」】首句詰問有強調否定之意，且也與哉等三字皆疑辭，連用則強烈懷疑，指「患得之」，實爲患不能得之。孔子痛惡小人，雖未指名道姓，但語氣上若正又反，指明患得患失，正是小人作風。孔子隳三都，僅隳其二，功敗垂成，對於三家之亂政，孔子痛惡已極，然而定公之懦弱無能，沒有積極支持，使魯政欲振而乏力，孔子孤掌難鳴，有苦難言。

子曰：「惡紫之奪朱也，惡鄭聲之亂雅樂也，惡利口之覆邦家者。」（同前）

此章是明確地表示痛惡。【孔子說：「我厭惡紫色蓋過紅色，厭惡鄭國淫聲敗壞了雅樂，特別厭惡的是巧言利口使國家傾覆的人。」】（奪，是勝於，指蓋過；亂，是擾亂，即敗壞）。孔子重點在最後一句，前二句是陪襯而已。三家是貴族身分，專權亂政，強辭奪理，仗勢欺人，自認為是國家之棟樑，卻什麼事都不做，孔子雖然擔任司寇而無法與之抗衡，國是塗炭，孔子深感心力交瘁。

子曰：「飽食終日，無所用心，難矣哉！不有博奕者乎？為之猶賢乎已！」（同前）

對於只會吃飯不會做事的人，孔子表示痛惡。（難矣，是太難了；猶賢乎已，是僅這樣還好一點）。【孔子說：「一天吃飽飯不做事，一點都不用心的人，真難改善啊！不是有賭博或下棋的人嗎？做這些事的人還比他們好一點呢！」】這些貴族吃飽喝足，卻無所用心，正是飽暖思淫慾，沉迷酒色，貪圖享樂而已。孔子拿博奕相比，指這種下等的人都比他們好，博奕還不至於傷人，貴族子弟仗勢欺人，予取予求，勞民傷財，說嚴重一點，正是國家的寄生蟲。孔子之言並未說絕，然而這種毒瘤太難根除，孔子倡導平民教育，主張天下為公，恢復王道精神，人人平等，也希望打破這種階級不平等的觀念。

孔子曰：「『見善如不及，見不善如探湯』，吾見其人矣，吾聞其語矣。『隱居以求其志，行義以達其道』，吾聞其語矣，未見其人矣。」（季氏）

孔子引用古語談論自己的體驗。【孔子說：「古語：『見善如不及，見不善如探湯。』我看過這種人，我也聽過講這種話的人。古語：『隱居以求其志，行義以達其道。』我聽過講這種話的人，卻沒有看過能這樣做的人。」】「見善如不及」，這是看到有人行善就會馬上效法，學習好人做善事；「見不善如探湯」，看見有人行不善就會小心翼翼，恐怕自己有不善的行爲。這是指君子樂於爲善，正是社會的好榜樣，孔子肯定君子行善之美德。進一步是品德完美的人，如伯夷、叔齊不食周粟，隱居於首陽山而餓死，孔子稱「求仁而得仁」，是「隱居以求其志」；又如姜太公隱於渭水之濱，文王訪賢得之，遂出而佐武王滅紂，是「行義以達其道」。伯夷、叔齊與姜太公皆周初人，孔子未及見。孔子「默而識之」，對古語則力求印證。

憲問恥，子曰：「邦有道，穀；邦無道，穀。恥也。」「克伐怨欲不行焉，可以為仁矣？」子曰：「可以為難矣，仁則吾不知也。」〈憲問〉

此章是〈憲問第十四〉篇首。孔子答原憲兩問，一問「恥」，一問是否「爲仁」。（穀，指俸祿；克，是好勝）。【原憲問孔子什麼是恥，孔子說：「國家安定時，食俸祿；國家混亂時，一樣食俸祿。這種人可恥。」又問：「一個人絕不好勝、誇耀、怨恨、貪欲的話，可以算是仁嗎？」孔子說：「這種人可以說難能而可貴，是不是仁，我就不知道了。」】功德圓滿始可以稱仁，任何善行皆未至於仁。原憲，姓原名憲，字子思，魯人，少孔子二十六歲，是一位清操自守的君子。原憲擔任孔子官府總管，人格非常廉潔自愛。

不舍晝夜

孔子從政時間越久，對於處事越謹慎，執政關係國家之命脈，不可有所輕忽。王道思想在於上行下效，風行草偃，孔子由自己做起，以身作則，一方面是注重身教，另一方面則在樹立典範，期待魯國振興聖人大道，端正時代之風氣。

子之所慎：齊、戰、疾。〈述而〉

孔子掌司寇，爲刑獄之官，強調司法公正，注意維持國家安定，故對自己之職務極爲慎重，此章舉三事說明孔子皆謹慎處理，不敢輕忽：一是齋戒、二是戰爭、三是疾病等。國家有重大祭典則須齋戒，國家遇到生死存亡時會引起戰爭，疾病不是指普通生病，大概指瘟疫等重大傳染病，必須謹慎小心。疾，並非指孔子自己生病，孔子也會生病，但個人生病是小事，流行病則是國家大事。齋戒、戰爭、瘟疫等皆是多事之秋，容易引起動亂，司寇負責維持治安，孔子對此特別注意。

子疾病，子路請禱，子曰：「有諸？」子路對曰：「有之！誄曰：『禱爾于上下神祇。』」子曰：「丘之禱久矣！」（同前）

祈禱時心境要虔誠，此爲孔子平常處世之態度，人生有病痛是自然現象，與天神地祇無關。【孔子生病，子路爲人性急，過分關心孔子病情，請老師趕快祈禱，孔子疑惑地問：「有這種事嗎？」子路急著答說：「有啊！誄詞說：『你要趕快祈禱天神地祇。』」孔子說：「我孔丘長久以來都在祈禱。」】心誠則靈，孔子之人生本來如此，不在臨時才急於求神，何況孔子是「敬鬼神而遠之」，自己生病，重點在心境平和，注意休息，與祈禱求神無關。

> 子疾病，子路使門人為臣。病閒，曰：「久矣哉，由之行詐也！無臣而為有臣，吾誰欺？欺天乎？且予與其死於臣之手也，無寧死於二三子之手乎！且予縱不得大葬，予死於道路乎？」（〈子罕〉）

此章可見孔子生病時坦然面對，子路之多事，孔子則有所指責。此章歷來解釋皆極嚴重，認爲孔子病重將死，如此未免太僵化，生病是平常之事，無必要談孔子生病，就是快死了；前章記生病，此章亦記生病，二次應在不同時，卻都與子路有關，而且子路之處理，孔子皆不以爲然。臣，歷來釋爲家臣；因家臣，又謂以家臣治喪。如此解釋，指子路派門人爲家臣，是爲孔子準備後事，孔子未死即如此安排，不是在咒孔子早死嗎？（病閒，少差也。病時不知，既差乃知其事，故言我之不當有家臣，人皆知之，不可欺也）。許慎曰：「臣，牽也。」又曰：「牽，引而前也。」牽，是牽牛之意，故臣爲牽，可以釋侍者，用來扶持。【孔子生病了，子路派門人當侍者。孔子的病好起來了，就說：「很久了啊！由都喜歡行詐啊！我不須有侍者卻派人來扶持，我欺騙誰？欺騙上天嗎？而且，我與其死在侍者之手，無寧死在你們這些弟子的手中啊！況且，我死即使不得隆重葬禮，難道會死在道路上嗎？」】孔子一則無懼於死，再則不喜歡充門面，孔子認爲自己不須有人扶持，雖然表示關心，但是侍者究竟不是弟子，孔子認爲不需要如此。孔子不願「死於臣之手」，可見「臣」是指外人，「子路使門人爲臣」是「行詐」，是欺騙行為，則門人是冒充的，故孔子不接受。

季路問事鬼神，子曰：「未能事人，焉能事鬼？」「敢問死？」曰：「未知生，焉知死？」（〈先進〉）

此章可以看出子路為人不切實際。【季路問孔子怎樣事奉鬼神，孔子說：「人都事奉不好，怎麼能事奉鬼神呢？」子路不死心，又問：「膽敢請問老師死後會怎樣？」孔子說：「都不知道如何生活，怎麼能知道死後會怎樣呢？」】子路的問題都是子虛烏有，孔子亦無具體答案，孔子重視實際生活，修養品德，對虛無空泛的問題，孔子並不重視。

子曰：「臧武仲以防求為後於魯，雖曰：不要君，吾不信也。」（〈憲問〉）

此事發生於魯襄公二十三年，孔子二歲，是屬於歷史資料。臧武仲，即臧孫紇，字武仲，魯大夫，封於防。孟氏譖臧武仲於季孫，季孫攻之，出奔邾，後來又回到自己的封地防。

臧孫如防，使來告曰：「紇非能害也，知不足也。非敢私請，苟守先祀，無廢二勳，敢不辟邑。」乃立臧為。臧紇致防而奔齊。（《左傳．襄公二十三年》）

臧武仲以防為條件，請立其後臧為，魯君如其所請，於是放棄防，逃亡至齊國。孔子面對這份史料，對弟子指出這是要脅魯君。【孔子說：「臧武仲這個人，他憑藉自己封地防，來要求魯君立其子臧為為後嗣，終於如其所願，雖說：不是要脅國君，我是不相信的。」】孔子論斷史事，《春秋》大義似乎已經出現。

子曰：「歲寒，然後知松柏之後彫也！」（〈子罕〉）

孔子也喜歡拿自然現象作比喻，以啓發弟子之精神。今年已至歲末，天氣非常寒冷，外面一片雪白，而看到松柏長青。【孔子面帶喜悅地說：「孩子們，看看外面吧！到嚴冬酷寒的時候了，這些松柏還是長青而不凋啊！」】後彫，是最後凋謝，實則松柏不凋；此章爲孔子正面鼓勵之意，要弟子培養堅貞的毅力。

子在川上曰：「逝者如斯夫！不舍晝夜。」（同前）

此章言水之動態，而含意深遠。孔子謂「智者樂水」，是就人而言，此則就自然界而言，指水流不停。（舍，通捨，指停止）。今天，孔子帶領弟子出遊，走到河邊，正是滿水期，川流不息。【孔子在川上，欣賞著大水奔流，孔子大聲地說：「流水啊！流水啊！一切過去的就像這樣啊！流水不分晝夜地奔流，永不停止啊。」】水的奔流，是自然生態，一般人並無感覺，然而聖人與天地合一，悟出其中有道，正如「天行健，君子以自強不息」，是明示君子效法天道之「健」，自強不息；此章贊歎水流，是隱喻，而意義更深。逝者，指日夜之流逝，逝者如此，歲月不居，一去而不復回，故人必須愛惜時間，珍貴生命，人生一世，青春不再，分分秒秒皆值得重視；再則，天地之道，亦復如此，道行不止，天體常動，過往不息，君子樂道而永恆，以此自勉。逝者如斯，若進而深入體察，則是孟子所談的水德。

孟子曰：「原原混混，不舍晝夜，盈科而後進，放乎四海。有本者如是，是之取爾。苟

為無本，七、八月之閒雨集，溝澮皆盈；其涸也，可立而待也。故聲聞過情，君子恥之。」〈離婁〉

孟子指出，川流滾滾，源源不絕，不分晝夜，永不停止，並且將所有坑洞填滿，再向前流，流到大海才靜止而不動。這是水性有本有源，充滿後再向前流，水德可取者如此，正像君子名實相符，心安理得。若七、八月的大雨，水溝一下子就滿了，雨停後很快又乾了。是故，孔子稱贊水，是有取於水之本源充沛，流動不居，亦是勉人務實而不斷地向上求進，永恆不懈。

子曰：「由，知德者鮮矣！」〈衛靈公〉

子路有勇力，是愛表現的人，孔子對他有所期勉。【今天，只有子路在，孔子走過去說：「由啊！現在知道品德的人太少了。」】這種話子路並不在意，別人知不知品德他不重視，但孔子是有感而發，內心則有所憂慮。孔子任司寇之職時間頗久，他是個有理想有抱負的人，一心想實現王道，但墮三都不成之後，三桓對孔子之戒心更深，孔子每次提到改善政治，都遭到否決；三桓本身並不希望魯國強盛，因爲國家強盛，自然是由國君作主，三桓勢力會被削弱，對三桓不利。

子華使於齊，冉子為其母請粟，子曰：「與之釜。」請益，曰：「與之庾。」冉子與之粟五秉。子曰：「赤之適齊也，乘肥馬，衣輕裘。吾聞之也：君子周急不繼富。」原思

為之宰，與之粟九百，辭。子曰：「毋！以與爾鄰里鄉黨乎！」（雍也）

孔子談論財用。（釜，是六斗四升；庾，音禹，即二斗四升；秉，一秉十六斛，一斛十斗；五秉，是八百斗；周急，救濟急需；爲之宰，指擔任孔子官府的總管）。孔子出仕，弟子隨侍身邊。【有一次，孔子派子華到齊國辦事，冉求爲公西赤的母親請孔子配粟給她，照顧她的生活，孔子說：「好吧，就給她粟六斗四升。」冉求請求增加一點，孔子說：「加給她二斗四升。」冉求私自給她八百斗。孔子說：「這次公西赤去齊國，乘坐肥馬，身穿輕裘，家裡非常富足。我聽人家說：君子只會救濟急需的人，不會又繼續增加別人的財富。」原思擔任孔子官府的總管，配給他粟九百斗，他辭謝了。孔子說：「不要推辭啊！這是你應得的，多餘的話，就拿來分給鄰居需要的人吧！」】原憲爲人清高而廉潔，有操守而不貪。救濟貧窮，照顧弱勢，這是大同思想，注重財富平均分配。孔子處理平常生活，亦示之以正道，不要偏私。

子路使子羔為費宰，子曰：「賊夫人之子。」子路曰：「有民人焉，有社稷焉，何必讀書，然後為學？」子曰：「是故，惡夫佞者。」（先進）

子羔個子不滿五尺，在孔門是乖乖牌，沒意見。（賊，是戕害；佞，指強詞奪理）。子羔向學未久，子路爲季氏家臣，頗能呼風喚雨，剛好費邑有個缺。【子路派子羔爲費宰，孔子指責子路說：「你這是戕害這個孩子啊。」子路還強辯說：「那邊有人民可以治理，也有社稷可以祭祀，都值得去學，何必留在這裡讀書，才算是學習呢？」】子路的話是滿口歪理，而鐵口不認錯，孔子聽後，想一想，再講也沒用。【孔子看遠方，自言自語地說：「就是這樣，我最討厭強詞奪理的人。」】子路態度野蠻，沒禮貌又不辨是非，完全不懂孔子教育的意義。顏淵謂孔子「循循然善誘人」，就是指學習有其程序，子路本身不好學，認爲子羔善良好說話，隨便就指使他去充個數，不顧從政之道。

去魯適衛

孔子有聖人之德，推行仁政，期待振興東周，孔子不僅有時代之使命感，亦以繼承文化道統爲己任，行聖人之道，孔子表現入世精神，力行而不言，如天道之永恆不變。孔子推薦子路爲季氏家臣，因爲子路性格率直而果斷，重視義氣，或許能取得季氏之信任。

公伯寮愬子路於季孫，子服景伯以告，曰：「夫子固有惑志於公伯寮，吾力猶能肆諸市朝。」子曰：「道之將行也與？命也；道之將廢也與？命也；公伯寮其如命何？」（〈憲問〉）

子路爲季孫家臣，公伯寮從中挑撥。（公伯寮，魯人；愬，通訴，是讒言毀謗；子服景伯，子服是複姓，名何，字伯，諡景，魯大夫；夫子，此指季孫；惑志，是有所疑心；肆，是陳尸；市朝，指市場與朝廷）。【公伯寮在季孫面前說子路壞話，挑撥毀謗子路，子服景伯聽到，來告訴孔子說：「季氏聽了公伯寮的話，固然會對子路懷疑，但此事無礙，我有力量除掉公伯寮，把他陳尸於市朝。」孔子聽完報告，覺得事情沒這麼嚴重，不在意地說：「子路是在幫我行道。

我的道能夠行嗎？那是天命；我的道不能實行嗎？也是天命；一個公伯寮怎能奈何得了天命呢？」】孔子對於有人進讒並不在意，大道能行，是時代之福，孔子聽「天命」而行正道，盡自己在時代中之使命。世人之善惡，是天意業報，孔子亦無可奈何。

定公十三年（西元前四九七年），孔子五十五歲，任司寇三年餘，使人民生活安定，而路不拾遺。

與聞國政，三月，粥羔豚者弗飾賈，男女行者別於塗，塗不拾遺，四方之客至乎邑者，不求有司，皆予之以歸。齊人聞而懼曰：「孔子為政必霸，霸則吾地近焉，我之為先并矣，盍致地焉？」（《史記．孔子世家》）

孔子執政，有顯著政績。粥，通鬻，即賣；羔豚，即羊和豬；飾賈，是抬高價錢；別於塗，是在路上分開走；邑者，指魯都曲阜；予之以歸，是讓他們像回家。孔子使魯國安定，國家一片興盛的景象，引起齊國人之恐慌，有人提議割地求和。齊、魯是臨國，今日孔子治魯而興盛，齊國必然議論紛紛。

於是選齊國中女子好者八十人，皆衣文衣而舞康樂；文馬三十駟，遺魯君。陳女樂文馬於魯城南高門外，季桓子微服往觀再三，將受，乃語魯君為周道游，往觀終日，怠於政事。子路曰：「夫子可以行矣。」孔子曰：「魯今且郊，如致膰乎大夫，則吾猶可以止。」（同前）

結果齊國採用離間之計，在齊國選出八十名美女，訓練成能歌善舞；並選上好名駒一百二十匹，以禮饋贈魯定公。桓子再三觀看，又帶魯君往觀，子路勸孔子行，孔子不忍行，猶寄望於郊祭後，魯君致膰肉，自己仍然有希望。

桓子卒受齊女樂，三日不聽政，郊又不致膰俎於大夫，孔子遂行。（同前）

終於齊國用八十名美女，就瓦解孔子多年來的政績。定公受意季桓子接受禮物，君臣共同享樂，三日不朝，孔子留之無益。孔子之去魯是自動解職，並不等待魯君之命令，而自行離去；孔子去魯是借「不致膰俎」之理由，孔子郊祭未得魯君之膰肉，是魯君故意表示冷落。定公不知政治振興之道，可見魯國君臣無知，孔子爲政，勢單力孤，終於無成。政治是眾人之事，孤臣無力可回天，天命如此，孔子亦無可奈何！

孟子曰：「孔子為魯司寇，不用；從而祭，膰肉不至。不稅冕而行。不知者，以為為肉也；其知者，以為為無禮也。乃孔子則欲以微罪行，不欲為苟去。君子之所為，眾人固不識也。」（〈告子〉）

魯君之無禮，亦使孔子不可忍。孔子參加郊祭，返家將受膰肉，禮冠未脫，然而膰肉不至，孔子不滿而出行。孔子去魯，在膰肉未至之後，故一般人以爲是爲肉，實則是定公無禮，孔子始意決而行，是怪魯君「微罪」而行，不是隨便一走了之，孔子行君子之道，眾人不知。

齊人歸女樂，季桓子受之，三日不朝，孔子行。（〈微子〉）

這是孔子真正去魯的原因。【齊國饋贈女樂，季桓子接受，魯國君臣享樂，三日不上朝，孔子感到絕望，故去魯。】孔子寄望於祖國，如今魯國君臣貪婪縱慾，令孔子失望而去國。孔子「知天命」以後，生命更加寬廣，他開始周遊列國，到天下各地去，他不相信政治理想不能實現；天下之大，豈無可容孔子之地？

孔子於定公九年（西元前五〇一年）從政，五十一歲，至今尚不滿五年；他因魯君無禮，忿而去國，但離開曲阜，先向南行，至屯過夜，師已送行至此。

> 師已送曰：「夫子則非罪。」孔子曰：「吾歌可夫！歌曰：彼婦之口，可以出走；彼婦之謁，可以死敗。蓋優哉游哉，維以卒歲。」師已反，桓子曰：「孔子亦何言？」師已以實告，桓子喟然歎曰：「夫子罪我以群婢故也夫。」（《史記．孔子世家》）

孔子唱歌以表達心意。歌中明示魯國君臣沉迷女色，將危及國家，孔子憂心魯政敗壞，所謂「優哉游哉」，實則孔子放心不下，遲遲其行，並未立即去魯。次日，魯君無意追悔，孔子始直驅衛，衛國乃孔子遠遊之前哨站，魯、衛是兄弟之邦。

> 子曰：「魯、衛之政，兄弟也。」（〈子路〉）

> 子適衛，冉有僕，子曰：「庶矣哉！」冉有曰：「既庶矣，又何加焉？」曰：「富之。」曰：「既富矣，又何加焉？」曰：「教之。」（同前）

此二章中間隔一章。魯爲周公封地，周公弟康叔封於衛，故魯、衛是兄弟之政。這次孔子去國，許多弟子隨行，而由冉求駕車，孔子到了衛國（今河南濮陽一帶），看到衛國人來人往。【孔子往衛國，由冉有駕車，孔子沿途看衛國人民，贊美地說：「衛國的人口真多啊！」冉有說：「人口多，進一步該做什麼呢？」孔子說：「讓人民富足起來。」冉有說：「人民富足了，進一步又該做什麼呢？」孔子說：「教育人民。」】孔子肯定教育是振興國家之大計，人民生活安定，則必須提倡教育；孔子周遊於天下，奔波各國之間，其目的與意義於此已經微露徵兆。

子畏於匡

周公實行封建制度，以宗法鞏固周朝政權，天下分國而治，雖然因各地風俗民情不同，而文化淵源大致相同，皆籠罩在周王文化統治之下。孔子在魯國從政，本來可以實現理想政治，但因定公懦弱，魯政衰微不振，王道受阻，魯國君臣如此，孔子回天無力；政治順天道而行，君主是關鍵，有道則可，無道則去。魯國政治無法改善，是積習已久，非孔子一人之力所能挽回，孔子去魯，並非完全放棄，而是以行動表示不滿，仍然期待魯國君臣之醒悟。

子謂衛公子荊善居室：「始有，曰：『苟合矣。』少有，曰：『苟完矣。』富有，曰：『苟美矣。』」（同前）

此章在前面二章的中間。孔子至衛國，定居在顏讎由家，顏讎由是子路內兄，此人仰慕孔子而且熱心，聽到孔子至衛，馬上親自迎接孔子至其家，讓孔子暫時居此。孔子住下來了，對衛國環境逐漸熟悉，他對衛公子荊觀察一段時間，發現這個人不貪圖奢華享受，對居室隨遇而能自足。【孔子贊美衛公子荊，很容易滿足自己的居室，說：「居室剛建好，就說：『這樣就有得住了。』增加一些家具，就說：『這樣就完備了。』居室布置齊全，就說：『這樣真是美極了。』」】（苟，聊且粗略之意。合，聚也。完，備也。言其循序而有節，不以欲速盡美累其心）。此公子能夠勤儉持家，實在難能可貴。

王孫賈問曰：「『與其媚於奧，寧媚於竈。』何謂也？」子曰：「不然！獲罪於天，無所禱也。」（〈八佾〉）

孔子至衛國，引人注意，故王孫賈有意拉攏孔子，而孔子示之以正道。王孫賈，衛國之權臣，治軍旅。（奧有常尊，而非祭之主；竈雖卑賤，而當時用事。喻自結於君，不如阿附權臣也）。「與其媚於奧，寧媚於竈」是俗語，王孫賈以奧比喻衛公，竈喻自己。王孫賈掌兵權，希望孔子就己，用俗語試探，孔子知其意而當面回絕。奧，室之西南隅，置不祭之空神；竈通灶。【王孫賈問孔子說：「『與其媚於西南角的空神，寧可媚於有實權的竈神。』什麼意思呢？」孔子說：「不是這樣！做事得罪上天，祈禱什麼神都沒有用。」】孔子行正道，不會託人情。

孔子仕於魯，而王道不行，孔子有所覺悟，不願重蹈覆轍，對從政有嚴格的標準。

衛靈公問：「孔子居魯得祿幾何？」對曰：「奉粟六萬。」衛人亦致粟六萬。（《史記．孔

子世家》）

衛靈公送孔子粟六萬，因此孔子生活暫時無缺。後來，有人譖孔子於靈公，靈公遂派人監視，孔子發現有士兵常常走動，不對勁，居十月，去衛，適陳，過匡。顏刻駕車，舉著馬鞭指牆上缺口說：「以前我們就是從這個缺口進去的。」原來顏刻曾與陽虎率眾欺凌匡人，匡人聞言，以為陽虎復來，遂包圍孔子。

子畏於匡，曰：「文王既沒，文不在茲乎？天之將喪斯文也，後死者不得與於斯文也；天之未喪斯文也，匡人其如予何？」（〈子罕〉）

孔子對歷史文化有使命感。後死者，孔子自稱，以自己為文王以後之人；不得與於斯文，指孔子不能得到文化道統。因為從文王到孔子五百多年，輾轉這麼久，若天要喪斯文，早就斷了，怎麼會傳到孔子身上呢？可見天意不喪斯文。孔子自覺，自己對文化傳統有使命感。【孔子被匡人包圍，來勢兇兇，有所警戒，但並不恐懼，心平氣和地說：「自從文王去世以後，文化道統不就傳到我身上嗎？天意如要滅亡這種文化，我孔丘就不能得到這種文化；現在這種文化傳到我身上，表示天意不滅亡這種文化，匡人又能把我怎樣呢？」】這是孔子的「天命」，他繼承文化道統，也負責傳播民族文化之重任，他自「三十而立」就有如此自覺，如今行道於天下，這個任務更加重大而艱辛，孔子體認到這種困難。來日方長，孔子離開父母之國，在外奔波，「任重而道遠」，孔子有自知之明。

子畏於匡，顏淵後，子曰：「吾以汝為死矣！」曰：「子在，回何敢死！」（〈先進〉）

顏淵因事落後，孔子被拘五日，顏淵始至。【孔子被匡人圍困，顏淵趕來，孔子說：「我以爲你先死了呢！」顏淵說：「老師還在，回怎麼敢死呢！」】這次，因爲孔子槐梧高大，體形與陽虎相似，故匡人以爲陽虎又來，率眾包圍。顏刻，又叫顏高，字子驕，魯人，孔子弟子，孔武有力，嘗與陽虎同行，故匡人識之。後來，匡人發現弄錯了，才放孔子，孔子與弟子繼續前進，到達蒲，停留一個多月，又回到衛國，住在蘧伯玉家。蘧伯玉，名瑗，衛國賢大夫，與孔子交誼甚深。

子見南子，子路不說，夫子矢之曰：「予所否者，天厭之！天厭之！」（〈雍也〉）

南子，衛靈公夫人，妖艷，有淫行，主動派人請孔子進見。【孔子不得已，進宮見南子，子路很不高興，孔子對天發誓說：「我所行不合禮的事，天會厭棄啊！天會厭棄啊！」】孔子依禮見南子，心中不願，但情非得已。

靈公夫人有南子者，使人謂孔子曰：「四方之君子不辱，欲與寡君為兄弟者，必見寡小君，寡小君願見。」孔子辭謝，不得已見之。夫人在絺帷中，孔子入門，北面稽首，夫人自帷中再拜，環珮玉聲璆然，孔子曰：「吾鄉為弗見。」見之，禮答焉。（《史記·孔子世家》）

南子在絺帷中接見孔子，令孔子有所失措，入門就向北面行禮，南子在帷中答禮，始聽到玉珮聲，所以孔子說：「我原來沒看清楚。」這種事，要說嚴重則甚嚴重，孔子注重品德，南子爲敗德之女人，孔子不願見，是理所當然之事；然而，衛靈公致粟六萬，這個面子無法逃避，孔子只得免爲其難而拜見之。

邦君之妻，君稱之曰「夫人」，夫人自稱曰「小童」，邦人稱之曰「君夫人」；稱異邦曰「寡小君」，異邦人稱之曰「君夫人」。〈季氏〉

此章記本國與異邦，對邦君之妻稱呼不同。南子使人謂孔子「寡小君願見」，因爲孔子是魯國人。

居衛月餘，靈公與夫人同車，宦者雍渠參乘出，使孔子為次乘，招搖市過之。孔子曰：「吾未見好德如好色者也。」於是醜之，去衛過曹。是歲，魯定公卒。《史記．孔子世家》

子曰：「吾未見好德如好色者也。」〈子罕〉

靈公與夫人同車，孔子第二車，宦者雍渠第三車，招搖過市，讓衛國民眾圍觀，一時非常熱鬧。【孔子看到這種情形，實在不是滋味，有所感慨地說：「我沒看過喜愛道德像愛好美色一樣的人。」】南子誠然有美色，吸引衛國人民，大家只見南子，不知聖人，孔子只是陪襯而已。

子曰：「唯女子與小人為難養也！近之則不孫，遠之則怨。」〈陽貨〉

南子正是不遜之女子，無禮至極。衛靈公雖然禮遇孔子，但本身則是無行之昏君，寵幸南子，無知妄爲，是非不明。【孔子感慨地說：「這種無知女子與奸佞小人最難應付！接近一點就無禮而過分！遠離一點又埋怨別人不好。」】（養，指對待）。女子恃弱而嬌，有時令君子難以應付。

子曰：「不有祝鮀之佞，而有宋朝之美，難乎免於今之世矣。」（〈雍也〉）

人心不古，世道險惡，孔子至衛，雖然受到禮遇，但對於正道不爲世人所知，內心則有所感慨。（祝鮀，鮀音駝，掌衛國宗廟祭祀，擅於口才；宋朝，宋公子，名朝，仕於衛，有美貌，與南子私通；難乎免，猶言不免，即不能免於災禍）。【孔子說：「沒有祝鮀的口才，卻僅有宋朝的美貌，在今天的世上也不能免於災禍。」】孔子認爲「剛毅木訥，近仁」，不主張佞，但時人善於逢迎，賣弄口才，使社會風氣越來越壞，天下無道，已至如此地步，要改善真難啊！

必也正名

孔子周遊列國，以衛國爲重鎭，首先自魯之衛。一則衛國近於魯，再則魯、衛是兄弟之邦，而且靈公知道用人，孔子之政治理想暫時寄託於此。

子路曰：「衛君待子而為政，子將奚先？」子曰：「必也正名乎！」子路曰：「有是哉？子之迂也！奚其正？」子曰：「野哉，由也！君子於其所不知，蓋闕如也。名不正，則言不順；言不順，則事不成；事不成，則禮樂不興；禮樂不興，則刑罰不中；刑罰不

中，則民無所措手足。故君子名之必可言也，言之必可行也；君子於其言，無所苟而已矣。」（〈子路〉）

此為孔子正名說。孔子看到衛國人口眾多，又多賢人，看起來國家顯現一股活力，而國勢安定，心中有所嚮往，故孔子前後進出衛國共五次，有心觀察出仕之機會。

孔子初至衛，似未即獲見衛靈公。何時始獲見，不可考。既謂之際可之仕，當必受職任事。所受何職，今亦不可考。（錢穆《孔子傳．反衛出仕》）

孟子謂「於衛靈公，際可之仕也」（〈萬章〉），據此而推測孔子仕於衛，實則孟子文意不明確，亦無資料作印證。如果孔子在衛國從政，必有明確記載。

孟子曰：「彌子之妻，與子路之妻，兄弟也。彌子謂子路曰：『孔子主我，衛卿可得也。』子路以告，孔子曰：『有命。』」（〈萬章〉）

彌子瑕，靈公佞臣，甚得寵，其妻與子路之妻是姐妹。孔子至衛國後，彌子瑕向子路說：「孔子住我家，馬上可做衛卿。」子路告訴孔子，孔子淡淡地說：「自有天命安排。」孔子不主張託人情做官，何況彌子瑕是小人。孔子仕於魯，已經名震諸侯，故孔子在衛國之行蹤，必然引人注目，在此情況下，孔子出仕的傳聞，甚囂塵上。子路大概從彌子瑕口中，得到一點馬路消息；子路本身做事就不切實際，又愛捕風捉影。這一次，子路興沖沖地來見孔子，卻正經八百地問孔子執政大事，孔子看他問得認真，也慎重答覆關鍵性所在，想不到子路根本不懂，當面頂嘴，指孔子是迂腐不通，造成孔子也當面罵他，此種師弟對罵，是鮮事一樁，僅此而已。(正名，是端正名分，指使名分正確)。【子路聽說孔子要在衛國執政，氣急敗壞地跑來告訴孔子說：「老師，老師！衛君等著老師來執政，老師第一件要做的是什麼？」孔子一聽，不猶豫地說：「一定要做，就是正名吧！」子路臉色馬上很難看地說：「老師！有這種事嗎？老師真迂腐啊！有什麼好正名的？」】孔子的意思是要將政治從複雜化爲簡單，是「吾道一以貫之」原則，乃道之本體，子路當然不懂；孔子看子路認真，自己也受到影響，認真講從政根本之道，如果真正執政，就能在衛國大大表現一番。但是，子路一頂嘴，孔子楞住了，回過神來後，很不高興。【孔子大聲地說：「由啊！你這個人真野蠻，不成體統！君子對於所不懂的，就不要妄加批評。執政哪有這麼簡單，必須先正名，國家體制才能正常化。因爲名分不正，就言不順；言不順，做事就不能成功；做事不能成功，禮樂就無法推展；禮樂推展不開，刑罰就會不正確；刑罰不正確，就使人民不知道怎麼做才對。所以君子必須先正名分，然後可以正當講話，講話正當就可以推行政治；君子對於自己的言論，是一點都不隨便的。」】孔子這番大道理，是箭在弦上，不得不發；這種話，對顏淵講，顏淵聽後可能還要揣摸揣摸，想一想，才能會意過來；若對子貢講，子貢不一定能懂，更可能也有意見；對子路講，完全是對牛彈琴，這些道理對子路是一團霧水，他想哪有這麼曲折？孔子做官，把我仲由帶進去就是了，還要什麼正名。子路聽到孔子要做官了，自己的機會也來了，上次在魯國墮三都，孔子就是拉他進去，這次機會來了，他也可以大大地做一番事業，何況彌子瑕是他的連襟，哥倆好，一拍即合，衛靈公莫不言聽計從，無往不利，什麼正名嘛！然而，他弄不清楚，孔子之言可能就針對彌子瑕這種人而發，子路當然不會往這方面去想。衛靈公受南子之迷惑，又有彌子瑕之掣肘，施政必有障礙，孔子之正名必先除掉二人的影響力，子路不懂這種道理。樊遲也是一樣，常常頭腦不清楚。

樊遲請學稼，子曰：「吾不如老農。」請學為圃，曰：「吾不如老圃。」樊遲出，子曰：「小人哉！樊須也。上好禮，則民莫敢不敬；上好義，則民莫敢不服；上好信，則民莫敢不用情。夫如是，則四方之民，襁負其子而至矣，焉用稼？」（〈子路〉）

樊遲有點小心眼，格局不大，腦筋有時轉不過來，他來求學，好好讀書就是了，卻不知讀書目的。偏偏今天一來，樊遲開口問孔子怎麼種田，孔子一聽，又有氣又好笑，孔子想，我這裡又不開農場，幹嘛問我種田，孔子無心回答，簡單地說：「我不如老農夫。」樊遲還不能察顏觀色，不知輕重，又問怎麼種花，孔子有所不耐地說：「我不如老園丁。」孔子的答話實在不情願，但也是事實，樊遲要學種田種花，跑錯地方了。【樊遲走了，孔子對弟子們說：「樊須啊！真是個凡夫俗子，沒出息的小人物。我教導大家聖賢大道，等到做官後，長官好禮，人民自然會尊敬你；長官好義，人民自然就會服從你；長官講信用，人民自然就會誠實，信任你。將政治辦理好，社會安定，各地的人就背著小孩子投奔到這裡來，各行各業，做自己份內的事，又何必親自種田呢？」】小人，是孔子指責樊遲眼光小，不是品德問題，指他的行爲放不開，不能往大處看。

> 宰予晝寢，子曰：「朽木不可雕也，糞土之牆不可杇也。於予與，何誅！」子曰：「始，吾於人也，聽其言而信其行；今，吾於人也，聽其言而觀其行。於予與改是。」（公冶長）

孔子指責宰予求學態度不當。宰予，名予，字子我，年歲不知，是孔門「言語」科高弟，與子貢皆善於辭令，恃才傲物，放任不拘。孔子重視生活，平居正常，行古人之道，日出而作，日落而息，這點生活常規，孔子對自己要求嚴格，此章即爲一例。（於予與，是對於宰予；何誅，指何必責備；於予與改是，指因爲宰予改變這種態度）。宰予晝寢，是白天睡覺，孔子覺得不應該，這是照字面講；實則，應該是宰予睡得太晚，也許是日上三竿才起來。這種太晚起床，在農業社會是不被允許的，何況身爲弟子，常常遲到，每次都匆匆跑來上課，孔子看到當然會生氣，但孔子責備的語氣溫和。【宰予睡太晚，遲到了，跑到教室，孔子不看他，對著牆壁說：「這個柱子的木頭腐爛了，不可雕刻；這個牆壁沾滿糞土，不可粉刷了。」說到一半，孔子轉頭對宰予說：「對於你宰予，我何必責備呢！」孔子語氣轉爲嚴肅地說：「起初我對於人，聽他的話就相信他的行爲；現在我對於人，聽他的話會再觀察他的行爲。這是因爲宰予，我才改變這種態度。」】宰我機靈，有點小聰明，而不太用功，好逞口舌，說的都是歪理。

宰我問：「三年之喪，期已久矣！君子三年不為禮，禮必壞；三年不為樂，樂必崩。舊穀既沒，新穀既升，鑽燧改火，期可已矣。」子曰：「食夫稻，衣夫錦，於汝安乎？」曰：「安！」「女安，則為之！夫君子之居喪，食旨不甘，聞樂不樂，居處不安，故不為也。今女安，則為之！」宰我出，子曰：「予之不仁也！子生三年，然後免於父母之懷。夫三年之喪，天下之通喪也。予也，有三年之愛於其父母乎？」（〈陽貨〉）

此章宰我與孔子辯三年之喪。孔子所重在於人情，宰我不仁，認為應該改為一年之喪；一年，或三年，不在於時間長短，而在於孝子之心，孔子對宰我雖有指責之意，但並不苛求，只要宰我心安，一年就一年，孔子並無不可。至於三年不爲禮、不爲樂，根本不是理由；禮樂是社會制度，與孝子居喪無關。（舊穀既沒，舊米吃完了；新穀既升，新米已經登場了；鑽燧改火，就是鑽木取火，燧是取火於木之意，春用榆柳，夏用棗杏，秋用柞楢，冬用槐檀，也是指過了一年；期，指滿一年）。宰我之理由有三：三年不爲禮樂，則禮壞樂崩，不通；舊穀吃完，新穀收割，一年；鑽木取火，從頭再來，也是一年；二者與三年喪禮根本無關。宰我好強辯，純粹是賣弄口才，無仁愛之心；孔子言食不甘，樂不樂，居不安，是孝子之心，關鍵則在於三年之愛，此爲反哺之心，是人之常情。喪事不可用利害關係衡量，若講利害，則一切喪禮皆可以免去；人死了，挖個坑，把屍體埋了就好。宰我不仁，對父母也斤斤計較。

天生德於予

教育是孔子一生之事業，「誨人不倦」是他最偉大的精神力量，即使周遊列國亦未嘗有絲毫之懈怠。此時，孔子仍然留在衛國，雖然曾傳聞靈公將用孔子，然而靈公是只會享受的人，並無政治理想，也不懂聖人之道，顯然與孔子是話不投機；而孔子一則不是求官，再則孔子出仕有其理想，「正名」是孔子堅持的原則，在魯國墮三都，強公室之目的在此，當時未嘗明言，今者在衛國借此而揭示，孔子倡導教育的目的也是在端正社會風氣。

魯定公於十五年卒，孔子五十七歲，去魯已經兩年，孔子繼續朝南而行，經過曹，打算到宋國看看。宋國是孔子祖先之國。

孔子去曹適宋，與弟子習禮大樹下，宋司馬桓魋欲殺孔子，拔其樹。《史記·孔子世家》

孔子周遊列國僅兩年，即遭二次災難。第一次孔子畏於匡，是一場鬧劇，因誤會而罷；在宋國是第二次，司馬桓魋擺明要殺孔子，孔子看看司馬牛，才恍然大悟。前幾天，在曹，已經接近宋國，看到一位年輕人慌慌張張跑到孔子面前，噗通一聲跪在地下，哽咽地說：「老師！老師！請收留我，我願意做您的弟子。」孔子把他扶起來，問清楚，就是司馬牛，孔子安慰他不要緊，留下來吧！司馬桓魋就是來找孔子算帳，原來他就是司馬牛的二哥；司馬牛不得家人同意，蹺家來投奔孔子，他做哥哥的沒面子，當然生氣。

子曰：「天生德於予，桓魋其如予何？」〈述而〉

孔子此時毫不畏懼。【孔子對弟子們大聲地說：「我長久以來，皆順天道而行，這種品德正是上天賦給我的，這是天意，桓魋又能把我怎樣呢？」】孔子在大樹下行聖人之禮儀，又與桓魋何干，他與弟子泰然自若；桓魋看看孔子一群人，個個溫和安祥，看到弟弟在人群中，背對著他，不看他，他叫了兩聲弟弟，司馬牛不理他，乾脆躲入人群中，他自討沒趣，認為自己也是無理取鬧，隨即率部下呼嘯而去。司馬牛的身世是貴族世家。司馬牛，姓向名耕，字子牛，孔子晚期之弟子，年歲不知，為人憂懼而無安全感，常有患得患失之心。司馬牛身世顯赫，與春秋五霸中宋襄公有親屬關係，乃宋襄公之父桓公所傳，故又稱桓氏，歷來為宋司馬，亦稱司馬氏；司馬牛兄弟共五人，長兄向巢，次兄桓魋，三兄子頎，四兄子車，向牛最幼。向巢是太師，生活奢華逸樂；桓魋為司馬，驕橫兇惡；其餘二人，亦皆狼狽為奸。故四位兄長皆不善，司馬牛師事孔子，有心向善，但一談家世，即屢次出口罵其兄長之不善，又急欲逃避，不認這些兄長。

司馬牛問仁，子曰：「仁者其言也訒。」曰：「其言也訒，斯謂之仁矣乎？」子曰：「為之難，言之得無訒乎！」〈顏淵〉

司馬牛問君子，子曰：「君子不憂不懼。」曰：「不憂不懼，斯謂之君子矣乎？」子曰：「內省不疚，夫何憂何懼？」〈同前〉

此二章並列，是司馬牛同時之問，孔子答覆皆針對司馬牛而發，糾正他，並含鼓勵之意。（訒，是忍住不言）。【司馬牛問孔子怎樣才是仁，孔子說：「有仁心的人，說話時不該講的就會忍住不說。」司馬牛不懂，還問：「忍住不說，這樣就是仁嗎？」孔子說：「要做到很難哪，話到嘴邊怎麼可以不忍一忍呢！」】司馬牛不滿兄長，孔子提醒他，這種話不要輕易出口。【司馬牛又問怎樣是君子，孔子說：「君子面對事實不憂不懼。」再問：「不憂不懼，這樣就是君子嗎？」孔子說：「自己問心無愧，那麼又何憂何懼呢？」】司馬牛初至孔門，心中非常好奇，又有新鮮感，心裡有話就會問東問西的，從師兄們的口中，他知道孔子主張「仁」，要做個「君子」，他不懂，就問孔子，這種好學精神頗爲可嘉，孔子則針對他的個性，提示他，並且鼓勵他，放開心胸，坦然面對現實。

司馬牛憂曰：「人皆有兄弟，我獨亡！」子夏曰：「商聞之矣：『死生有命，富貴在天。』君子敬而無失，與人恭而有禮，四海之內，皆兄弟也。君子何患乎無兄弟也？」（同前）

此章與前二章並列。司馬牛兄弟五人，卻憂愁地說自己無兄弟，這種話當然不敢向孔子說，所以對子夏說說，他與子夏之年齡可能相當，或有意與子夏結爲兄弟；而子夏是有智慧之人，治學務實，故用平常心勸勉司馬牛。司馬牛與子夏相處非常投緣，二人今天相約出遊，兩個年輕人玩興正濃，手拉著手，非常快樂，二人坐在樹下休息，有說有笑。【司馬牛突然皺起眉頭說：「別人都有兄弟，我就是沒有！」此話不合情理，子夏聽得懂，而不直接挑明，就安慰他說：「我聽老師說過：『死生有命，富貴在天。』一個君子做人誠敬而不犯過失，和別人相處謙恭而有禮，四海之內，就都是兄弟了。君子何必擔心自己沒有兄弟呢？」】這個道理子夏非常清楚，由他來開導司馬牛正好，二人可以增進彼此的友誼，子夏之言是對症下藥；若由孔子指導，可能沒這麼輕鬆。還好，這種事司馬牛不敢對老師講，只能向好朋友說說罷了。

微子去之，箕子為之奴，比干諫而死。孔子曰：「殷有三仁焉。」〈微子〉

此章是〈微子第十八〉篇首。孔子在宋，經過殷墟，探訪商朝的遺跡，幾乎是毫無跡象可尋，因此感慨萬千，不知不覺地落下淚來，殷商是孔子祖先，此時之情緒無法阻止。周武王滅紂，封殷商之後於宋，孔子是宋公之後裔。孔子面對殷墟，想到商紂無道，眾叛親離，戰爭之慘烈，今日只見一片荒蕪，可見商紂無道之甚，殷城全毀。微子，紂之庶兄，商紂無道，去之，流亡在外；箕子，紂之叔父，諫而弗聽，被髮佯狂而爲之奴；王子比干，紂之叔父，直言力諍，苦諫三日，終於被剖心而死。【微子去國，箕子做奴才，比干諫而被殺，孔子回顧歷史，對賢者肅然起敬，含著淚光說：「這三位是殷商的仁人。有三位仁人而亡國，實在可惜啊！」】成王時，微子封於宋，以代殷後，奉祀殷商之祖先。

武王乃封箕子於朝鮮，而不臣也。其後箕子朝周，過故殷虛，感宮室毀壞，生禾黍，箕子傷之；欲哭則不可，欲泣為其近婦人，乃作麥秀之詩以歌詠之。其詩曰：麥秀漸漸兮，禾黍油油；彼狡僮兮，不與我好兮。所謂狡童者紂也。殷民聞之，皆為流涕。（《史

記・宋微子世家》）

孔子遂吟起麥秀之詩，一遍又一遍，聲調高亢而綿綿不絕，弟子們都因此而落淚。

宋國是小國，雖然宋襄公圖謀霸業，但未成氣候，國勢仍然不振，加以司馬氏擅權，政治並不穩定，孔子經過宋國純然是看看祖先之地而已。殷有三仁，孔子對於先賢則內心非常崇敬，對古代人民質樸，亦有所感慨。

子曰：「古者民有三疾，今也或是之亡也。古之狂也肆，今之狂也蕩；古之矜也廉，今之矜也忿戾；古之愚也直，今之愚也詐而已矣。」（〈陽貨〉）

今日世風衰微，民情澆薄，孔子有無奈之感。（疾，缺點；是之亡，指這三疾沒有了；肆，放肆，指不拘小節；蕩，放蕩，指無法無天；廉，是有所不取；忿戾，是動怒）。【孔子說：「古代的人民有三種缺點，今天也許連這三種缺點都沒有了。古人的狂放是不拘小節，今人的狂放是無法無天；古人的矜持是有所不取，今人則驕矜而動怒；古人的愚拙是率直，今人的愚拙是故意裝瘋騙人罷了。」】孔子指狂、矜、愚是缺點，古人則樸實率真，並無虛僞；今人虛僞而狂妄，善良風氣已經蕩然無存，孔子爲此而感歎。司馬牛有心向善，肯背棄奢華而且罪惡的家世，投靠孔子，孔子乃將之收在門下。

文質彬彬

孔子到宋國，被司馬桓魋沒來由地大鬧一場，也覺得沒什麼意思，就轉道去鄭國，在趕路之中，天色漸漸暗下來，越走越弄不清方向，竟然孔子迷失了，與弟子分散，身處陌生之地，一下子不知該怎麼走。

孔子適鄭，與弟子相失，孔子獨立郭東門。鄭人或謂子貢曰：「東門有人，其顙似堯，其項類皋陶，其肩類子產；然自要以下，不及禹三寸，纍纍若喪家之狗。」子貢以實告孔子，孔子欣然笑曰：「形狀末也，而似喪家之狗，然哉！然哉！」（《史記．孔子世家》）

鄭人對孔子之描述極爲傳神，孔子則欣然而笑，泰然自若，人生態度通達而幽默，被指「若喪家之狗」，亦了然於懷，毫不介意。孔子周遊列國，路途艱辛，前途茫茫，好在弟子皆能隨侍身邊，生活上互相照應，心中稍可寬慰。

子曰：「為命：裨諶草創之，世叔討論之，行人子羽修飾之，東里子產潤色之。」（〈憲問〉）

鄭國子產是賢大夫，住在東里，故人稱東里子產；鄭國因有子產而政治安定，實則尚有多位賢大夫之輔佐，在外交上相當成功。（爲命，即辦理外交辭令；草創，是先打好草稿。裨諶，音皮辰，鄭國大夫，善於謀略；世叔即游吉，有智；鄭大夫公孫揮，字子羽，爲行人之官，故稱行人子羽）。孔子看到鄭國政治安定，深入觀察而了解，知其道理之所在。【孔子有所感觸地說：「鄭國外交上的成功，是公文辭令非常出色。每次辦理外交的辭令：都由裨諶先擬定文稿，再由世叔來審議，又送到外交官子羽手中修飾內容，最後由子產總其成，潤色文采，故鄭國外交都很成功。】政治的基本，在於用人問題；劉邦用張良、蕭何、韓信而建立漢朝，這是歷史上最成功的例子。孔子對於賢人思念而尊敬，人生積極向上。孔子至鄭，似乎沒什麼目的，所以沒進城就離開，到陳國去，住在司城貞子家中。司城貞子事陳湣公，是陳國賢大夫。

子曰：「不患人之不己知，患不知人也。」（〈學而〉）

孔子在陳，仍然講學不已。今天師弟齊集一堂，孔子感到一路下來都不順利，弟子大概有點洩氣，孔子想爲大家打打氣，振作振作精神，從正面勉勵弟子要有正確的人生觀。【孔子面帶微笑地說：「最近這段時間，大家跟我跑來跑去，身子又累，心裡又空虛，我們大可不必這麼喪氣。我們求學的目的，就是要有知人之明；有學問不要怕別人不知道我，所擔憂的是不知人，分不清別人的好壞。」】智慧的人生，要保持頭腦清明，君子立己立人，己達而達人，這就是求學的工夫，人不知己，則不在意。怎麼知人呢？這是一門大學問。

子曰：「視其所以，觀其所由，察其所安。人焉廋哉？人焉廋哉？」（〈爲政〉）

知人必須仔細觀察，所以態度上要冷靜。人之行爲，有動機，有目的。【孔子說：「一個人做事，先看他爲什麼做這件事，再端詳他怎麼做這件事，最後細察做完這件事是不是安心。透過這些程序來觀察，一個人如何能藏得住呢？一個人如何能藏得住呢？」】（以，指做事原因；由，指怎麼去做；安，指是否安心）。此爲孔子觀人術，合理而冷靜，沒有主觀成見。孟子也有觀人術，與孔子異曲而同工。

孟子曰：「存乎人者，莫良於眸子；眸子不能掩其惡。胸中正，則眸子瞭焉；胸中不正，則眸子眊焉。聽其言也，觀其眸子，人焉廋哉！」（〈離婁〉）

孟子則是看人之瞳仁，從瞳仁看他心中正不正，心中端正的人，瞳仁明亮；心中不端正，則其人瞳仁灰暗，因此可以確知其人之善惡，而其基礎在於理性判斷，不可迷惑。瞳仁昏暗的人，大都生活不正常，或者睡眠不足所造成。

子曰：「不患無位，患所以立；不患莫己知，求為可知也。」（〈里仁〉）

人在越不得意時，更應該心中平靜，有正確之觀念，孔子在外奔波勞頓，餐風露宿，就更需要用正面來鼓舞弟子。（立，指做官）。【孔子沉穩地說：「今天大家在惡劣的環境下，暫時不做官，有一天必能為世所重用。所以大家不用擔心無位，應先擔心將來我用什麼本領來做官；也不用擔心沒有人知道我，應該努力追求值得讓人知道的。」】孔子自立自強，永恆進步，仁心仁術，生生不息，長青而健康；仁是一種生機，含意深刻。閩南語稱蛋黃為卵仁，花生為土豆仁，杏果為杏仁，皆指仁蘊藏著生命，為生機之所出，這是仁的生命力，而與生活結合。

微生畝謂孔子曰：「丘，何為是栖栖者與？無乃為佞乎？」孔子曰：「非敢為佞也，疾固也。」（〈憲問〉）

此章乃孔子之自我解嘲，不失幽默，這是孔子首次受到隱士之揶揄；然而，孔子則輕鬆視之，因此可當做趣事來看。微生畝，顯然是道家人物，姓微生名畝，看到孔子如此奔波於道途中，故意嘲弄他。孔子走過一座山邊，看來非常幽靜，似乎有人住在山裡，他領著弟子順著小路走到山腰，看見空曠，就與弟子坐下來休息；微生畝撿了一捆柴，正要回到山上的茅屋，經過這裡，看到一堆人，中間有一位花白鬍子之長者，一看就知道是孔子。微生畝學問頗高，淡泊名利，所以跑來山林隱居，他看孔子滿臉疲憊的樣子，走到孔子面前。【微生畝笑嘻嘻地說：「你就是孔丘吧！聽說你這陣子栖栖皇皇，很忙吧！恐怕你是在拍人家馬屁，一味取悅別人吧！」孔子抬頭一看，此人氣宇清麗，一幅悠閒自在的樣子，就知道是隱士微生畝，一彎腰，哈哈哈地笑起來，說：「是啊！是啊！我孔丘不是愛拍馬屁，這是我的老毛病，閒不住嘛！每天到處亂跑，沒辦法呀！」】（栖栖，猶皇皇，指不安居，匆忙之意）。這是孔子的幽默感，有人拿他取笑，他不在意。疾固，一般說是孔子痛恨世人固執，含有責罵之意，此解太僵化，也不通人情，孔子是通達的人，不至於如此苛薄；若固解釋爲舊，指長久，疾固是這個病很久了，指老毛病，有自我嘲弄之意。人稱固疾就是久病，孔子疾固或許指固疾。隱士有賢明之德，但出世觀念與孔子入世精神相反。

子曰：「賢者辟世，其次辟地，其次辟色，其次辟言。」（同前）

此章孔子舉隱士因不同際遇而隱居。【孔子說：「賢者因天下無道而隱居，其次的因當地長官不好而逃避，其次是有人對他辭色不善而逃避，其次是話不投機而逃避。」】（辟，通避）。這些人離塵索居，本身有賢德，因與世不合而逃避隱居。

子曰：「誰能出不由戶？何莫由斯道也？」（〈雍也〉）

子曰：「質勝文則野，文勝質則史；文質彬彬，然後君子。」（同前）

此二章並列，是孔子以正道示人。孔子在陳國住下來，這是個小國，生活樸實，民性平和而不爭，孔子與弟子習禮講學，並未受到干擾。斯道，指立身處世之正道。【上課時，孔子用手指著門口，對弟子們說：「誰進出這個教室不是由這個門呢？這個門是要給大家進出用的，這就是正道。但是看看今天社會，到處亂象，怪事特別多，有人隱居，有人逃亡，像我們也到處流浪，爲什麼？大家爲什麼不按正道來走呢？」】孔子講到這裡，心中黯然，沒再講下去，也許他說不下去了。（言人不能出不由戶，何故乃不由此道邪？怪而歎之之辭）。孔子因當今社會怪現象而感歎。孔子用問句反詰，是有感而言，若天下安定，實現仁政，大家安居樂業，就不必這樣奔波勞苦。【接著，孔子又說：「我們來談談君子吧！君子是理想的人格，是人人應該努力追求的目標。就一般現象，樸實勝過文雅就會顯得粗俗，文雅勝過樸實就顯得矯柔虛僞；是故，文雅與樸實各自參半，然後才是君子的風度。」】（野，是粗俗無文；史，是矯柔虛僞；彬彬，是平均參半）。孔子認爲君子態度坦然而真誠，親和而平易，孔子教育弟子成爲文質彬彬的君子。

子曰：「君子病無能焉，不病人之不己知也。」（〈衛靈公〉）

此章孔子以君子勉勵弟子，而特別提示當務之急，故指出君子必先自我警惕，要求自己。【孔子說：「君子擔憂自己沒有能力，並不擔憂別人不知道自己。」】沒有能力不足以爲君子，君子重視品德，行善而爲社會之典範。隱士本身雖是賢人，有品德之一端，但因爲逃避社會，不肯行善，與世隔絕，缺乏君子的風度。

子曰：「不知命，無以為君子也。不知禮，無以立也。不知言，無以知人也。」（〈堯曰〉）

此章爲《論語》之終章，是孔子人格教育之總結。孔子「五十而知天命」，則是孔子生命與天道有相通之處，天道流行，正是「天人合一」的境界，孔子自己不言，示之以平常之行爲。此章並非孔子之遺言，而是孔子之常言，也是孔子人格生命的詮釋，故此章之三項以首項爲主軸，爲人生之重心；餘二項皆爲平日教育之內容，「不知禮，無以立」與「不學禮，無以立」相通，即「立於禮」；「不知言，無以知人」與「不學詩，無以言」相通，即「興於詩」；唯「不知命，無以爲君子」是人生之目標。此章之內容，皆指「學而時習之」，有總結之意。【孔子說：「不知道天命，就不能成爲君子。不知道禮儀，就無法立足於社會。不懂得說話，就無法了解別人。」】（人不知命，則見害必避，見利必趨，何以爲君子？）是故，此章明白指出君子必須知命、知禮、知言，而注重人格之完美。

子曰：「溫故而知新，可以為師矣！」（〈爲政〉）

孔子提倡教育，教導弟子，自己也不斷地成長，「溫故而知新」正是孔子的人生，也是孔子通達事理的印證，而「仁」是孔子思想之淵源。孔子強調「仁」在於求自己，欲仁則仁至，「溫故而知新」亦在自己。【孔子說：「溫習自己原來所學的，並且學習新知識，這樣就可以當老師了！」】孔子人生永恆上進，生生不息。

陳司敗問：「昭公知禮乎？」孔子曰：「知禮。」孔子退，揖巫馬期而進之，曰：「吾聞君子不黨，君子亦黨乎？君取吳同姓，謂之吳孟子，君而知禮，孰不知禮？」巫馬期以告，子曰：「丘也幸，苟有過，人必知之。」（述而）

陳司敗，是陳國司寇，不知姓名。巫馬期，姓巫馬名施，字子期，魯國人，少孔子三十歲，在孔子弟子中，出仕從政，處世勤勉而誠實，任勞任怨，是一位注重氣節的人。吳孟子，昭公夫人。此章孔子坦然承認自己有過，被人指證，對自己是幸運之事。【陳國司敗問孔子說：「昭公是不是知禮？」孔子說：「是知禮。」孔子走了，陳司敗認為孔子答話不對，巫馬期在他府中，陳司敗一揖，進一步向巫馬期說：「我聽說君子不同黨，難道像孔子這樣的君子也會有同黨嗎？魯與吳本同姓，昭公娶同姓夫人稱吳孟子，如果昭公這樣是知禮，誰不知禮？」】魯為周公之國，姓姬；吳為太伯之國，太伯讓國奔吳，為吳王，乃易本姓姬，改姓吳；魯與吳皆姬姓之後，古代同姓不婚。故昭公娶吳孟子顯然不合禮，陳司敗明知故問，孔子知其意而故答。司敗是陳國人，孔子為自己國君護短，這是本位主義，對外國人講自己國君理當如此。司敗以孔子為君子必不護短，故有此問，孔子順問話而答，亦是有意。【及聽巫馬期報告後，孔子有所自警地說：「我孔丘真幸運，假使有錯，人家一定都知道。」】（孔子不可自謂諱君之惡，又不可以娶同姓為知禮，故受以為過而不辭）。孔子坦然認過，承認自己說錯話，雖然不失其護短，君子之心胸坦蕩蕩，知過改過，人格仍然光明正大。

下編

其六　六十而耳順

孔子在陳，一住三年，生活上已經習慣了，周遊時間荏苒邁向第六年，雖然一事無成，但弟子的人生歷練長進不少。此時孔子六十歲，一般稱爲花甲之年，因孔子自稱這一年「而耳順」，後世又稱耳順之年；孔子從此開始耳朵順暢了，沒有聽不清楚的，前賢謂「聞其言而知其微旨」，至此境界必然是非常微妙，別人一開口，孔子就懂得意思了。如此境界，說有趣一點，正如廟裡懸掛「有求必應」之匾額，孔子一聽就知道人家要什麼，那就該滿足大眾的需要，孔子不就等於有了神通嗎?可以說已經達到通靈境界。實則，孔子並無這種能力，此時仍在周遊列國，到處碰壁，他和弟子旅途勞頓，席不暇暖，仍然奔波於道途中。孔子浪跡四方，然而在此栖栖皇皇之中，卻感受到「六十而耳順」，若簡單地說，應該是經過長久之歷練，自己看得多了，也聽多了，任何事物，大致所見皆能心平氣和，內心有更成熟之感；不像以前，還是會心隨物轉，雖然是「知天命」，但是仍然有按捺不住的感覺，而現在沒有了。這種感覺應該很明顯，而完全有不同之心境，非常微妙，不易明言，孔子以「耳順」爲代表，事實上也可以稱做「眼順」；然而「眼順」應不如「耳順」之明確，或許感覺上也有些怪，孔子經過斟酌之後，最後確定「耳順」是六十之境。若以「非禮勿視，非禮勿聽」比較，視常無法自主，聽則可以自我取捨；主視是眼，主聽是耳，如言「眼順」很難，又不適切，故謂「耳順」則顯得自然而適當。孔子在陳國時間長久，看到陳國民性善良，容易被欺負，常受鄰國吳、楚之侵擾，邊患不斷，每過一段時間就有小戰爭，孔子看在眼裡，認爲這些大國都沒道理，國際局勢如此不穩定，孔子想推行聖賢大道，困難重重。

孔子離開陳國，又想回到衛國去，這是第三次至衛，一路走來，走到蒲，公叔氏據蒲地舉兵叛衛，並拘留孔子一行人；孔子弟子公良孺，以私車五乘與蒲人鬥，公良孺有勇力，仗劍奮勇與蒲人戰，鬥甚疾，蒲人懼，與公良孺盟曰：「無適衛。」遂解圍，公良孺以告，孔子既出，適衛，子貢問：「盟可負耶？」孔子指出盟約的立足點是平等，要脅之盟不可信。

子曰：「君子貞而不諒。」（衛靈公）

孔子有意糾正世人之偏私。（貞，即正，指遵守正道；諒，指小信）。蒲人自己內亂叛變，本身行爲不當，且與孔子之行止不相干，無故拘留孔子，非常不合理。公良孺，字子正，陳人，在孔門中賢而有勇，此次爲保護孔子奮力而戰；孔子初畏於匡，公良孺與難，當時未能挺身而出，心中後悔不已，故此次「當仁不讓」，英勇戰鬥，終於使孔子一行人脫困。子貢不明孔子之行藏，認爲孔子背棄盟約，實則孔子行正道，這點子貢悟力不夠。【孔子有所感觸地說：「君子遵守正道，至於與名節無關之小信，則不一定要堅持。」】權衡變通，必須出於智慧之判斷。

擊磬於衛

孔子一行人經過蒲，繼續北行。蒲屬於衛國，民性團結，然而野心家常利用人民，擁地自重，對衛國表示不服。孔子三番兩次進出衛國，野心家認爲對自己不利，發動人民威脅孔子，想不到公良孺是勇士，率兵車抵抗，蒲人無法，只得與公良孺盟約，終於孔子脫難後，仍然繼續前往衛國，衛靈公聽到消息，非常高興，而親自出城迎接。

衛靈公聞孔子來，喜，郊迎，問曰：「蒲可伐乎？」對曰：「可！」靈公曰：「吾大夫以為不可。今蒲，衛之所以待晉楚也；以衛伐之，無乃不可乎！」孔子曰：「其男子有死之志，婦人有保西河之志，吾所伐者，不過四五人。」靈公曰：「善！」然不伐蒲。（《史記．孔子世家》）

衛靈公親迎孔子，並討論伐蒲之事，孔子主張伐其爲惡者四五人，靈公考慮安危問題，故不伐。孔子在衛，對於環境已經熟悉，靈公表面上敬重孔子，內心則並不信任，亦不懂孔子政治之理想，看來無意於用孔子，孔子居衛，要出仕的機會很小，然而孔子心中感觸非常複雜。

子擊磬於衛，有荷蕢而過孔氏之門者，曰：「有心哉，擊磬乎？」既而曰：「鄙哉，硜硜乎？莫己知也，斯已而已矣！『深則厲，淺則揭。』」子曰：「果哉，末之難矣！」

（〈憲問〉）

這是孔子第二次遇到隱者。孔子與弟子奔走四方，周行於國際之間，名氣越來越大，動見觀瞻，注意的人也更多，許多賢人隱士都有所聽聞，前有微生畝，今天又有一位荷蕢老人。這些賢人名士，在社會上頗受敬重，有的是有名之隱者，有的卻從不示名，但大家都知道。孔子極愛音樂，亦會多種樂器，平常彈琴鼓瑟，唱唱歌以抒發心情；多日以來，與弟子講學，今天比較有空，拿出磬來敲打，這是玉石的樂器，聲音宏亮而清脆。磬共有十二塊玉石，擊磬聲音結實而遠聞，身體隨著擊磬舞動。【孔子在衛擊磬，正好有一位挑著草器的人經過家門，聽到磬聲停下來，聽了一陣，大聲感慨地說：「這裡面有救世之心，這個擊磬的人啊？」過一會兒，又說：「太鄙陋了，磬聲爲何如此地堅持呢？世人不了解就算了，該停止就停止吧！詩曰：『深則厲，淺則揭。』也不懂嗎？」孔子聽後，感觸良深地說：「真要果決隱居的話，也沒什麼困難啊！」】（蕢，音潰，是草器；硜硜乎，指磬聲堅實的樣子，有堅持之意；斯已，是就此停止；末之難，是無難）。「深則厲，淺則揭」是〈邶風．匏有苦葉〉首章後面二句，指過深水就和衣而過，過淺水就提起衣襟過水，即知所變通之意。隱士暗喻孔子知所變通，孔子長期周遊各國，既然不為世用，可以停止了，不必去關懷世人。孔子聽隱者的話感慨極深，心情非常複雜，果有果斷之意；果哉，一則指自己，再則指荷蕢老人。就自己而言，孔子至此「耳順」，不必再堅持什麼，要果決離世，不難；隱者遺世獨立，果決而不問世事，亦不難。無難暗示隱者與孔子的心情；隱者離世索居無難，孔子認為隱者避世亦不難，二者是「道不同」，各行其是，無難。孔子「天下有道，丘不與易也」，如今世事浮沉，大道不行，是孔子真正之難。

儀封人請見，曰：「君子之至於斯也，吾未嘗不得見也。」從者見之。出曰：「二三子，何患於喪乎？天下之無道也久矣，天將以夫子為木鐸。」（〈八佾〉）

儀封人，是儀邑守門人；儀，是衛邑之名。孔子在衛國，有一天，與弟子到儀邑，就住下來。【第二天，儀封人來求見，這個人來到門口說：「我早就仰慕孔夫子大名，只要有名的君子到儀邑來，我一定會請求拜見，請教請教！麻煩你們通報一聲。」弟子就帶他去見孔子。】二人見面後，談起話來，非常投機，談了很久，儀封人才起身，告辭，出來看到孔子弟子眾多。【儀封人很高興地說：「孩子們！你們老師真是了不起的人，睿智而眼光遠大，通達事理。何必擔憂今天不做官呢？孔夫子不是一官所能限制的人，他是天下人的老師，萬世師表，天下無道已經很久了，天將以孔夫子為警世之木鐸，永遠警醒世人，教化人類。」】（喪，指不做官；木鐸，是金口木舌之器，古代聖人施政時振鳴以警眾）。孔子至此終於遇到知音，正是曠世之知音，終於有人知道孔子所行者大。（封人一見夫子而遽以是稱之，其所得於觀感之間者深矣）。儀封人閱歷豐富，所見極深。孔子周遊列國目標遠大，自己心理有數，但弟子不一定了解，故孔子自己未言，今天終於由儀封人說出來，孔子內心一陣溫暖。

子曰：「不仁者不可以久處約，不可以長處樂。仁者安仁，智者利仁。」（里仁）

子曰：「惟仁者，能好人，能惡人。」（同前）

子曰：「苟志於仁矣，無惡也。」（同前）

昨天，儀封人來訪，使孔子心情踏實許多，今天起來，感到非常輕鬆，孔子又開始講道，對「仁」之思想，信心更加堅定，真的是「德不孤，必有鄰」，儀封人見多識廣，深具慧眼，一見即識孔子之不凡。木鐸之意義，比「天縱之將聖」更爲深遠，儀封人所言是歷史性，永垂不朽。所以今天孔子又談仁，這種崇高之美德是永恆不息的，如今成爲孔子周遊列國的精神支柱。儀封人不僅是位智者，而且是個仁者，與孔子之道相通，肯定孔子是救世之聖人，孔子如天道流行，日月光明。【今天，孔子充滿信心地說：「不仁的人無法長久生活在貧困中，也無法長久處於安樂之中，這是因爲不仁的人沒有目標，貧困受不了，安樂也不滿足，反覆無常。因此之故，仁者穩重，安於仁而不變，心境舒坦；智者清明，因行仁有利於人而自在，行善不居。」】（約，指貧困）。仁者安仁，智者利仁，孔子肯定仁者與智者皆執仁而行。第二章，孔子更持肯定態度。【孔子和緩地說：「只有仁者能夠真正喜歡一個人，也能夠真正厭惡一個人。」】這種好惡是毫不猶豫的態度，因爲仁者是非分明，對事理的看法準確無誤。第三章則是鼓勵之意，以堅定弟子之信心。【孔子很輕鬆地說：「孩子們！聽懂了嗎？仁並不是很深，也不是很難，我說過要仁則仁至，仁在每個人心中，必須向自己求。所以我今天要勉勵大家，假使一個人能專心行仁，絕對不會爲惡。」】所謂「吾道一以貫之」，仁就是忠恕，依忠恕而行，必不可能爲惡。孔子講完，下課了，看到弟子都面露笑容，腳步踏實地走出教室。這一堂課，大家心中感覺非常充實。以上三章並列，是同時之言。

子曰：「我未見好仁者，惡不仁者。好仁者，無以尚之；惡不仁者，其為仁矣，不使不仁者加乎其身。有能一日用其力於仁矣乎？我未見力不足者；蓋有之矣，我未之見也。」（同前）

此章與前三章僅隔一章，孔子繼續談仁。仁之美德在自己身上，基本上要做到「克己」工夫，然而如顏淵之「三月不違仁」，仍然不是仁，孔子亦不敢以仁自居；人只要存在，就可能有錯誤，而傷害仁，故常人皆不得稱仁。【所以，今天孔子開口就說：「我沒有見過好仁的人，以及惡不仁的人。好仁的人，知道沒有比仁更好的美德，終身行之而不怠；惡不仁的人，他所表現的仁，是不使不仁的事發生在自己身上。有人能夠用一天的力量來實行仁的嗎？我沒有看過力量不足的人；或許真有這種人，只是我沒有見過罷了。」】孔子最後是鼓勵之言。好仁者，每天行仁；惡不仁者，不使不仁者加乎其身，亦隨時行仁，皆太難。「有能一日用其力於仁」，只要有一天用力行仁就夠了；孔子時時行仁而不言，僅謂「爲而不厭，誨人不倦」而已。仁在心中，孔子期勉弟子「一日用其力於仁」，從此出發，就是行仁的開始。

子謂子賤：「君子哉！若人。魯無君子者，斯焉取斯？」（〈公冶長〉）

子貢問曰：「賜也！何如？」子曰：「女器也。」曰：「何器也？」曰：「瑚璉也。」（同前）

或曰：「雍也！仁而不佞。」子曰：「焉用佞？禦人以口給，屢憎於人。不知其仁，焉用佞？」（同前）

此三章並列，談論孔子三位弟子。子賤，姓宓，名不齊，字子賤，魯人，少孔子三十歲。宓，通伏，傳聞子賤是伏羲氏之後；漢代伏勝，是子賤後裔，其家世多賢人。第一章孔子稱贊子賤是君子，亦指魯國多君子。（斯焉取斯，是子賤爲何能得到這種美德？前面斯字指子賤，後面斯字謂這種美德）。【孔子稱贊子賤說：「真是君子啊！不齊這個人。如果魯國沒有君子的話，不齊這個人到哪裡去學習這種美德呢？」】子貢聽到孔子贊美子賤，心中感到癢癢的，我呢！【子貢急著問：「老師！我賜呢！怎樣？」孔子淡淡地說：「你是美器啊。」子貢有點著急地再問：「是什麼美器？」孔子說：「就是瑚璉啊。」】瑚璉是美玉之祭器，在宗廟祭祀時用來盛黍稷，爲貴重之器，然而不是君子，子貢虛榮心重，孔子比之爲瑚璉，大概就以此爲滿足，沒發現孔子有弦外之音。瑚璉可看可用，子貢善辭令，口才好，將來有一天會用到。仲弓則不同，他口才不好。（佞，是口才好，一般指善於逢迎；口給，指善於與人口辯，即利口）。【有人說：「雍啊，這個人有仁德卻口才不好。」孔子聽後指正說：「何必口才好呢？用利口與人頂嘴強辯，常會被人討厭。雍啊我不知他是不是仁，但何必口才好呢？」】仲弓有王者風度，行為莊重，不佞無妨。子賤治單父，「鳴琴而單父治」，孔子贊為君子，而能實現聖人之道。子貢是瑚璉之美器，尚不足以稱君子。雍也不佞而可使南面，尚不及仁。孔子教育弟子行正道，大公無私，而是非分明。

六言六蔽

孔子在衛國弦歌不輟，平日仍然與弟子講學，討論君子之道，勉勵弟子修養品德，注重提升自己的人格。

子曰：「有德者必有言，有言者不必有德。仁者必有勇，勇者不必有仁。」（〈憲問〉）

此章含有鼓勵之意。孔子重視德行，對「有德者」與「仁者」知之甚深；實則，此乃孔子平時踐履之心得。【孔子說：「有道德的人一定會說有用的話，會說話的人就不一定有道德。」】有德者所言是經驗與事實，親自歷練而有用之言；反之，賣弄口才的人，品德有問題，故有口才不足取。同樣道理。【「有仁德的人一定會勇敢，勇敢的人不一定有仁德。」】仁者「當仁不讓於師」，見義勇為；反之，好勇則逞強，是匹夫之勇，這種人欠理性而不仁。此言對子路有警惕作用。

子曰：「由也！女聞六言六蔽矣乎？」對曰：「未也。」「居！吾語女：好仁不好學，其蔽也愚；好知不好學，其蔽也蕩；好信不好學，其蔽也賊；好直不好學，其蔽也絞；好勇不好學，其蔽也亂；好剛不好學，其蔽也狂。」（〈陽貨〉）

孔子對子路真是苦口婆心，屢次都給與機會教育。今天，其他弟子有事不在，只有子路在身邊。【孔子對子路說：「由啊！你聽過六言六蔽的話了嗎？」子路急著答說：「沒有啊。」孔子溫和地說：「坐下！過來一點。」】孔子笑笑，子路心想大概不是要罵我吧！【孔子也側身靠近一點說：「我來告訴你，這些道理對你最有用，好好記住噢。」】子路心中滴沽：幹嘛！老師好囉嗦。要罵就直接罵吧！何必這麼神秘。【孔子慢慢地說：「六言六蔽就是六句話，第一句：好仁不好學，缺點就是容易陷於愚笨；第二句：好智不好學，缺點就是容易陷於放蕩；第三句：好信不好學，缺點就是容易陷於殘酷；第四句：好直不好學，缺點就是容易陷於急躁；第五句：好勇不好學，缺點就是容易陷於暴亂；第六句：好剛不好學，缺點就是容易陷於狂妄。這六點要注意，對你很有用喔！」】這番大道理，搞得子路暈頭轉向，他的腦袋容不下這麼多。孔子講得起勁，一路講下去，把六點一口氣講完，但對子路不一定有用，孔子的重點在「好學」，這又是子路最大缺點，他缺乏耐性。子路有勇無謀，手起刀落，爽快！好不好，蔽不蔽的，這些太囉嗦了，老師今天真是閒得無聊吧？

子曰：「道不行，乘桴浮于海，從我者，其由與？」子路聞而喜。子曰：「由也，好勇過我，無所取材。」（〈公治長〉）

子路可愛，就是這樣，孔子拿他開開玩笑；而孔子之言，自有道理，謔而不虐，是針對子路而發。今天，很熱鬧，弟子都在，三三兩兩地談話，看來子路很興奮，他是愛熱鬧的人，就看他當眾露手臂，大聲嚷嚷地說：「師弟們！看我這雙手，可以活活打死一隻老虎。」孔子聽到外面熱鬧，走出來，看大家圍著子路，湊過來，弟子自動讓開。【孔子看著子路說：「不錯！這雙手粗壯有力，很有用。哎！我的道行不通了，大家別著急，我是說，有一天真的大道不行，我就乘著木筏，漂流過海，可能到無人的荒島，會跟隨我的人，就是你仲由吧？你就可以用這雙手幫我划船了。」子路一聽，大笑跳起來說：「好呀！」孔子也哈哈地笑著說：「由啊！你真直爽，比我還勇敢，我想出海去，但到哪裡去拿木頭來造船呢？」】孔子說完就進去了，把問題丟給弟子們，讓大家吵著到哪裡去拿木材來造船。

子路曰：「君子尚勇乎？」子曰：「君子義以為上。君子有勇而無義為亂，小人有勇而無義為盜。」（〈陽貨〉）

孔子對子路每次都有意磨鍊他，但子路跟隨孔子，純粹是受孔子精神之感召，子路心目中認爲怎麼會有一直不倒的巨人，子路好勇而不屈，而顯然孔子在他心目中永遠崇高聳立；子路不好學，與孔子好學精神背道而馳，又沒有耐性，受不了拘束，距文質彬彬的君子非常遙遠。

子路不是君子，亦受不了君子的態度，所以他對君子不了解，只是一味好勇而已。【今天，一大早看到孔子，子路直接地問：「老師！一位君子會注重勇敢嗎？」】連這一點子路也不懂，可見有些事他不太動腦筋，而不懂君子有沒有勇敢；孔子每天君子長，君子短的，他天天聽，竟然不知道什麼是君子？君子勇敢不勇敢？這種話問得太天真。【所以，孔子面容嚴肅地說：「君子所注重的是正義。正義是做人最重要的原則，若君子在位有勇而無義就會作亂，一般老百姓有勇而無義就會做賊。由啊！你要用勇敢去守住正義才對。」】孔子再提醒子路。前面六言中「好勇」與「好剛」顯然是針對子路而言，希望子路能夠好好學習。

子路宿於石門，晨門曰：「奚自？」子路曰：「自孔氏。」曰：「是知其不可而為之者與？」（〈憲問〉）

這次子路去辦事，沒能趕回來，走到石門已經很晚，就在石門過了一夜，第二天一大早，他就趕路，怕孔子擔心。（晨門，是掌管城門的人）。【子路在石門過夜，管城門的人早上一開門，看到子路一個人這麼早出門，就問：「你從哪裡來的？」】晨門是位賢人，看到子路，是明知故問，他早知道孔子帶領弟子周遊至此，奚自的意思是你是從誰哪裡來的？【子路直接地說：「自孔氏。」晨門一聽就說：「啊！是的，就是那一位知道不可能卻仍然努力行道的人吧？」】此話無下文，晨門或者是有意嘲弄孔子，而此言則是事實。大概是子路回來，轉述晨門的話，孔子聽了也默認。晨門頗為了解孔子，知道孔子有救世之心，但是此時諸侯征伐，禮樂敗壞，想改變社會是不可能的，孔子有時代之使命感，這是「天命」使然，今日「耳順」亦然，道在天下，孔子順天道而行，目前無法停下來。

> 子路問成人，子曰：「若臧武仲之知，公綽之不欲，卞莊子之勇，冉求之藝，文之以禮樂，亦可以為成人矣。」曰：「今之成人者，何必然？見利思義，見危授命，久要不忘平生之言，亦可以為成人矣。」(同前)

成人，是品德完備的人，亦稱完人。【子路問怎樣才是完人，孔子說：「像臧武仲的智慧，孟公綽的無欲，卞莊子的勇敢，冉求的多藝，再加上有禮樂修養的風度，也可以算是完人了。」】(文，指修養)。【孔子又說：「就今天談完人，何必這樣呢？見利能想到合不合義，面對國家危險能夠奉獻生命，與人約定經過很久也不忘當時的話，這樣也可以算是完人了。」】子路問成人，有點牛頭不對馬嘴，他自己不懂，孔子答的也有所含糊，所以連講兩次，卻都用同樣的結語「亦可以爲成人矣」，也算成人，到底是不是呢？前者四人，除冉求外，三人是魯國大夫。(亦之爲言，非其至者，蓋就子路之所可及而語之也)。孔子是以子路能做到的而言。後者「何必然」，故退而求其次，要「思義」、「授命」、「不忘平生之言」，也算成人，標準也太高，但是所指三點與子路率直的個性比較接近，而有啓發作用。

> 子路問事君，子曰：「勿欺也，而犯之。」(同前)

> 子路問君子，子曰：「修己以敬。」曰：「如斯而已乎？」曰：「修己以安人。」曰：「如

斯而已乎？」曰：「修己以安百姓。修己以安百姓，堯、舜其猶病諸！」（同前）

子路有政治才華，這是孔子對他的贊許。子路曾隨孔子出仕，嘗爲季氏家臣。【今天，子路進一步問如何事君，勇敢是子路的特點，故孔子說：「事君最重要的是不可欺瞞他，而且必要時也敢直言犯上，不要怕得罪國君。」】諫諍之臣最難得，有機會，子路也許做得到。子路不懂君子，故心中有疑。【子路問怎樣是君子，孔子說：「用誠敬之心修養自己就是君子。」】（修己以敬，夫子之言至矣盡矣）。子路不懂，【又問：「就這樣而已嗎？」孔子進一步說：「修養自己又能夠使人安分守己。」再問：「就這樣而已嗎？」孔子說：「修養自己又能夠使百姓安居樂業。修養自己又使百姓安居樂業，像堯、舜的帝王還擔心做不到呢！」】這是子路勇敢的特質，頭腦簡單又不知滿足，自己不懂君子，提出問題是對的，但孔子第一次所答是重點，意思明確而完足，子路問「如斯而已乎」就是不懂。此章孔子三答都有「修己」，可見修養自己是重點，故「修己以敬」是君子之基本條件，至於「安人」、「安百姓」則太困難，故孔子最後指出，像堯、舜之帝王「猶病諸」，還擔憂做不到呢！

君子固窮

孔子在衛國，看來已經是沒希望了，這樣白耗下去也不是辦法。若向西行，過了黃河就是晉國了，孔子早看中晉國，上次佛肸召沒有去成，現在聽說趙簡子得勢，正在用人，孔子有意去試試看。晉國是周王朝同宗，但一如魯國之軟弱，而由三家專政，即韓氏、趙氏、魏氏等，政權則落在趙簡子手中，趙簡子若季氏，大權在握；孔子帶著弟子向西行，走到了黃河岸邊。

孔子既不得用於衛，將西見趙簡子，至於河，而聞竇鳴犢、舜華之死也，臨河而嘆曰：「美哉！水洋洋乎，丘之不濟，此命也夫？」子貢趨而進曰：「敢問何謂也？」孔子曰：「竇鳴犢、舜華，晉國之賢大夫也。趙簡子未得志之時，須此兩人而後從政；及其已得志，殺之乃從政。」（《史記．孔子世家》）

趙簡子因二人助力取得政權，今日得勢遂除掉二人，政治之現實而殘酷如此，孔子鄙棄其暴行，認為至晉亦不可能實行正道，就終止渡河了。孔子打消至晉國的念頭，又返回衛國，住在蘧伯玉家，仍然以講學為樂。

子曰：「直哉史魚！邦有道如矢，邦無道如矢。君子哉蘧伯玉！邦有道則仕，邦無道則可卷而懷之。」（〈衛靈公〉）

衛國有賢人，史魚亦是一位。史魚名鰌，字子魚，衛之賢大夫，曾經數度諫靈公用蘧伯玉而退彌子瑕，靈公不聽，臨死時遺言其子，置屍於牖下，死後將再以屍諫，靈公遂悟。孔子因此稱贊其直，如箭之不屈。（卷，通捲；懷，是藏）。【孔子說：「正直啊，像史魚這個人！國家安定時，自己如箭，國家動亂時，自己也如箭，終身不屈。君子啊，像蘧伯玉這個人！國家安定時，就出來做官，國家動亂時，就把自己才華收起來藏著，讓人看不見。」】蘧伯玉誠然是君子，不貪名利，清白以自守，靈公無道，他就藏其才而無所表現。孔子住在蘧伯玉家中，二人之道相同，而行藏有相似之處。

子曰：「可與言而不與之言，失人；不可與言而與之言，失言。知者不失人，亦不失言。」（同前）

此章繼前章。孔子住在蘧伯玉家，身心安適，因蘧伯玉爲人雍容大度，接待孔子一行人，毫無爲難之色，雖非極爲富有，卻能盡心盡力，使孔子無憂，二人平常喜歡一起說話。今天，孔子起來後，看到弟子精神都不錯，顯然住在蘧伯玉家，大家都感到沒有任何拘束，一群弟子圍過來，孔子笑著看看大家，正好蘧伯玉也起來，從門口走了出來。【孔子點點頭對弟子說：「孩子們！人要知足，也要懂事，平常與人相處，該與人談話而不言，就會失去好人；反之，不該跟他談話卻嘮嘮叨叨，就會說錯話。有智慧的人絕不如此，不會錯失好人，也不會亂講話。」】孔子的臉上一直掛著微笑，他走過去，與蘧伯玉攀談，兩人有說有笑的。

子曰：「不曰如之何如之何者，吾末如之何也已矣。」（同前）

上課了，孔子教育從不倦怠。【孔子勉勵弟子說：「一個人遇到事情，不會說該怎麼辦該怎麼辦的人，我對他也不知該怎麼辦了。」】此言極簡單，即指中等以上的人，遇到事情一定會說該怎麼辦呢？這是必然的反應。至於「不憤不啓，不悱不發」，毫無反應的人，聖人也沒辦法教他。

子曰：「群居終日，言不及義，好行小慧，難矣哉！」（同前）

子曰：「君子義以為質，禮以行之，孫以出之，信以成之，君子哉！」（同前）

此二章與前章並列。一指小人，一指君子，有貶有褒。結黨營私，互相利用，是小人作風，孔子痛惡這種人。是故，【孔子說：「小人只會整天聚在一起，說一些不正經的話，表現一些小聰明，這種人太小氣，很難改變他們啊！」】小人言不及義，孔子也無可奈何。反之，【孔子說：「君子以義爲根本，依禮而行事，表現謙遜的態度，守信而努力做好事情，這樣的人真是君子啊！」】（義以爲質，質是本質，指以義爲根本；孫以出之，孫通遜，指謙遜的表現）。小人與君子人格不同，重點在心態問題，自我要求，就會成爲君子；小人不行正道，只會賣弄小聰明而已。

子曰：「君子矜而不爭，群而不黨。」（同前）

子曰：「君子不以言舉人，不以人廢言。」（同前）

二章並列，皆指君子公正無私。（矜，是莊重自持，態度嚴正；黨，是結黨營私，如今天的幫派）。【孔子說：「君子態度莊重而不愛爭執，合群卻不結黨營私。」】（舉人，是推薦人，指冒然用人；廢言，是廢棄人之言）。【孔子說：「君子不會因爲這個人說有用的話，就冒然地重用他；也不會因這個人不好，就不顧他講話有沒有道理。」】君子處世秉公無私，完全「義之與比」，以義爲標準。

子曰：「君子不可小知，而可大受也；小人不可大受，而可小知也。」（同前）

此章又以君子、小人對比。（小知，指因小事做好被人所知；大受，即承擔重任）。【孔子說：「君子不一定會因做小事得到別人贊美，卻可以承擔重任；反之，小人不可承擔重任，卻會因爲小事做好受到人家贊美。」】君子之才像千里馬，長途奔跑而不脫韁，路遙知馬力，三五公里看不出來，劣馬則不能致遠。小人不一定像劣馬，但所謂「少年得志大不幸」，「小時了了，大未必佳」，小人可能一時表現不錯，及志得意滿，則專權跋扈，胡作非爲，成爲佞臣奸相，歷史上這種人太多了。

子曰：「善人教民七年，亦可以即戎矣。」（子路）

子曰：「以不教民戰，是謂棄之。」（同前）

此二章相連，皆指戰爭之事。七年，一則指長久；或可指古代施政三年一考，不成，隔年再考，至三考而成，共七年。不過前章重點在善人，善人指行善而可以感化人民的人；即戎，就是參加戰爭。孔子講戰爭心理學，戰場是死地，不可不慎重。【孔子說：「善人訓練人民作戰要很長時間，至少也要七年，就可以使人民參加戰爭。」】訓練軍隊不是三天兩天的事，從政者必須注意這一點。【孔子接著又說：「讓沒有訓練的人民去作戰，就是棄民，叫他們白白地送死。」】歷來暴君窮兵黷武，草菅人命，不愛惜民力，都是如此。春秋之後是戰國，各國之間征伐不斷，天下動蕩不安，國君皆輕於用兵，孔子不是預言家，但戰國之戰亂，死傷慘重，孔子不幸而言中。

子曰：「驥不稱其力，稱其德也。」〈憲問〉

此章是以良駒喻君子。驥，是千里馬，千里馬善跑，矯健馴良，善體主人心意，故成為名駒並非容易之事。【孔子贊賞地說：「一匹千里馬，並不是贊揚牠有好體力，而是贊揚牠馴良而致千里的美德。」】驥，其德在致千里。孔子看到時人都在找千里馬，而不知訓練良駒之不易；各國諸侯為擴張勢力，用人只重才華，不重品德，孔子對此有感而發。

衛靈公問陳於孔子，孔子對曰：「俎豆之事，則嘗聞之矣；軍旅之事，未之學也。」明日遂行。在陳，絕糧，從者病，莫能興。子路慍見曰：「君子亦有窮乎？」子曰：「君子固窮，小人窮斯濫矣。」〈衛靈公〉

此章是〈衛靈公第十五〉篇首。衛靈公明確地暗示不用孔子。（陳，通陣，即軍隊作戰）。靈公故意問軍隊作戰之事，此非治國之根本，武力不是王道精神，故孔子亦故意答自己沒學過。衛靈公雖不直言不能用，卻問孔子所反對之武力，談軍事問題，孔子並非不懂，齊、魯夾谷之會，孔子以文武相濟，獲得外交之勝利。此時孔子不談，談之無益。（俎豆，是禮器；俎豆之事，猶言禮樂之事；嘗聞之，就是知道一些；固窮，指窮困還是嚴守本分）。【衛靈公向孔子問軍隊作戰，孔子故意地答覆說：「禮樂之事，我就知道一點；軍隊作戰的事，從來沒學過。」

第二天，孔子就自動離開衛國，到陳。孔子一行人匆匆趕路，以至於完全斷炊，大家都餓得站不起來。子路體力好，還帶著不好的口氣問孔子說：「君子也會有這麼窮困的時候嗎？」孔子說：「君子雖然窮困還是嚴守本分，小人窮困就會亂來了。」】子路問的實在沒道理，君子與窮困是兩回事，君子固窮，本來就是如此，即「安貧樂道」之意。

魯哀公三年（西元前四九二年），孔子六十歲，夏天傳來魯國失火，孔子謂必在桓釐廟，果然，消息說桓釐廟發生非禮之事，故有人縱火，南宮敬叔率眾救火，遂止。秋天，又聽說季桓子生病，傳話的人說，桓子抱病乘車見魯城，感歎自己得罪孔子，振興魯國功敗垂成，是自己的過錯；此時已經病重，遺言嗣子康子，必召孔子。過數日，桓子卒。

康子代立，已葬，欲召孔子，公之魚曰：「昔吾先君用之不終，終為諸侯笑；今又用之不能終，是再為諸侯笑。」康子曰：「則誰召而可？」曰：「必召冉求。」（《史記．孔子世家》）

於是召冉求，孔子聞之，認爲冉求返魯必有大用，心中欣慰。

子在陳曰：「歸與！歸與！吾黨之小子狂簡，斐然成章，不知所以裁之。」（〈公冶長〉）

魯國召冉求，時局開始有所變化，故孔子思歸。孔子教導弟子，當然希望他們出仕，從政行仁，表現王道精神。孔子在外奔波，弟子追隨亦受盡折磨，要談理想，實在非常遙遠。（狂，是志大；簡，是行爲簡略；斐然，文采豐富的樣子；裁之，指裁度自己）。【孔子在陳國，有所感慨地說：「回去吧！回去吧！這些家鄉的年輕人志大而行爲簡略，文采可觀，卻還不知道如何裁度自己。」】孔子弟子都有用世之心，如此長期奔波，浪費許多時間，故有「歸與」之歎。冉求將回國，孔子又燃起希望之火，孔子命子貢送行，子貢交代冉求回魯，必須設法請老師回國。次年，孔子至蔡，蔡是小國，常被楚國侵擾，時局不靖，正是多事之秋。

近說遠來

翌年，孔子自蔡如葉，葉縣在蔡國西南方，是楚國北方之小縣。葉縣縣令姓沈，名諸梁，因楚君僭稱王，亦自號葉公。

葉公問政，子曰：「近者說，遠者來。」（〈子路〉）

葉公語孔子曰：「吾黨有直躬者，其父攘羊，而子證之。」孔子曰：「吾黨之直者異於是。父為子隱，子為父隱，直在其中矣。」（同前）

此二章間隔一章。葉公仰慕孔子之賢，然而頭腦不清楚，亦不了解孔子，葉縣是小地方，葉公治葉頗有信心。【葉公問怎樣辦好政治，孔子說：「好政治就是使身邊的人喜歡，遠方的人歸順，人民都能心悅誠服就好。」】葉公一聽，這麼簡單，他最近剛好處理一件刑案，發現人民非常坦白，大概是自己執政成功。【葉公興奮地對孔子說：「對！對！我們這裡的人都很正直，最近有一位父親偷人家的羊被抓住，他兒子就出來證明父親偷羊。」孔子一聽，發覺葉公有所誤解，所以有點疑惑地說：「我們家鄉正直的人不是這樣，父子有錯，彼此不講真象，父親護衛兒子，兒子護衛父親，這裡面所表現的就有直道了。」】（直躬，指行事正直；攘羊，即順手牽羊；黨，即鄉黨，指家鄉；隱，指隱瞞其過，即互相護衛之意）。父子親情，是天理倫常，血濃於水，無法割捨；若父子摘過則傷恩，倫理喪失，天地相反。仁的淵源在於親情，父慈子孝是人性真情，倫理道德建立於此。葉公不懂這層道理，孔子之言有指正之意，但葉公不一定能接受。前面儀封人的話，真的不錯，天下無道，「天將以夫子爲木鐸」，執政無道，社會將更加淪落，孔子爲木鐸，對執政者有警醒作用。

葉公問孔子於子路，子路不對。子曰：「女奚不曰：其為人也，發憤忘食，樂以忘憂，不知老之將至云爾。」（〈述而〉）

葉公對孔子的話有所困惑，他審理案件，父親偷羊，兒子作證，立刻案情大白，隨即結案，自己行政效力如此之高，本以爲孔子會贊揚一番，想不到孔子說：「父爲子隱，子爲父隱。」把他弄糊塗了。子路是個開放的人，率直而大方，葉公看到子路，就問孔子的爲人，子路不對；子路個性沉不住氣，在孔子面前最愛發言，然而葉公問他孔子這個人怎麼樣？他偏偏不應，奇怪！此時子路卻是個木頭人。子路不對也就算了，偏偏回來對孔子說，葉公問我老師這個人怎麼樣，我可沒說。【孔子聽子路這麼講，就把話接過來說：「哎呀！你怎麼不說，他這個人發憤起來就忘記吃飯，快樂時就忘記憂愁，而且還不知道自己年紀大了，整天到處亂跑，很不服老的樣子。」】孔子之意是指自己不足爲奇，「發憤忘食」可能別人做不到，而「樂以忘憂」應該人人都是如此：「不知老之將至」則是此章重點。孔子「發憤忘食」是人生認真的態度，「樂以忘憂」是全心投入之精神，因此心態永遠年輕，而不知老之將至。孔子的話似乎對葉公有所暗示，「父爲子隱，子爲父隱」是平常的道理，尤其兒子更不應該在別人面前，指責父親的過錯，以後處理案件，不可以找兒子出來作證，這是天倫，人人應該知道。

子曰：「攻乎異端，斯害也已！」（〈爲政〉）

異端非正道，聖人特別反對，然而世人好奇，喜歡標新立異，不按中道而行，社會越來越亂，孔子爲糾正社會之不當，故提出此言。【孔子說：「專心研究異端邪說，一定會害到自己啊！」】（異端，指非中道；斯害，即此害，指這樣對自己有害）。孔子主張中道，行中庸，異端應該是不合中道的思想，詭異，極端，都會走向絕路。孔子言「性相近」則不偏，孟子指「性善」、荀子倡「性惡」則有所偏，後世爭論不休。孔子此言是在警醒世人，若是深入研究異端，必有害處。

子曰：「人之生也直，罔之生也幸而免。」（〈雍也〉）

真理就是直道，人的生存是由於直道，反直道而行雖能生存，但純粹是僥倖，有一天會遭到厄運；正像攻乎異端一樣，必有害處。（罔，指違反直道）。【孔子說：「人的生存是依直道而行，違反直道而生存，是僥倖而暫時避免災禍而已。」】孔子強調，直道才能生存，違反直道之生存是「幸而免」，暫時逃避，不能長久。

子曰：「狂而不直，侗而不愿，悾悾而不信，吾不知之矣。」〈泰伯〉

此章所言三者是異類，與異端近似。（侗，音通，是無知；愿，是寬厚；悾悾，悾音空，指痴呆）。有三種人，孔子說「吾不知之」，完全不了解。【孔子說：「行爲狂妄而不正直的人，做人無知又不寬厚的人，個性痴呆又不講信用的人，這三種人我完全不了解。」】孔子不知，是感到無奈之意，這三種人行爲反常，在社會上是異類。子路勇敢率直，而無宿諾，敢做敢當，不至於狂妄，是可造之才。

子曰：「生而知之者，上也；學而知之者，次也；困而學之，又其次也；困而不學，民斯為下矣。」〈季氏〉

人之資質因天賦而有所不同，非人力所能改變。智慧高低，孔子分爲四等。【孔子說：「有生下來就知道的人，是上等的；有好學而知道的人，是次等的；有困苦而能夠力學上進的人，又是其次的；有的遇到困難就放棄而不學，這是最下等的人。」】（民斯，即斯民，指此人）。先知就是「生而知之者」，孔子說自己不是；孔子說自己「好古，敏以求之」就是「學而知之者」，是知之次者。孔子不是先知，只是一個好學的人。孔子此言是客觀之分析，一般人的智慧，大致分此四等。

子曰：「唯上知與下愚不移。」〈陽貨〉

孔子這個論斷也是客觀的，上智與下愚皆天賦，無法改變。【孔子說：「只有上等智者與下等愚人是不可改變的。」】（人之氣質相近之中，又有美惡一定，而非習之所能移者）。上智與「生而知之者」近似，下愚指自暴自棄，如前面所謂「困而不學」，即使聖人也無法教他，不求上進的人則無法改善，惡人就是如此。

孔子耳順之後，人生境界達到藝術之綜合體。孔子十五歲志於學是開始，即「道」之萌芽期；三十歲而立，即立於「道」；四十歲而不惑，是對「道」不再疑惑；五十歲而知天命，就是以「道」爲天命；至今天六十歲而耳順，即由學「道」，而立於「道」，而信「道」，而行「道」，至於吾道一以貫之，這是孔子綜合性的藝術生命。耳順是個代表，前面提過也可稱眼順，或鼻順，口順，心順，亦即全身無所不順。耳順指耳聞之而順意，實際上是人生完全順適如意。

子禽問於子貢曰：「夫子至於是邦也，必聞其政。求之與？抑與之與？」子貢曰：「夫子溫、良、恭、儉、讓以得之，夫子之求之也，其諸異乎人之求之與？」（〈學而〉）

此章可見子貢聰明之處，孔子溫良恭儉讓的美德，正是孔子平時人格的表現。子禽，即陳亢，字子禽，一字子亢，孔子陳國之弟子。陳亢問過伯魚是否有異聞，他很好奇孔子有沒有留一手傳給兒子；今日又對孔子周遊列國，必聞其政感到好奇，顯然對聖人之道尚隔一層。這方面，子貢之理解則非常真確，指孔子之人生表現溫良恭儉讓的美德，所以各國的國君都會問政，請教孔子許多實際的問題。【子禽問子貢說：「我們老師到這些國家時，一定會知道這個國家的政治。是自求的嗎？或是人家告訴他的呢？」子貢說：「老師的人格溫和、善良、恭敬、節儉、謙讓等，然後自然得知各國情形，老師也會求知各國的政治，但老師這樣求理解和別人求的是完全不同啊？」】（與之，是別人告訴他；其諸異乎，指孔子這樣的求知是與別人不同的）。孔子周遊列國，干七十餘君，目的在尋求政治之理想，期待實現聖人大道，孔子因理想而求見國君，行正道而表現君子風度，「聞其政」的態度，則非一般之求。實則，孔子行天道，以仁教化世人，此為「知天命」之任務，也是「耳順」的志業。

子貢曰：「紂之不善，不如是之甚也。是以君子惡居下流，天下之惡皆歸焉。」（〈子張〉）

此章子貢之言，有警示意義。【子貢說：「紂王不善的暴行，不像傳說的那麼嚴重。所以君子不願處在下流的地方，天下的惡名都會歸罪於他。」】後面是隱喻。（下流，地形卑下之處，眾流之所歸。喻人身有汙賤之名，亦眾惡之所聚也。子貢言此，欲人常自警省，不可一置其身於不善之地。非謂紂本無罪，而虛被惡名也。）紂王之暴政酷刑，雖然不是親自所行，然而眾惡所聚，必然歸之。紂王暴虐無道，倒行逆施，終於眾叛親離而亡國，後世稱之為獨夫、暴君。

子貢曰：「君子之過也，如日月之食焉。過也，人皆見之；更也，人皆仰之。」（同前）

衛公孫朝問於子貢曰：「仲尼焉學？」子貢曰：「文、武之道，未墜於地，在人。賢者

識其大者，不賢者識其小者，莫不有文、武之道焉。夫子焉不學？而亦何常師之有？」（同前）

此二章繼前章，是子貢具有智慧之見。孔子曾因陳司敗問昭公知禮乎？孔子答知禮，陳司敗譏之爲黨同，孔子慶幸自己有過「人必知之」，此事子貢印象深刻，故子貢以日月比喻君子之過，意義相近。【子貢說：「君子的過錯，就像日蝕月蝕一樣。有過錯時，人人都看得見；改正過錯之後，人人都會敬仰他。」】君子學行具足，行聖賢之大道，光明正大，如日蝕月蝕般，過與改過，人人皆得而見之，故受人之敬仰。公孫朝，衛大夫，姓公孫名朝。孔子居衛時間甚久，雖然靈公不用孔子，但因孔子弦歌不輟，弟子眾多，又長期追隨身邊，引人側目，大家對孔子尊敬，有人好奇，認爲孔子學問這麼大，是怎麼來的？有誰能教出這麼一個大學問家呢？這真是一個不好回答的問題，前面子貢因大宰之問而答「固天縱之將聖」，是順勢而答，可以滿足世人的好奇心。這一次，【衛國公孫朝問子貢說：「仲尼是怎麼學來的？」子貢說：「文王、武王的文化道統，並未墜落消失，重點在人之尋求探討。賢人注意文化中禮樂制度等重大內容，研究其意義；一般人就只會記住小節目，文王、武王的道統是到處都有的。我們老師怎麼會不學呢？而又何曾有一定的老師呢？」】（文、武之道，指文王與武王之功業德政，及典章制度等，簡言之，即文化道統；大者，小者，是相對論，重點在孔子識其大者，小者是陪襯而已；常師，指一定的老師）。孔子好學，執守文化道統，永恆不懈，人生精進不已。

天何言哉

孔子之人格光明正大，對時代有強烈的使命感，當今天下無道，世局混亂，孔子倡導仁，把仁的種子散播於天下，期待於喚起人性之自覺。孔子在魯國施政失敗，是環境因素，魯國君臣無知所造成；孔子周遊列國，栖栖皇皇，也是「知其不可而爲之」，天命如此，孔子盡其在我而已。

子曰：「予欲無言。」子貢曰：「子如不言，則小子何述焉？」子曰：「天何言哉！四時行焉，百物生焉，天何言哉？」（〈陽貨〉）

孔子與天道合而爲一，故欲無言，行不言之教。西諺：「太陽底下無新鮮事。」這是指先知之知，先知可以預言，祂已看到將來的事，故不會感到新鮮。【孔子說：「我想要從此不言了。」子貢緊張地說：「老師如果不言，那我們這些後生晚輩怎麼轉述老師的話呢？」孔子說：「你看，天有說什麼話嗎？一年四季照常運行，百物一樣生生不息，天有說什麼話嗎？」】這裡透露了一個重要的訊息，孔子自言「述而不作」，子貢在此說「小子何述」，可見孔門所重在「述」，而不是創作，孔子所言是「述」，弟子轉言也是「述」，故其內容都是實際的言行，《論語》是孔門真實的生活記錄，記載實際發生的事，內容都是事實，而充滿智慧的言論。孔子指出「天何言哉」，天有說什麼嗎？這是反詰之贊美，也是崇仰，孔子與天道合一，自然流行，聖人之氣象，弟子應該都會有所感受。孔子之言天道如此，春夏秋冬，一年四季如此，萬物亦因此生生而不息，天道無言，而自然流行，正是天行剛健，君子當知自強，天行流化，萬物生長，欣欣而向榮。

子曰：「中人以上，可以語上也；中人以下，不可以語上也。」（〈雍也〉）

教育之難在此，皆因天賦資質而受到限制，聖人之教育也未必能竟全功。【孔子說：「中等資質以上的人，可以告訴他上等的道理，提昇其人生境界；中等以下資質的人，就無法告訴他上等的道理。」】智力是由內心自悟而來，非外力可得；孔子所言是日常事物，悟者自悟，無法勉強。

孟子曰：「君子之所以教者五：有如時雨化之者，有成德者，有達財者，有答問者，有私淑艾者。此五者，君子之所以教也。」（〈盡心〉）

孟子繼承孔子之道，因材施教，指出不同資質之教育成果不同，「時雨化之」是最高境界，爲智者，像及時雨而下，草木立即欣欣向榮；「成德」，指本來就有美德，引導之就能成功；「達財」，即因材施教，使之通達事理；此二者是賢人；「答問」，是有問必答，有強烈求知欲；「私淑艾」，是私下學別人之善，以自治其身。淑是善，艾是治。孟子自稱私淑於諸人，即私自學子思之門人而得聞孔子之道。

子曰：「由之瑟，奚為於丘之門？」門人不敬子路，子曰：「由也！升堂矣，未入於室

也。」（〈先進〉）

此章後面是隱喻。子路好勇是其性格特色，原無不好，誠然是大將之風，然而孔子之道在「仁」，亦勉弟子「當仁不讓於師」，此與勇有相通之處，但應該衡之事理，尤其必須智慧之判斷，此點則無法勉強子路。（奚為於丘之門，是孔子表示懷疑，為何在我孔丘之門會這樣）。子路鼓瑟，殺伐之聲不斷，不合聖人之雅樂，孔子感到訝異。【孔子說：「由在鼓瑟的聲音，為什麼在我孔丘之門會有這種音樂呢？」】孔子認為無法改變子路的性格，而有所感慨，不是指責子路鼓瑟，而是聲音含有殺氣。但門人竟然誤解，以為孔子在責備子路，所以一連好幾天，大家對子路態度很傲慢。【門人不尊敬子路，孔子不免笑一笑地說：「大家把事情看得太嚴重了，我是說由啊！他好像只走進我的廳堂，還沒有進入內室，看不清楚我。」】這裡孔子用隱喻。孔子把學問進境分為三層，即進門，升堂，入室，是指學習進步的三種境界；進門是投入孔子門下，升堂是求得知識，入室則指得聞孔子之道。子路是聖人之徒，追隨孔子甚久，但升堂而未入室，不了解孔子之道。這個隱喻，子路或許不懂，只會笑笑而已，但孔子這樣說，對子路則有鼓勵作用。什麼升堂而未入室，子路可不管，反正自己是在孔子身邊，我就在廳堂裡，入不入室有什麼關係。

子貢問曰：「有一言而可以終身行之者乎？」子曰：「其恕乎！己所不欲，勿施於人。」（〈衛靈公〉）

忠恕為仁，孔子在此強調恕的重要性。【子貢問孔子說：「有一句話可以終身實行的嗎？」孔子說：「那就是恕啊！自己不想要的，不要加在別人身上。」】恕，指人外在行為之表現，如果自己不願意的，就不要加在別人身上；反之，自己喜歡的，就可以幫助別人得到。這是推行仁政的基礎，王道精神之根本在恕。

孔子有政治理想，期待推行聖賢大道，然而因為理想高遠，為世人所不解。孔子離開葉縣，走向蔡國，又一次災難降臨。

吳伐陳，楚救陳，軍于城父，聞孔子在陳蔡之間，楚使人聘孔子。（《史記．孔子世家》）

陳蔡大夫驚恐，以為楚用孔子，國力更強，陳蔡臨楚，受害最大，遂發徒眾包圍孔子於野，不得行，絕糧，弟子病，不能興。孔子吟誦不衰，以詩果腹。

孔子知弟子有慍心，乃召子路而問曰：「詩云：『匪兕匪虎，率彼曠野。』吾道非耶？吾何為於此？」子路曰：「意者吾未仁耶！人之不我信也；意者吾未知耶！人之不我行也。」孔子曰：「有是乎？由！譬使仁者而必信，安有伯夷、叔齊？使知者而必行，安有王子比干？」（同前）

「匪兕匪虎，率彼曠野」是〈小雅．何草不黃〉的詩句。孔子讀詩，讀到「匪兕匪虎，率彼曠野；哀我征夫，朝夕不暇」，此為第三章詩句，孔子感到心靈受到巨大的震動，因此再三吟詠，感觸良深，遂召子路進來問：「詩云：『匪兕匪虎，率彼曠野』，所說的和我們現在的處境不是一樣嗎？是我的道不對嗎？我們怎麼會弄到這種地步呢？」子路說：「我想我們的仁德不夠吧！所以別人不相信我們；我想我們的智慧不夠吧！所以別人才不讓我們行道。」孔子聽了很感慨地說：「真的是這樣嗎？由啊！假使有仁德的人別人就會相信，怎麼伯夷、叔齊會餓死呢？假使有智慧的人就能行道，爲什麼王子比干被剖心而死呢？」意者，是子路指自己。孔子之言是事實，更是真理，歷史上多少仁人志士皆飲恨而終，反而昏君奸臣一大堆，志得意滿，一生榮華富貴。

子路出，子貢入見，孔子曰：「賜！詩云：『匪兕匪虎，率彼曠野。』吾道非耶？吾何為於此？」子貢曰：「夫子之道至大也，故天下莫能容夫子。夫子蓋少貶焉！」孔子曰：「賜！良農能稼而不能為穡，良工能巧而不能為順。君子能脩其道，綱而紀之，統而理之，而不能為容；今爾不脩爾道而求為容，賜！而志不遠矣！」（同前）

子路好勇逞強，上次在陳絕糧，就火辣氣粗地問孔子，君子也會有窮困嗎？這次絕糧比上次嚴重，許多弟子都哀聲歎氣，子路不可能沒有怨言；是故，孔子第一個召他進來，以詩句問他，不是犀牛也不是老虎，怎麼會在原野奔跑呢？詩意是哀憐征夫奔波於戰場，與今日孔子師徒困於陳蔡之間近似。子路之回答講到孔子的仁與智，似能捕捉孔子的心意，可惜！子路話一出口又岔開了，推到別人身上，不能往內求，仍然遶著聖人之邊緣，不能登堂入室。子路出去，換子貢進來，孔子問話相同，爲什麼會弄到今天這個地步，問子貢的意見。子貢說：

「老師的道太大了，所以天下沒有辦法容得下，老師就把道降低一點吧！」孔子說：「賜啊！好農夫能盡力種田卻不能保證收成好，好工匠能把工藝做得精巧卻不能保證人人滿意。君子修養自己的道德，如結網打好綱領，再依條理分別結下去，卻不能使人容得下；現在你不好好地修道，卻去求別人容得下，賜啊！你的志向不遠啊！」子貢是生意頭腦，注重現實，買賣不成，就換個包裝，讓別人喜歡，這樣東西賣出去就可以賺錢；子貢言孔子之道至大，卻不懂孔子「吾道一以貫之」，形而上者謂之道，道是抽象的，沒有多少高低之分，如何能降低呢？

子貢出，顏回入見，孔子曰：「回！詩云：『匪兕匪虎，率彼曠野。』吾道非耶？吾何為於此？」顏回曰：「夫子之道至大，故天下莫能容。雖然，夫子推而行之，不容何病？不容然後見君子。夫道之不脩也，是吾醜也；夫道既已大、脩而不用，是有國者之醜也。不容何病？不容然後見君子。」孔子欣然而笑曰：「有是哉！顏氏之子，使爾多財，吾為爾宰！」（同前）

顏淵言「夫子之道至大」與子貢語氣完全一樣，此點似乎不相上下，然而器量則完全不同，顏淵堅守夫子之道，子貢則要孔子「少貶」。同樣問題，弟子之答覆不同，才智高低立見，一則是天賦關係，無法勉強，再則是個性使然。孔子之人生，「知其不可而爲之」，而道在孔子身上，必須播種於天下，不是容不容的問題。孔子問話相同，顏淵說：「雖然如此，老師的道太大，所以天下不能容得下，但老師還是把道推行於天下，不容有什麼關係呢？不容然後才看得出老師是君子。一個人不修養道德，是自己的錯；自己修道已經崇高偉大卻不能被重用，那是國君的錯。何必擔心不容呢？不容才能看得出是君子。」孔子聽後哈哈大笑說：「真是有道理啊！好一個顏家的孩子，假使你家多財，我願意當你的家宰！」顏淵對夫子之道至大，知道堅守而深信不疑，「行藏」與孔子相同。

辭達而已

孔子厄於陳蔡之間，一時無計可施，看來如果沒有人來解救，陳蔡大夫似乎不肯罷手，孔子於是派子貢到楚國求救，昭王聞知，遂發兵卒迎孔子，故孔子因而至楚。楚狂接輿聽到孔子來到楚國，立刻找上門來。

楚狂接輿歌而過孔子曰：「鳳兮鳳兮！何德之衰！往者不可諫，來者猶可追；已而！已而！今之從政者殆而！」孔子下，欲與之言；趨而避之，不得與之言。（〈微子〉）

楚狂接輿，姓陸名通，字接輿，佯狂而不仕，時人稱之爲楚狂。據傳，昭王曾經遣使送金百鎰（一鎰二十四兩），請治河南，楚狂笑而不應，攜妻偕隱山野；陸游追述先祖，以陸通爲最早淵源。孔子至楚，即有隱者勸其歸隱，楚狂之歌唱，對孔子則表示相當敬重，亦含有贊美之意。楚狂把孔子比作鳳凰，是鳥中之王；龍鳳龜麟稱爲四靈，是吉祥動物，聖王時代才會出現。楚狂接輿聽到孔子至楚，本來有意當面見孔子，但看到孔子乘車就要出去，算了。【楚狂走過孔子車前，瘋瘋癲癲地大聲唱歌說：「鳳凰啊鳳凰啊！爲什麼品德如此衰敗了呢？過去的沒辦法挽回，未來的還是可以補救的，就此停止啊！算了吧！今天從政的人都很危險啊！」歌唱的內容有所暗示，孔子當然聽得懂，就下了車，想和楚狂談話；楚狂馬上快步急走，轉角就不見了，孔子無法和他說上話。】何德之衰，是指聖王在世，鳳凰才出現，今天亂世不該出來，是品德差了嗎？諫，當挽回，指往者已經無法挽回。已而，是勸孔子到此可以停止了，今天的時代是不可能改變的，故勸孔子算了吧。

孔子在楚，昭王將以書社地七百里封之，令尹子西阻之曰：

楚之祖封於周，號為子，男五十里。今孔丘述三王之法，明周、召之業，王若用之，則楚安得世世堂堂方數千里乎？夫文王在豐，武王在鎬，百里之君，卒王天下。今孔丘得據土壤，賢弟子為佐，非楚之福也。昭王乃止，其秋，楚昭王卒于城父。（《史記·孔子世家》）

子西對孔子之道有相當的理解，他的分析正是孔子的立場。就天下局勢來看，齊國，晉國及南方的楚國等是大國，對國際形勢舉足輕重，孔子心理有數；孔子至齊，希望有機會從政，但景公沒有信心，加上晏嬰之本位主義，孔子只得放棄；晉國趙簡子得政，孔子也有意渡河西去，及聞趙簡子殺二位賢大夫，遂止。孔子稱贊管仲之事功，說沒有管仲華夏就會被髮左衽，就是指楚國，北進中原，將會破壞民族文化。楚國據有南方富饒之地，國勢強盛，子西所言是事實，周封楚爲子爵，封地是男爵的五十方里，現在竟然擴充到數千方里，又僭稱爲王，置周天子於不顧，此則逆王道而行。職是之故，若昭王用孔子，立場則非常矛盾，孔子也相當尷尬，孔子原來無意至楚，昭王欲封之，子西的一番話，提醒昭王看清事實，昭王乃止。孔子稱子西「彼哉彼哉」，未予置評，就是不欲論其是非。

子曰：「道不同，不相為謀。」（〈衛靈公〉）

子西與孔子顯然是「道不同」，子西雖曾拒爲楚王，但爲人則乏善可陳。【孔子說：「人生彼此理念不同，就不要互相參與計謀。」】太伯之讓，孔子稱爲「至德」；晏嬰亦阻止景公用孔子，孔子稱他「善與人交」；子西之讓，孔子不予置評。子西知「孔丘述三王之法」，又引「文王在豐，武王在鎬，百里之君，卒王天下」，接著又說「今孔丘得據土壤，賢弟子爲佐，非楚之福也」，於此可知，子西對王道精神不太了解，亦不懂孔子之道，二人是「道不同」，孔子若在楚國從政，必然也是無所建樹；而且，昭王不久卒，這是天命如此，非人力所可改變。楚狂的歌，看來寓意頗深。

長沮、桀溺耦而耕，孔子過之，使子路問津焉。長沮曰：「夫執輿者為誰？」子路曰：「為孔丘。」曰：「是魯孔丘與？」曰：「是也。」曰：「是知津矣！」問於桀溺，桀溺曰：「子為誰？」曰：「為仲由。」曰：「是魯孔丘之徒與？」對曰：「然。」曰：「滔滔

> 者天下皆是也，而誰與易之？且而與其從辟人之士也，豈若從辟世之士哉！」耰而不輟。子路行以告，夫子憮然曰：「鳥獸不可與同群，吾非斯人之徒與而誰與？天下有道，丘不與易也。」（〈微子〉）

此章繼前章，內容則如小說情結，轉折描寫非常清楚。這個故事是子路說的，主角就是子路，應該是子路對孔子的報告，而被記述下來，內容完整，也可看出子路率直的個性。長沮，桀溺，二人是隱士，就隱居在江邊的水灣。【今天，長沮和桀溺在田裡一起耕作，孔子率弟子經過，因為要渡江，孔子派子路去問渡口。子路走到二人旁邊，向前問說：「兩位老先生，請問一下，渡口在哪裡？」長沮抬起頭來，看到不遠地方一群人，有一位長者在車上，就問：「那個拿著韁繩的人是誰？」子路說：「就是孔丘。」又問：「是魯國的孔丘嗎？」子路說：「正是。」長沮低下頭，不理會子路，自言自語地說：「這個人自己知道渡口的。」子路沒辦法，轉向桀溺說：「請問老先生，渡口在哪裡？」桀溺抬起頭說：「你是誰啊？」答說：「我是仲由啊。」再問：「是魯國孔丘的學生嗎？」答說：「對啊。」桀溺放下鋤頭，舉起手一揮說：「洪水滔滔，世局都是一樣的，真是天下烏鴉一般黑，誰能改變這種混亂的局勢呢？仲由，你錯了，你要跟隨逃避我們這種人的老師，倒不如跟隨我們這種避世的隱士來得好吧？」桀溺也低下頭，繼續翻著田裡的泥土，不理會子路。子路問話沒結果，碰了一鼻子灰，只得回來稟告孔子，子路一五一十地說了，孔子聽後，內心悵惘，失意地說：「他們兩人像鳥獸隱居山林，不問世事，我不可能和他們同群啊！我不跟世人相處，那要跟誰相處呢？如果天下有道的話，我孔丘也不會想改變時代。」】孔子因爲世局混亂，而有救世之心，希望實行王道，使天下安定。（耦而耕，二人並排耕種；執輿者，車上執轡繩的人，子路問津，孔子拿著轡繩；滔滔者，洪水氾濫的樣子；辟人之士，指孔子；辟世之士，指隱士；耰，指翻土蓋物；鳥獸，比喻隱士，隱士避世，閒雲野鶴般，不問世事；斯人之徒，語含雙關，一則指孔子弟子，再則指世上的人；與易，參與改變時代）。孔子與弟子長期講學，形成學術團體，孔子不可能丟下弟子不管；孔子入世精神，也不可能毅然遯世。孔子謂「天下有道，丘不與易也」，是孔子的真心話，因爲天下無道，孔子不能隱居。實則，隱士稱孔子是辟人之士，孔子稱隱士爲鳥獸，二者皆有主觀；孔子非避人，隱士非鳥獸，二者是道不同，各行其是而已。對於隱士，孔子雖然敬重，但也感到無奈，孔子實行正道，有弟子隨從，亦僅能盡其在我，知音難逢，人生之際遇隨緣而行，無法勉強。

子路從而後，遇丈人，以杖荷蓧。子路問曰：「子見夫子乎？」曰：「四體不勤，五穀不分，孰為夫子？」植其杖而芸。子路拱而立，止子路宿，殺雞為黍而食之，見其二子焉。明日，子路行以告，子曰：「隱者也。」使子路反見之；至，則行矣。子路曰：「不仕無義。長幼之節，不可廢也；君臣之義，如之何其廢之？欲潔其身而亂大倫。君子之仕也，行其義也。道之不行，已知之矣。」（同前）

子路追隨孔子，在列國跑來跑去，看得多了，也遇到許多不同的隱士，尤其長沮、桀溺二人，對他愛理不理的，自己因此學乖了；子路注意到自己的態度，他知道這些隱士是不會客氣的。【這一次，子路落後，趕不上孔子一行人，途中遇到一個老人，用手杖挑著竹器。子路內心著急，就問：「您看見老師了嗎？」話問得太急了些，老人頭也不抬地說：「這些人有手有腳的都不勞動，五穀都分不清楚，誰是老師呢？」老人說完，把手杖插在地上，就開始鋤草。子路因上次的教訓，楞在那邊，拱手站著，不敢動；老人鋤完草後，看到子路還在，就留他過夜，並且殺雞做飯，讓他大快朵頤，又引見他兩個兒子。第二天，子路歸隊了，告訴孔子這件事，孔子說：「這是個隱士啊。」就叫子路再回去看看，到他家，老人早就出去了。子路這次靈機一動，看到這兩個兒子楞楞的，很老實，就有板有眼地對他們說：「不仕就是不義，這是我的老師說的，你們父親是懂道理的人，應該出來做官才對。看你們家父子長幼的禮節，都還是很注意的；爲什麼君臣之間的義理可以廢棄呢？你們父親自命清高而不顧君臣的倫理，這樣是不好的，他回來時，你們要跟他說說。我的老師說過，君子出仕，目的是在行義，這才是正確的人生。你們父親是君子，就應該出來做官。我的老師到處行道，勸人爲國家盡力，但碰到這麼多隱士，都不關心國事；大道不行，這是早就知道了。」】子路這番話劈哩趴拉講一大堆道理，不像出自他的心意，什麼義不義，什麼君子仕不仕的，道之行不行，這些有關別人的事，平常並不關心；然而，孔子嘴上常講的話，他在孔子身邊，聽久了，套上幾句來訓訓二楞子，看來好玩，但不真實。（蓧，盛草竹器；四體，即四肢；五穀，指稻、黍、稷、麥、菽等；大倫，是重要之倫理，包括五倫：即父子、君臣、夫婦、長幼、朋友等，在此指君臣）。孔子到處碰壁，受人之揶揄，面對這些隱士，也只好看開一點；子路搬出大道理訓人，或許可以輕鬆視之。

子曰：「作者七人矣。」（〈憲問〉）

孔子遇到許多隱士，有的是冷冷淡淡的，有的會勸孔子歸隱，甚至於桀溺要子路跟他們一起避世，這是「道不同」，無法勉強。然而，孔子對隱士都有敬重之意，指出「賢者避世」，皆不滿社會亂象而隱居；孔子對世人無法「果哉」，不可能離群索居，所以一生「栖栖皇皇」，憂道之不行。孔子此章言「作者」是繼「賢者避世」而談，故「作者」一般皆指起身而隱居的人。孔子出遊，旅居在外，碰到許多隱士，孔子對這些賢人都有敬重之意，都會記在心中。【今天，孔子不自覺地喃喃自語說：「這些起而避世的隱士已經有七個人了。」】道之不行就在這裡，賢人隱居，小人得志，時代越來越壞，令孔子憂心。

子曰：「辭，達而已矣。」（〈衛靈公〉）

孔子以「仁」行道，仁就是人心，心是言行舉止的主宰。仁必須向自己內心去求，全德而完美可以稱仁；子路好勇，爲人率直，有「當仁不讓」的精神，但對於仁他並不太理解。子路夜宿荷蓧丈人的家，並接受招待，第二天就趕上孔子，應該是丈人告知，子路一聽就急忙趕路，追上孔子。子路報告，孔子發現漏洞，問有沒有答謝人家，子路才搔首說，啊忘了，孔子當然說這樣不可以，要他回去好好謝謝人家，人家這麼熱情款待，怎麼可以這樣沒禮貌；子路回去，丈人已經不在，子路就訓起他的兩個兒子，講的是辭不達意。【孔子藉此提醒弟子說：「我們講話，就是把內心的意思表達清楚罷了。」】說話本身簡單，內心想什麼就說什麼，心意表達清楚就好。內心自己沒有弄清楚，說出來就會辭不達意。這是文學創作的理論，必須由思想、靈感來引導寫作；孔子「辭達」思想說來簡單，但文學創作與個人資質息息相關，無病呻吟就不能成爲文學。

以德報德

孔子無意留在楚國，故由原路回到陳國，又自陳而至衛，孔子六十四歲，在列國之間遊走已經十年。本來孔子從政，期待三年有成，但是在魯國隳三都不果，孔子無奈；今天栖栖皇皇，又能如何呢？

子曰：「民之於仁也，甚於水火。水火，吾見蹈而死者矣；未見蹈仁而死者也。」（同前）

孔子倡導「仁」的思想，目的要喚醒人性的自覺，故這裡用水火來比喻，可見仁之重要性。【孔子語重心長地說：「我們每天生活都離不開水和火，然而一般人對於仁的需要，比對水、火還要迫切。水火無情，我們看到有人溺死，也有人葬身火場；但是，我從來沒看過有爲了行仁而喪生的人。】孔子這個比喻是要人常存仁心，今天，常看到「存好心，說好話，做好事」的標語，就是如此。我們每天生活都必須靠水和火，而存仁心更重要。孔子此喻在警醒世人，指行仁並不難，欲仁則仁至。

子貢問為仁，子曰：「工欲善其事，必先利其器。居是邦也，事其大夫之賢者，友其士之仁者。」（同前）

爲仁，就是表現仁，指在仁方面的表現，怎樣才好。這不是仁心的問題，顏淵問仁，孔子直答克己復禮爲仁，是向內要求自己，仁就在裡面；子貢不同，他是現實主義者，無法求自己，不能求自己就必須求外在的條件。所以爲仁，再說清楚一點，就是怎樣表現才不失是仁呢？孔子對子貢性格知之極深。【子貢問孔子怎樣表現仁，孔子比喻說：「就像工匠要把工藝做好，一定要先有銳利的工具。賜啊！爲仁就是行爲上不可失去仁，你在這個國家，就要結交那些賢明的大夫，選擇那些有仁德的士做朋友，這樣做，你的行爲就不會偏離仁了。」】（賢以事言，仁以德言。夫子嘗謂子貢悅不若己者，故以是告之）。子貢有悅不若己者之德，又知切磋琢磨之道，故孔子鼓勵他與賢者、仁者切磋，則不失爲仁。「利其器」則可「善其事」，道理極平實。

樊遲問仁，子曰：「居處恭，執事敬，與人忠；雖之夷狄，不可棄也。」（子路）

樊遲共三次問仁，孔子之答不同，一曰「仁者先難而後獲」，再曰「愛人」。這一次，【樊遲又問怎樣是仁，孔子說：「平居生活要謙恭，處理事情要誠敬，和別人交往要盡忠；這些行爲，雖然到野蠻的地方，也是不可以抛棄的。」】樊遲人生之理念有所偏執，做事容易本末倒置，孔子要他注意日常生活，隨時謹慎自己的行爲，表現合理的態度。樊遲再問三問，可見他對於仁一直無法把握，這次孔子勉之從自己生活做起，行爲謙恭，誠敬，忠實，道理最淺近，對樊遲有啓發作用。

仲弓問仁，子曰：「出門如見大賓，使民如承大祭；己所不欲，勿施於人；在邦無怨，在家無怨。」仲弓曰：「雍雖不敏，請事斯語矣！」（〈顏淵〉）

仲弓是堂堂之君子，可以南面爲王，孔子勉勵他從大方向表現仁。【仲弓問仁的道理，孔子說：「你出門的時候，看到別人就像面對重要的賓客一樣，差遣人民做事就像辦理重大祭典一樣；自己所不想要的，不要加在別人身上；這樣做，在國內沒有人抱怨，在大夫之家也沒有人抱怨。」仲弓說：「我冉雍雖不聰明，一定會照老師這些話去做。」】（內外無怨，亦以其效言之，使以自考也）。仲弓爲人誠懇，做事謹慎，知道自求，有政治家的風度，孔子針對他的特點指示。孔子因材施教，同樣問仁，孔子答覆不同，主要是弟子性格不同，而針對個人資質所作之指示。

或曰：「以德報怨，何如？」子曰：「何以報德？以直報怨，以德報德。」（〈憲問〉）

仁者行正道，而不可欺。有人以爲以德報怨是美德，實則此非正道，而不合常理。【有人說：

「能夠用恩德來報答怨恨的人，怎麼樣呢？」說這話就有炫耀的意味，聽起來不合理，孔子說：「那怎麼報答有恩德的人呢？應該是用直道來報答怨恨的人，用恩德來報答有恩德的人。」】君子行正道，對怨恨之人示之不可欺，事實就應該如此，施惠要看清對象，是非分明。夾谷之會，對齊國，孔子皆示之以正道。

子曰：「莫我知也夫！」子貢曰：「何為其莫知子也？」子曰：「不怨天，不尤人，下學而上達。知我者其天乎！」（同前）

此章接著前章，是孔子有感之言，且自述人生觀如此。孔子奔波於道途中，此時年踰花甲，仍然旅途勞頓，而到處碰壁，受人揶揄；孔子深感知音難逢，自己空有理想，卻未得時君之信任，大道不行，對人生際遇有所感慨，而爲之長歎。【孔子說：「沒有人知道我啊！」子貢在旁邊聽到說：「老師！爲什麼說沒有人知道您呢？」孔子說：「哎！我並不埋怨天，也不責怪別人，下學人事而上達天理。能夠知道我的只有上天吧！」】孔子的生活平實而恬淡，順常道而通達天理，德侔天地，人生心安理得，樂天而知命。「知我者其天乎」，孔子順天道而行，問心無愧。

宰我問曰：「仁者雖告之曰：『井有仁焉！』其從之也？」子曰：「何為其然也？君子可逝也，不可陷也；可欺也，不可罔也。」（〈雍也〉）

宰我此問，可見對仁者是什麼，自己實在不清楚，以爲仁者就是好人，是好好先生，很容易欺騙，是個沒有腦筋的人。【宰我問孔子說：「有仁德的人若告訴他說：『有人掉到井裡去了！』他就趕快跳下去救人嗎？」孔子一聽，眉頭深瑣地說：「爲什麼說仁人就要這樣做呢？君子明白事理，他可以去看看，想辦法救人，不可以陷害他；雖然一時可能欺騙他，卻不能完全蒙蔽他。」】（雖，即若；井有仁，仁通人，是有人掉到井裡；從，是聽從，指聽了就相信；逝，往，指去救人；罔訓無，指無知，引申爲蒙蔽）。仁者自然明智，行爲合理，非迂腐不通之人，宰我自己腦筋不清楚，對「當仁不讓」有所誤解，故問話太幼稚。宰我利口而不仁，孔子猶好言開導之，這是「誨人不倦」的精神。子路謂「子之迂也」，當面頂嘴，孔子罵「野哉由也」，是嚴厲的指責。宰我是聖人之徒而不仁，竟問這種話，讓人聽了有氣。

> 子貢問曰：「何如斯可謂之士矣？」子曰：「行己有恥，使於四方，不辱君命，可謂士矣。」曰：「敢問其次？」曰：「宗族稱孝焉，鄉黨稱弟焉。」曰：「敢問其次？」曰：「言必信，行必果，硜硜然小人哉，抑亦可以為次矣。」曰：「今之從政者何如？」子曰：「噫！斗筲之人，何足算也！」（〈子路〉）

此章子貢問士，孔子就子貢長於語言，故首先指示辦外交之事。【子貢問孔子說：「怎麼樣就可以稱做士呢？」孔子說：「自己行爲有羞恥心，被派到各國去，能完成國君所託付的使命，就可以叫做士了。」說：「膽敢請問其次的。」孔子說：「在宗族被稱贊孝順，在家鄉被稱贊恭敬兄長。」說：「膽敢再問其次的。」孔子說：「說話一定守信，做事一定果斷，堅實自持就像是個見識淺薄的小人物，或者也可以算其次了。」最後子貢說：「那麼，今天從政的人怎麼樣呢？」孔子說：「哎！這些政客都是器量狹小的人，哪能算士呢！」】這是孔子警世之言，因子貢之問，談論士的層次；孔子的身分就是士，所表現是敬謹務實的人生，然而世人都不懂得士，只知道官場職位的高低，做官也不知自己應有的表現。行己有恥，指有羞恥心的人守本分而不隨便亂做。（硜硜然，是像石頭堅實的樣子；斗筲，是二種小竹器；斗，容十升；筲音稍，容一斗二升；斗筲比喻器量狹小）。今天的政客是斗筲之人，哪能算士呢？孔子指管仲「器小」即此意，並無聖人度量。子貢三問，孔子第一次所答最高，指示子貢可行之道；其次者尚可，其三則心胸顯然不足，至於今之從政者不足取。從孔子之言，可見政治風氣敗壞，令人感歎。

子路問曰：「何如斯可謂之士矣？」子曰：「切切偲偲，怡怡如也，可謂士矣。朋友切切偲偲，兄弟怡怡。」（同前）

子路之問與子貢完全相同，孔子之答則迥然有別。孔子以「推十合一爲士」，這是就字形而言，十之下加一，就成爲士字，此爲望文生義，如「一貫三爲王」也是。士是經過訓練的人，可以在社會上做事，古時分文士和武士，孔子教育弟子，目的也是培養成爲士。【子路對於士不理解，提出來問孔子說：「怎麼樣就可以稱做士呢？」孔子說：「能夠與人互相切磋，而且誠心共勉，態度表現自然和悅的，就可以稱做士了。朋友之間互相切磋而誠心共勉，兄弟相處和悅而安祥。」】子路與子貢之問雖然相同，但孔子答覆不同。（切切，是互相切磋；偲偲，偲音思，是誠心共勉；怡怡如，和悅的樣子）。子路不好學而喜歡熱鬧，孔子勉之與人切磋，學習別人的優點。

冉有曰：「夫子為衛君乎？」子貢曰：「諾，吾將問之。」入，曰：「伯夷、叔齊，何人也？」曰：「古之賢人也。」曰：「怨乎？」曰：「求仁而得仁，又何怨？」出，曰：「夫子不為也。」（述而）

衛靈公之子蒯聵欲殺南子，被靈公所逐，奔晉，魯哀公二年（西元前四九三年），靈公卒，由孫輒即位，是衛出公。輒是蒯聵之子，蒯聵欲返國爭位，衛人拒之，不得入，形成父子長期對峙，後來孔子返衛，已是出公四年，衛國之形勢凝重。衛靈公敬重孔子，孔子居衛時間相當久，這次是最後返衛，卻遇到衛國父子爭位的局面，孔子的立場如何，弟子都有所疑惑，冉有提出問題，子貢擅口才，自告奮勇「將問之」。當然，這是敏感問題，子貢知道直接問，場面必會緊繃，故以旁敲側擊。【冉有說：「我們老師會幫助衛君嗎？」子貢說：「對，我正要問老師。」進去，問孔子說：「伯夷、叔齊是怎樣的人？」孔子說：「是古代的賢人啊！」再問：「他們會怨恨嗎？」孔子說：「他們爲求仁而得到仁，又怎麼會怨恨呢？」出來，子貢說：「老師不會幫助衛君。」】孔子稱許伯夷、叔齊兄弟，求仁而得仁，品德完美，是可敬的賢人；二人雖然餓死，卻因此而成仁，人生則毫無遺憾。孔子行正道，父子爭位是內政問題，非外人可以干預，故孔子不捲入紛爭之中。

子曰：「不患人之不己知，患其不能也。」（〈憲問〉）

這是孔子人生的基本原則。孔子生活態度誠敬，永恆不懈，而在於自我要求，向內心去求，不外求，外求則受制於人，自己並不能進步。求自己，進步則在自己之體驗。【孔子說：「我不擔心別人不知道我這個人，所擔心的是自己沒有能力。」】不能，就是沒有能力。君子明理上進，對人事之是非，自然明白，不憂人之不知。

子曰：「不逆詐，不億不信；抑亦先覺者，是賢乎！」（同前）

君子心胸開闊，不僞不詐，光明正大，所行皆天地之常理。孔子周遊列國，將「仁」散播於天下，希望世人誠敬和諧，立人而達人，追求世界大同之理想。【孔子說：「我並不預想別人會欺騙我，也不猜測別人會不相信我；但有時也會有所預感，自然會感覺到別人的善惡，這算是賢明吧！」】（逆詐，是預想別人欺騙；億，通臆，是猜測）。賢人坦誠無私，不會防備別人，與人相處，態度自然安祥，但對別人之善惡，內心自知，聽對方說話就有所感覺，不會被迷惑。此章孔子並未指明身分，實際上是孔子自己的體驗，故以「是賢乎」反詰，語氣上則表示不自滿。

君子三戒

魯哀公十年（西元前四八五年），孔子六十七歲，在衛國講學不已。這一年，孔子夫人丌官氏卒於魯，孔鯉奔母喪，返魯。

子謂子產：「有君子之道四焉：其行己也恭，其事上也敬，其養民也惠，其使民也義。」（〈公冶長〉）

孔子贊美子產執政「惠人也」，實行愛民政治；且外交辭令，亦以鄭國有利為主，而加以潤色之，故鄭國雖然是小國，而國勢安定。今者，孔子再肯定子產有君子之道，實則正指子產是君子，行君子之道。【孔子稱贊子產說：「他有君子之美德四種：第一、他自己的行為很謙恭；第二、他事奉國君很誠敬；第三、他撫養人民都用恩惠；第四、他差使人民都很合理。」】子產在鄭國柄政極久，晉、楚不能加兵，至臨終時，猶念念於國家之安危，子產逝世了，孔子為之而落淚。

子貢問君子，子曰：「先行其言，而後從之。」（〈為政〉）

「仁」是內心之德，為存心問題；「君子」是外在之行，指事實行為。二者皆為孔子人生之目標，而且是崇高之理想，不易達到。孔子雖言君子「不慍」，但何為君子亦不明確，子產行君子之道四，應該可以肯定子產是君子，而仍然不能解釋什麼是君子。【子貢問君子，孔子說：「君子是在說話之前先把事情做好，然後再說出來。」】（而後從之，指言在行之後）。歸納這個定義，君子就是言行一致的人；依此來看，言行一致是君子基本條件，而要成為君子，這個修件仍然不夠。

子曰：「君子懷德，小人懷土；君子懷刑，小人懷惠。」（〈里仁〉）

子曰：「君子上達，小人下達。」（〈憲問〉）

孔子常將君子與小人對比，可以看出二者的品德完全相反。此二章分三組：第一組、德與土，德是品德，土是田產或財利，意義與「君子喻於義，小人喻於利」相同；第二組、刑與惠，刑是刑法，惠是恩惠；第三組、上達與下達，上達是達於天理，下達是趨於人欲。（懷，是存心，指所想的；刑與惠，皆當動詞，指觸犯刑法與得到利益）。【孔子說：「君子所想的是增進品德，小人所想的是增加財利；君子所想的是怕觸犯刑法，小人所想的是獲得利益。」】此指君子上進而自愛，小人只看重利益。【孔子說：「君子修養自己上達天理，小人貪圖享樂流於人欲。」】孔子言君子與小人之別，應該都在鼓勵弟子以君子爲目標，日日求進，自強不息。

孔子曰：「君子有三戒：少之時，血氣未定，戒之在色；及其壯也，血氣方剛，戒之在鬥；及其老也，血氣既衰，戒之在得。」（〈季氏〉）

孔子曰：「君子有三畏：畏天命，畏大人，畏聖人之言。小人不知天命而不畏也，狎大人，侮聖人之言。」（同前）

此二章並列，孔子訓勉弟子應當注意君子三戒與三畏。三戒與三畏皆指戒懼而謹慎，故君子重視品德，堅守正道而不失。三戒中，第一戒問題較少，可能沒有，因爲少不更事，此時不一定知道何爲君子；然而，如以孔子視之，十五「志於學」，或已體會到少年成德不易，故以少年戒色爲第一。三戒應以第三戒爲最重要，是孔子警世之言，亦是君子難爲之處；以魯國季氏專權爲例，歷代皆老而貪得無厭，蠻橫無禮；再推而廣之，歷史上多少奸相佞臣都是如此，政治之敗壞莫甚於此。這正是亂世的根源，孔子雖指君子之三戒，但所言「色、鬥、得」則是社會亂象的淵源。三戒是依年紀而論，少年戒色，色是男女關係，可見孔子注意到色的重要性。人爲萬物之靈，自然有別於動物和植物，動植物有自然延續生命的法則，但人除了傳宗接代以外，尚有色欲；「食色，性也」，就事實言，自然是如此，每天都要吃飯，男女關係亦隨時都會發生。人從少年時，男女發育開始有明顯的變化，生理上男女突顯不同，自然會引起好奇心，此時最容易犯戒，偷嚐禁果。植物開花結果，有其時間順序；動物到發情期，然後求偶交配。但是人的色欲自少年開始，生理的變化每個人都會有，孔子認爲此時發育未成熟，故當戒男女關係；孔子言血氣，實則指生命，或身體，而血氣比生命或身體更貼切，生命身體是外觀，血氣在體內，戒是屬於自覺之決心，故血氣未定，必須戒色。【孔子說：「君子必須注意三戒：少年時，血氣不穩定，應該戒色欲；到壯年時，血氣正旺盛，應該戒除好鬥；到老年時，血氣已經衰竭，應該戒除貪得。」】孔子言君子三戒，實則是救世之良藥，世人能以此爲戒，社會自然祥和安定。【孔子接著說：「君子還有三畏：一、敬畏天命，二、敬畏王公大人，三、敬畏聖人警世之言。小人不知天命所以不畏，親暱奉承王公大人，侮慢聖人之言太呆板。」】孔子「五十而知天命」，天命之意義太高深，孔子未說清楚。天命如果說是上天所給的生命，則是人人都有，大家都有一條命，這個生命當然要珍惜，故可畏；小人不知天命爲何物，故不畏。第二畏大人，君子行正道，忠君愛國，有敬畏之心；小人指佞臣奸相等，他們迎合王公大人，虛意奉承而並不敬畏。第三畏聖人之言，古代聖人治理天下，民生教化都由聖人而來，是文化之淵源，君子敬畏而守聖人之道；小人則認爲聖人太遙遠，其言論呆板又不切實際，行聖人之道，毫無利益，故侮慢聖人之言。

孔子曰：「君子有九思：視思明，聽思聰，色思溫，貌思恭，言思忠，事思敬，疑思問，忿思難，見得思義。」(同前)

此章在前章隔一章之後，孔子又作此言。九思，正是孔子自我省察之工夫。【孔子說：「君子注重九思：看時要注意看明白，聽時要注意聽清楚，臉色要注意表情溫和，容貌要注意態度恭敬，言語注意講話要忠厚，做事注意行爲要誠敬，疑惑要注意問清楚，憤怒時要想到後果的困難，看見利益要想到合不合理。」】九思是在平時之自警，隨時要注意謹慎，尤其是「忿思難，見得思義」則比較麻煩，二者與人會有所牽涉，如果引起爭執可能會造成傷害，必須特別注意。

子曰：「君子成人之美，不成人之惡；小人反是。」(〈顏淵〉)

此章是名言，幾乎人人都聽過，也常是大家的口頭禪，動不動就說「君子成人之美」，實則不容易做到。許慎曰：「美，甘也，从羊大。羊在六畜主給膳也，美與善同意。」美本義是甘，指羊肉味美；進一步言，美即是善。是故，【孔子說：「君子會幫助別人完成善事，不會幫助別人做惡；小人則與此相反。」】孔子指君子與小人之處世完全相反，對弟子有警惕作用。

子曰：「君子博學於文，約之以禮，亦可以弗畔矣夫！」（〈雍也〉）

顏淵贊歎「夫子循循然善誘人，博我以文，約我以禮」，「文」與「禮」是孔子教育的主要內容，顏淵之進境在此，此章孔子明示君子之學行亦在此。【孔子說：「君子對於學術文化廣博地學習，並且用禮來約束自己的行爲，這樣就可以不背叛正道了啊！」】（畔，通叛）。這裡指出君子之必備條件，在於學術與品行兼備。

子欲居九夷，或曰：「陋，如之何？」子曰：「君子居之，何陋之有！」（〈子罕〉）

此章孔子承認自己是君子。古代稱中國以外邊疆民族，東曰夷，西曰戎，南曰蠻，北曰狄。九夷是東方之群夷，文化落後，生活粗野。孔子見道之不行，與弟子討論，想到一個純樸的地方，過著與世無爭的生活。【孔子想飄洋過海到九夷的地方，這樣可以遠離中國，有弟子說：「那個地方太簡陋了，老師怎麼能去呢？」孔子說：「君子生活單純而心安理得，住在九夷，有什麼簡陋的呢！」】孔子「飯疏食，飲水」，隨便打個盹兒，快樂似神仙，哪會計較九夷簡陋呢？九夷，或指高麗。

子曰：「論篤是與？君子者乎？色莊者乎？」（〈先進〉）

做個君子不容易，要分辨君子也不簡單，孔子在這裡提出來檢討。孔子謂「不以言舉人」，會講話不一定是好人，「不以人廢言」，壞人講話不一定沒道理，所謂「盜亦有道」，強盜也會講義氣；當然，孔子認爲君子要公正，「以言」或「以人」都是一偏之見，不可固執不通。（是與，指就這樣稱許；色莊，指態度莊重）。【孔子說：「一個人說話篤厚就這樣來稱贊他嗎？很難。他是君子的人嗎？還是態度上故意莊重的人呢？」】（言不可以言貌取人也）。色莊，並不是令色，非指品德不好；說話篤厚的人，是君子或色莊，要用心分辨。孔子談觀人術，先視其「所以」，「爲什麼要做」；再觀其「所由」，「怎麼樣去做」；終察其「所安」，「做後感覺是否安心」。觀察人要全面了解，以偏蓋全，常會犯錯。

子曰：「君子而不仁者有矣夫！未有小人而仁者也。」（憲問）

君子有「三戒」、「三畏」、「九思」，太困難了。不僅如此，還會落到不仁的地步，故不得不謹愼。君子與小人之別，存心最重要；君子有仁心，小人沒有仁心，若有一絲仁心就不是小人。對於君子之道，孔子提示很多，無非是勉勵弟子要做君子，不能有小人之心。【今天，上課快結束了，孔子仍然諄諄告戒地說：「君子不愼，也會有不仁的事發生啊！小人是絕對不會有仁心的。」】孔子誨人不倦，所講的道理都非常淺近，顏淵「克己復禮爲仁」，曾子「三省吾身」而傳孔子之道，悟道全靠自己，必須向內心去求。

棘子成曰：「君子質而已矣，何以文為？」子貢曰：「惜乎！夫子之說君子也。駟不及

舌。文猶質也，質猶文也；虎豹之鞹，猶犬羊之鞹。」（〈顏淵〉）

孔子言「文質彬彬」然後君子，又謂周「郁郁乎文哉」，文至春秋更盛，棘子成對此持反對意見。棘子成，衛國大夫。（何以文爲，爲是語末助詞，即何必有文彩呢；夫子，指棘子成；駟不及舌，指口舌如風，說錯話，乘四馬快車也追不回，即指這句話說錯了；猶，即有如，是含有之意；鞹，音闊，指去毛存皮）。對於時代重文輕質，棘子成向子貢表示自己看法不同。【棘子成說：「君子只要質實就夠了，何必有文彩呢？」子貢說：「可惜啊！您這樣談論君子。這句話說錯了。實則，文彩中含有質實，質實中亦含有文彩，二者互相依存；不然虎豹去毛存皮，就像犬羊去毛存皮一樣。」】虎豹犬羊因毛紋而不同，僅存皮肉則並無區別。故君子僅有質實而無文彩，也看不見君子的風度。

自衛回魯

孔子在衛，主蘧伯玉家。是時，魯哀公十一年（西元前四八四年），季康子柄政，冉有爲季氏宰，齊侵魯，冉有奉命帥魯軍出戰，敗齊師於清；季康子問軍陣之法，冉有謂學自孔子，提議康子當用厚禮聘請孔子回國，季康子於是派專人奉幣迎請，孔子終於回到魯國。孔子去國前後凡十四年，回魯，已經六十八歲。

哀公問曰：「何為則民服？」孔子對曰：「舉直錯諸枉，則民服；舉枉錯諸直，則民不

服。」(〈爲政〉)

季康子迎回孔子，哀公內心忐忑不安，七上八下的，感覺不是滋味。長久以來，魯政爲權臣把持，昭公爭之而不能，被逐，客死於他邦；定公知用孔子，終又被季桓子所陷；至今哀公，魯政仍由康子作主，君主軟弱，欲振而乏力。哀公之問，顯然是出於心虛，對孔子頗有試探之意，尋求支持的力量，孔子之答，正是針對他的缺點而發。【哀公囁嚅地問孔子說：「怎麼做才能使人民服從呢？」孔子答覆說：「舉用正直的人而捨棄枉曲的人，那麼人民就會服從；舉用枉曲的人而捨棄正直的人，那麼人民就不服從。」】服的意思，除服從以外，還有心服口服之意。哀公自己心中納悶，爲什麼人民都不聽從他的話，哀公爲人顢頇，弄不清楚自己該怎麼做；哀公問話本身就是問題，顯然人民對他不服，而自己還不知道什麼原因。孔子的話是在暗示他，問題出在用人上，期待魯君拿定主意，只要哀公有決心，必要時，孔子會支持。今天，若得到孔子的支持，非同小可，魯國仍然大有可爲。「舉直錯諸枉」是孔子答樊遲「知人」的詮釋，「能使枉者直」，大家都走向正道，自然服從國君；孔子弟子皆可用之材，問題在於哀公能不能用人。

季康子問：「使民敬忠以勸，如之何？」子曰：「臨之以莊，則敬；孝慈，則忠；舉善而教不能，則勸。」(〈同前〉)

此章繼前章，應該是孔子回國，第一次進謁魯君，而君臣先後問孔子政治之道。哀公與康子皆不直接問政，大概魯政的問題在於民心。孔子稱許「求也藝，於從政乎何有」，齊強魯弱，軍隊在冉有手中，就能打勝仗，必是冉有整軍有方，孔子弟子如此，自屬非凡。哀公所問，孔子答之以用人問題，這是政治的根本。人民會不服，人民會不從，這都是主政者的問題。【季康子問孔子說：「要讓人民尊敬忠心而且勸勉向善，怎麼做才好呢？」】孔子知道這是態度上的問題，而且問題頗爲嚴重，必須清楚地加以開導。【孔子說：「面對人民時要莊重，人民就會尊敬；領導人孝順父母而慈愛家人，人民就會盡忠；選用善人而教導沒有能力的人，人民就會勸勉向善。」】人民會不敬不忠不勸，都是領導人有問題，魯國君臣失序，這是個大問題；季氏長久壓迫魯君，人民看了也明白，這是不對的。孔子期許「魯一變，至於道」，魯國初期行仁政，有王道背景，若從政治上革新的話，必然會有所改觀。

哀公問社於宰我，宰我對曰：「夏后氏以松，殷人以柏，周人以栗，曰：使民戰栗。」子聞之曰：「成事不說，遂事不諫，既往不咎。」（〈八佾〉）

哀公想到立國精神，有這種自覺，非常難得。社稷代表國家，社是土地神，稷是農神，古代建國必立社稷，象徵國家建立。社之前種一種樹，有國樹之意，代表立國精神，故哀公問社樹。哀公的問題頗嚴肅，爲什麼不直接問孔子，不可解；卻問到語言的高才生宰我，故宰我借機逞其口舌。【哀公問宰我歷代的社樹，宰我答說：「夏朝社前種的是松樹，殷人社前種的是柏樹，周人社前種的是栗樹，種栗樹的用意是說：讓人民看了會戰慄。」】宰我自己答了就好，還把話轉述給孔子聽。【孔子聽後感慨地說：「完成的事不必說，做過的事不勸止，已經過去的事不必責怪。」】（咎，是責怪）。孔子這些話含意不太清楚，而重點在「既往不咎」，武王建國，種栗樹於社，栗與慄同音，後人遂連想到戰慄之意；武王當時的意思，與後人連想的意思，是否相符，本身難以印證。宰我講到「周人以栗」爲止，已足，卻又由於「栗」而連想到「戰慄」，故「使民戰栗」是宰我添加上去的，這是逞口舌之欲；宰我是捕風捉影，此話死無對證，孔子責之「既往不咎」，不要說。

孔子返國，住在曲阜闕里自己的家中。孔鯉早在一年前奔母喪，返鄉居住，孔子在書房，早晚聽到有人哭泣，問：「是誰呢？」門人說：「是孔鯉師兄在哭。」孔子說：「哎！太過分了。」孔鯉聽後，第二天就止哭了。孔子之意，指母死父在，喪服期年即可，不用三年。孔子示之以常禮，並未指責孔鯉。

然魯終不能用孔子，孔子亦不求仕。（《史記．孔子世家》）

孔子回國，年紀已老，「耳順」以後，一切淡然，「富貴於我如浮雲」，孔子的人生觀，盡其在我，教化世人，用之則行，舍之則藏。

子曰：「居上不寬，為禮不敬，臨喪不哀，吾何以觀之哉？」（〈八佾〉）

孔子守正道，行中庸，政治之得失，孔子一看就清楚。【孔子說：「在位的人都不寬厚，行禮時也不恭敬，自己家裡有喪事也沒有哀戚的樣子，從政的人都是如此，我還有什麼可以看的呢？」】回國後，孔子看到魯國君臣如此，感到灰心。

子曰：「放於利而行，多怨。」〈里仁〉

政治的癥結，問題出在「利」字，「小人喻於利」，大家都不顧「義」，在位的人自私自利，只求對自己有利，政治如何能改善呢？（放於利，指放情做對自己有利的事）。【孔子傷痛地說：「做事都只會盡力做對自己有利的事，一定會遭到很多的怨恨。」】此話孔子說得委婉，指一般人依利而行，就會有很多怨恨；何況做官的如此，人民怨恨更多。放於利，是完全以自己利益爲主，是社會之大弊病。此爲警世之言。

子使漆雕開仕，對曰：「吾斯之未能信。」子說。〈公冶長〉

漆雕開，複姓漆雕，名啓，字子開，魯人，少孔子四十一歲，是孔子晚期弟子。漆雕開是年輕後輩，聰慧靈巧，從學表現優良，孔子親自點名，指他可以出仕，這種事，是孔子第一樁鮮事；孔子贊許過許多弟子可以從政，並未直接叫某人出仕，這次很特別。漆雕開的學習，孔子很注意他，每次上課，他聽得入神，常自己一個人點頭微笑，看來他已經心領神會了。【今天，趁休息時間，孔子叫漆雕開到面前說：「啓啊！你有機會可以去做官。」漆雕開恭敬地回答說：「老師！謝謝您！我對於做官這件事，實在還沒有信心，恐怕做不好。」孔子聽了很高興。】漆雕開因爲自己太年輕，不敢冒然出仕，這種謙遜的態度，孔子感到欣慰，正是孺子可教，孔子「誨人不倦」的精神在此得到印證。

季文子三思而後行，子聞之曰：「再，斯可矣。」（同前）

季文子，季孫氏前輩，名行父，諡文，稱季文子，在魯擅權五十年之久，卒於襄公五年（西元前五六八年）。季文子專權，在魯國則以忠儉聞名，且爲人謹慎細心，人皆稱他「三思而後行」。【孔子常聽人家講季文子是三思而後行的人，就說：「國家的事，再一次考慮清楚，這樣就可以了。」】善政立竿見影，不必遲疑。（君子務窮理而貴果斷，不徒多思之爲尙）。多思無益，政治要大破大立，說到做到，以民爲先。

季氏使閔子騫為費宰，閔子騫曰：「善為我辭焉。如有復我者，則我必在汶上矣。」（〈雍也〉）

費城是三都之一，季氏之根據地。閔子騫看清季氏跋扈，不事汙君，清廉自守。（復我，即再召我；汶，汶水在魯北境，接近齊地）。【季氏使者請閔子騫擔任費城長官，閔子騫不願意，推辭說：「請回去好好爲我辭謝你家主人的美意。如果第二次再派人來召我，那麼我一定逃到汶水的岸邊了。」】魯政敗壞，季氏擅權，閔子騫認爲從政亦無法改善，故絕不出仕。閔子騫是有名的孝子，爲人誠敬而平實。

子曰：「孟之反不伐。奔而殿，將入門，策其馬曰：『非敢後也，馬不進也。』」（同前）

此章孔子稱贊孟之反謙讓之美德。孟之反的事跡，孔子聽冉有報告得知；齊師伐魯，冉有率左軍，孟武伯統右師。孟武伯戰敗，童子汪踦加入戰陣，奮勇殺敵，不幸死難；魯軍退兵，由孟之反斷後，奮勇以禦敵，遂使大部分軍隊入城，傷亡不大。【孔子說：「孟之反是個不會誇功的人。魯軍這次敗走，由他殿後，在軍隊退到城門時，故意用馬鞭趕馬說：『不是我有膽量留在後面，是馬跑不動啊。』」】孔子聽到冉有述說此次之戰鬥時，點頭贊許，魯國多君子，連小孩子汪踦也是。孟之反，姓孟名側，字之反，又稱孟子反，魯國賢大夫，是個不誇功的君子。

子貢曰：「我不欲人之加諸我也，吾亦欲無加諸人。」子曰：「賜也，非爾所及也！」（〈公冶長〉）

此章記子貢自勉實行恕道。子貢曾問「有一言而可以終身行之者」，孔子答「恕」，即己所不欲，勿施於人，與此章意思完全相同。前面子貢之問，孔子勉之力行，此章是子貢自言，孔子則用警示。【子貢自己說：「我不要別人加在我身上的事，我也不要加在別人身上。」孔子聽到後說：「賜啊，這不是你能完全做到的啊！」】夫子之道，忠恕而已；忠是對己，恕是對人；對己並不容易，對人更困難。子貢無法求自己，不能對己，對人更做不到，故子貢言「我不欲」，再而言「吾亦欲」，語氣上則有「其言之不怍」之弊，與自言「富而無驕」道理相同，是自己主動之言，就有炫耀的意味；何況，行恕道是要為別人設想，不是口頭說說而已。真正行恕道的人，自己則不言。孔子言「非爾所及」是警示之意，下一章是證明。

子貢方人，子曰：「賜也！賢乎哉？夫我則不暇。」（〈憲問〉）

子貢因為口才好，容易妄談別人的是非，此章孔子以反話指責其不當。（方人，是毀謗別人，指批評別人的是非）。子貢個性驕矜，常犯這種毛病。【有一次，孔子聽到子貢在批評別人，可能講得太不像話，孔子走過去說：「賜啊！你很賢明吧？要是我，可沒這種時間。」】孔子注重自己品德修養，無暇批評別人。是故，前章子貢自言「吾亦欲」，孔子指「非爾所及」是正面之警示。

子貢曰：「君子亦有惡乎？」子曰：「有惡。惡稱人之惡者，惡居下流而訕上者，惡勇而無禮者，惡果敢而窒者。」曰：「賜也，亦有惡乎？」「惡徼以為知者，惡不孫以為勇者，惡訐以為直者。」（陽貨）

這裡孔子指四種人令君子厭惡，所指的是小人之作為；子貢亦指有三種人令自己厭惡，所指的是偽善之君子。（稱，是宣揚；惡者之惡，讀罪惡之惡；其餘讀厭惡之惡；居下流，指在下位；訕上，是毀謗上位；窒，是不通事理；徼，音繳，是抄襲人言，指拾人牙慧；訐，是摘人之陰私）。【子貢問孔子說：「君子也會有厭惡的事嗎？」孔子說：「有的。君子厭惡說別人壞話的人，厭惡在下位卻毀謗上位的人，厭惡好勇卻沒有禮貌的人，厭惡果敢卻不通事理的人。」之後，孔子反問說：「賜啊，你也有厭惡的人嗎？」子貢說：「有的。我厭惡拾人牙慧卻自以為聰明的人，厭惡不謙遜卻自以為勇敢的人，厭惡摘人陰私卻自以為正直的人。」】孔子雖然說「人不知而不慍，不亦君子乎」，不知是不知自己，可以不慍，但君子是非分明，對社會之真小人與僞君子，必須加以指責。這種人唯恐天下不亂，令人痛惡，故孔子與子貢的討論有鍼砭作用，足以端正世人之視聽。

欲速則不達

孔子與弟子講學之所，稱爲「杏壇」，弟子在此進進出出，孔子亦以此爲樂。孔子長期與弟子周遊於各國之間，見過許多不同的政治人物，弟子之閱歷與見識逐漸成熟；孔子回國，年紀大了，看看弟子人才濟濟，皆有用世之心，心中高興，所以孔子都鼓勵弟子出仕，讓新人紛紛走上政壇。

子夏為莒父宰，問政，子曰：「無欲速，無見小利。欲速，則不達；見小利，則大事不成。」（〈子路〉）

子夏出仕，他是個謹慎守成的君子，但有一點放不開，心胸不夠寬大，而眼光不高。此章孔子鼓勵子夏，針對他的缺點談從政之道。（莒父，是魯邑之名；速，指速成）。【子夏被派任爲莒父的長官，問怎樣辦理政治，孔子說：「從政有兩大原則：第一、不可求速成，第二、不可貪圖小利益。因爲只求速成必會匆促，顧慮不周，最後達不到原來的目的；貪圖小利必會鑽營，斤斤計較，最後誤了大事，功敗垂成。」】這是孔子受過的教訓，隳三都時，孔子曾曉以大義，希望三桓以魯國大局爲重；然而，三隳其二，就是因小利之爭，叔孫氏自私自利，定公又不肯支持，終於失敗。後來齊饋女樂，魯國君臣貪圖享樂，惑於小利，沉迷不悟。孔子周遊列國，見聞廣博，人人爭利，正是當今社會之亂源。

子游為武城宰，子曰：「女得人焉爾乎？」曰：「有，澹臺滅明者，行不由徑；非公事，未嘗至於偃之室也。」（雍也）

子游出仕，爲武城之首長。子游，姓言名偃，字子游，魯國人，少孔子四十五歲，與子夏同列「文學」科高弟。（武城，魯邑名；得人，指發現好人；焉，是於此，指在武城；爾乎，疑問助詞，猶言你有嗎；行不由徑，是絕對不走小路，指行事光明正大）。【子游擔任武城的主管，抽空來看老師，孔子很高興地問子游說：「你在武城有沒有發現好人呢？」子游說：「有！澹臺滅明這個人不走小路，是個光明正大的君子；不是公事，絕不到我的辦公室來。」】子游的報告，使孔子非常高興，對於年輕人能夠注重言行，「後生可畏」，青年肯自重自愛，是國家的希望。孔子原來不知澹臺滅明，澹臺滅明則因子游的原故，不久，亦成爲孔子弟子。澹臺是複姓，名滅明，字子羽，魯武城人，少孔子三十九歲；因子游稱澹臺滅明「行不由徑」，這句成語終於成爲後世名言，用來稱贊人格光明正大。另外，「以貌取人，失之子羽」，子羽就是澹臺滅明，或言貌美，或言貌醜，不明確。

子之武城，聞弦歌之聲，夫子莞爾而笑曰：「割雞焉用牛刀？」子游曰：「昔者偃也聞諸夫子曰：『君子學道則愛人，小人學道則易使也。』」子曰：「二三子！偃之言是也。

前言戲之耳！」（〈陽貨〉）

這是孔子戲言，君子謔而不虐。子游當武城的長官，又發現澹臺滅明是個光明正大的君子，孔子必然要去看看。武城在曲阜東南方，孔子到武城去，一進城門就聽到從學堂傳來，「關關雎鳩，在河之洲；窈窕淑女，君子好逑」的詩歌聲，孔子手捋著鬍鬚，不知不覺地笑了。（弦歌，是以樂器伴詩歌而唱；莞爾，微笑的樣子；君子，指從政者；小人，指平民）。【孔子到武城，聽到唱詩歌的聲音，孔子微笑地點頭說：「啊！殺一隻雞何必用那麼大的牛刀呢？」子游聽了緊張地說：「以前偃聽老師說過：『君子學道就會愛護人民，平民學道就會容易差使啊。』」孔子說：「孩子們！偃說的話對極了，剛才我只是戲言罷了！」】「割雞焉用牛刀」是隱喻，即「牛刀小試」之成語。孔子教弟子「學詩」、「學禮」，是將來出仕之用，可以在官場與人周旋，當然其中包括品德修養。子游爲武城的長官，利用閒暇時，教導人民唱詩，把孔子的教育推廣到民間，看來是牛刀小試，對老百姓講聖賢之大道。孔子顯然有所訝異，子游是小題大作，難怪孔子要咧開嘴巴笑出來，開弟子玩笑。子游是老實又規矩的人，聽老師說他用牛刀殺雞，似有指責之意，故顯得緊張，拿孔子自己講過的話來辯解。實則，孔子不是指責子游，孔子自有輕鬆的一面，而不失其幽默；孔子到處碰壁，大道不行，在小地方看見弟子推行大道，正是「德不孤」之見證。子游之表現令孔子深感安慰，後來孔子與於蜡賓，言偃跟在身邊，因子游之問，遂有〈禮運大同〉篇，揭示「大道之行也，天下爲公」之理想。

子之燕居，申申如也，夭夭如也。（〈述而〉）

子曰：「甚矣，吾衰也！久矣，吾不復夢見周公。」（同前）

此二章並列，前章記孔子平居，後章記孔子之心境。前章，【孔子在家的生活，非常舒泰的樣子，和顏悅色的樣子。】（申申，指容貌舒泰；夭夭，指神色和悅）。後章，指孔子今天起來後，正梳理頭髮，發現梳子掉下幾根白髮。【孔子感慨地說：「真是的，我衰老了啊！很久以來，我不再夢見周公了。」】孔子周遊列國，找尋實現政治理想，「吾其爲東周乎」，期望振興東周。周公制禮作樂，安定天下，爲孔子所嚮往，日思而夜夢；孔子在外栖栖皇皇，見道之不行，言之不用，逐漸夢醒了。至今回魯國後，閒居平淡，也就不再夢見周公了。

子曰：「聖人，吾不得而見之矣；得見君子者，斯可矣。」子曰：「善人，吾不得而見之矣；得見有恒者，斯可矣。亡而為有，虛而為盈，約而為泰，難乎有恒矣。」（同前）

此章指人格之不同層次，前段舉聖人與君子爲一組，後段舉善人與有恆者一組。【孔子說：「聖人，我是沒法看見了；我能夠看見君子之人，就可以了。」】於此可知，聖人是最高境界，其次是君子。【孔子又說：「善人，我也是沒法看見了；我能夠看見有恆之人，就可以了。今天的人，沒有學問裝作有學問，把空虛裝作自滿，把窮困裝成自在，這種矯柔造作實在是很難有恆心啊。」】（亡，通無；約，指窮困；泰，指泰然自在）。孔子曾以君子自比，亦稱贊子賤「君子哉若人」，與「君子哉蘧伯玉」，故孔子得見君子是事實。聖人是古代有德帝王，聖人在位至周武王止，周公是聖人而不在位，孔子聖人而無位，從此聖人不出。孔子不見善人，而期待有恆者，「有恆者」爲何，不見下文，卻從反面說「難乎有恆」。孔子指「亡而爲有，虛而爲盈，約而爲泰」是「難乎有恆」，似乎有所指責，指責誰呢？應該是做官的人。今天的官員僅會裝模作樣，虛張聲勢，欺騙人民，無視民生之疾苦，政治無法改善，關鍵在此。

子曰：「如有周公之才之美，使驕且吝，其餘不足觀也已。」（〈泰伯〉）

子曰：「三年學，不至於穀，不易得也。」（同前）

子曰：「篤信好學，守死善道。危邦不入，亂邦不居；天下有道則見，無道則隱。邦有道，貧且賤焉，恥也；邦無道，富且貴焉，恥也。」（同前）

此三章並列，三者似乎不相干，但皆有關人生之態度。一章是指自視太高，恃才傲物，不足觀。【孔子說：「如果一個人擁有周公之才華優點，卻態度上驕傲而吝嗇，其餘的任何優點都不值得看了。」】其餘，指驕且吝以外之美才，亦即態度驕且吝，有再大的才華，人人都討厭。（三年，指長久時間；穀，當動詞，即求取俸祿）。【孔子說：「一個人三年的學習，卻不在意做官受祿，這種人最難得了。」】學的本義是覺悟，就是人性的覺醒。學在悟道，追求人生之價值。

子曰：「古之學者為己，今之學者為人。」（〈憲問〉）

此章是名言，但意義皆不太明瞭，關鍵在「爲己」與「爲人」的解釋。就字面解釋，爲己是爲自己，爲人是爲別人；但爲自己是自己的什麼，此則必須以「學而時習之，不亦說乎！」來印證，學習可以悅，悅是內心的滿足。學習是人性的覺悟，人格的成長，進而修養品德。是故，【孔子說：「古人學習是爲自己的品德修養，今人學習是爲別人，希望有機會能夠出仕做官。」】在孔子時代，教育目的是出仕，貴族因爲世襲而受教育；孔子提倡平民教育，也是訓練弟子將來出仕。孔子雖有強烈用世之心，但「學而不厭，誨人不倦」，以品德修養訓勉弟子，有許多弟子都重視品德，無意於出仕，甚至於對於出仕表示不屑，令孔子感到欣慰。故孔子「學而不穀」與「學者爲己」之訓，對弟子有嘉勉之意，二者可以並觀。前面尚遺第三章，【孔子說：「堅信正道而好學不厭，守住善道而至死不移。危險的國家不去，動亂的國家不居；天下有道就出來做官，無道就歸隱。國家有道而安定，自己還是隱居過著貧賤的生活，會感到羞恥；反之，國家無道，自己享受富貴，是最可恥的事。」】孔子的話，有勸勉，也有鼓勵，訓示人生態度要嚴正，是非分明，不失爲君子之道。（篤信，指深信正道；守死善道，是堅守善道至死不移）。「古之學者爲己」，指出學習可以增進自己的品德，「篤信好學」與「古之學者爲己」互相參證；「爲己」是爲自己品德修養，有道德然後進而「篤信好學」，並「守死善道」。以「古之學者爲己」印證「篤信好學，守死善道」，二者自有妙諦，道理相通。

草上之風

孔子回魯國後，由弟子出仕，「仁者安仁」，此時心情平靜，雖然感覺自己「不復夢見周公」，但孔子「有教無類」的誨人精神，永恆不變，生命則安適自在。

子曰：「吾自衛反魯，然後樂正，雅、頌各得其所。」（〈子罕〉）

文化道統在孔子身上，孔子知道天命如此，今者必須將文化命脈傳承下去，所以孔子正在積極整理典籍，刪述詩歌。【孔子說：「我從衛國回到魯國，將詩中配樂整理訂正後，使三百篇的樂曲都得到適當的位置。」】（雅、頌，指風雅頌，即詩三百；各得其所，指風歸風、雅歸雅、頌歸頌，使詩與樂皆安排於適當的位置）。孔子一生熱愛詩歌，這些是先民之心聲，可以陶冶生活與情感，故勉勵弟子學詩。

有子曰：「信近於義，言可復也。恭近於禮，遠恥辱也。因不失其親，亦可宗也。」（〈學而〉）

有若，古代有巢氏之後，以賢德名重於時，不僅形貌似孔子，精神亦直追聖人之道，謂「孝弟也者，其為仁之本與」，故在孔門有崇高之地位。此章有子所言為待人接物之道。（信，相約之諾言；近，指不遠；復，是實踐；因，是依靠；宗，通崇）。【有子說：「與人相約的諾言合理，這種諾言就應該去實踐。對人恭敬而有禮貌，就不會遭到恥辱。知道依靠自己該親近的人，這個人就值得崇仰。」】義，即合理，近於義就是合理之意。有若一生未仕，卻極受敬重，他繼承孔子之教育精神，安貧樂道。有子之言含有教化意義，目的是鼓勵世人行正道。

哀公問於有若曰：「年饑，用不足，如之何？」有若對曰：「盍徹乎？」曰：「二，吾猶不足，如之何其徹也？」對曰：「百姓足，君孰與不足？百姓不足，君孰與足？」（〈顏淵〉）

此章是有若倡導聖人之道，指出政治以愛民爲主。（徹，是賦稅之名，即取十分之一的稅收；二，是取十分之二）。有子所言道理極簡單，饑荒之年，人民生活困苦，應該減低賦稅，讓人民度過難關，哀公卻認爲自己宮中費用不足，有增加稅收之意，這是倒行逆施，顯然哀公也是昏君。【哀公問有若說：「今年饑荒，稅收短缺，我的宮中費用不夠，怎麼辦呢？」有若答說：「很簡單，您爲何不下令只收十分之一的稅呢？」哀公說：「平常收十分之二，我還感到不夠用，怎麼可以只收十分之一呢？」有若答說：「百姓富足，國家有錢，您是國君怎麼會不足呢？百姓貧困，國家沒錢，您國君怎麼能富足呢？」】這是政治之道，非常簡單，但是國君都是自私自利的人，只爲自己著想，不顧民生疾苦，政治敗壞，根源於此。有子並未從政，卻深知政治原理，反而爲君爲臣滿腦子昏庸，不懂得愛民政治。

子言衛靈公之無道也，康子曰：「夫如是，奚而不喪？」孔子曰：「仲叔圉治賓客，祝鮀治宗廟，王孫賈治軍旅；夫如是，奚其喪？」（〈憲問〉）

靈公爲南子所迷惑，昏庸而無道，但能維持衛國不喪，是所用三人皆有治國長才。仲叔圉接待外賓，與各國邦交良好；祝鮀掌管國家慶典祭祀，安定內政；王孫賈統領大軍，保國衛士，衛靈公有此三臣輔佐，可以無憂。孔子對季康子談及此事，內心有所用意，目的在暗示康子。仲叔圉，圉音雨，即孔文子；祝鮀，字子魚，爲太祝之官，擅口才。孔子前面駁斥王孫賈欲拉攏之不當，而此則肯定他的軍事才華。

子貢問曰：「孔文子何以謂之文也？」子曰：「敏而好學，不恥下問，是以謂之文也。」（〈公治長〉）

仲叔圉就是孔圉，稱孔文子，娶衛靈公之女伯姬，生孔悝。孔圉諡文，稱孔文子，擅口才，是衛國外交上的能臣，令子貢好奇。【子貢問孔子說：「孔文子爲什麼可以稱文呢？」孔子說：「孔文子這個人勤勉而且好學，對有學問的人都肯下問，並不因爲別人的地位低而可恥，因此可以稱做文。」】衛國雖是小國，卻擁有富饒之地，生活安定，人口眾多；孔子至衛，靈公致粟六萬，孔子長期住在蘧伯玉家，生活安適。因此之故，衛國多君子，溫文而儒雅，孔文子也受到大家的敬重。

季康子問政於孔子，孔子曰：「政者，正也。子帥以正，孰敢不正？」（〈顏淵〉）

季康子患盜，問於孔子，孔子對曰：「苟子之不欲，雖賞之不竊。」（同前）

此二章並列，是季康子同時問孔子，所談的是政治根本之道，季康子顯然是有心之人，他以重幣迎回孔子，態度敬重，對孔子知道禮遇。（正，是實行正道；帥，是領導人民）。孔子指示從政要有王道精神。【季康子向孔子問政，孔子說：「政治，基本上要實行正道。因爲您用正道來領導人民，人民誰敢不行正道呢？」】推行政治，以長官爲馬首是瞻，長官做得好，民風自然向善，社會就能安定。孔子對季康子似乎有所期盼，勉勵他要實行正道。第二章是現實問題，因爲季康子之問，正暴露魯國的社會問題。孔子返國之初，哀公問「何爲則民服」，可見哀公失政，人民不服；季康子問「使民敬忠以勸」，可見人民不忠又不勸，主要是政治失去民心。孔子回魯國，所聽所見，都是政治問題，現在季康子患盜，國內盜竊橫行，已經到了民不聊生的地步。【季康子因爲盜賊爲患，問孔子解決之道，孔子答覆說：「這是民生的基本問題。假使一個人不想要，雖然獎勵他也不會去偷竊。」】（言子不貪欲，則雖賞民使之爲盜，民亦知恥而不竊）。解決政治現實問題，應該從照顧民生開始。

季康子問政於孔子曰：「如殺無道，以就有道，何如？」孔子對曰：「子為政，焉用殺？子欲善，而民善矣。君子之德，風；小人之德，草；草上之風，必偃。」（同前）

此章繼前二章，季康子的問話還算溫和，但仍然透露出季氏之跋扈與霸道依舊。前面季康子問政，是單純之問，自己沒有意見，此章季康子提出自己施政之道，可見仍然採用強權作風。（無道，指惡人；有道，指善人）。孔子以「風行草偃」喻政治效果，是後世有名的成語。【第二次，季康子向孔子問政說：「我施政的時候，如果殺掉壞人，而親近好人，怎麼樣呢？」孔子答說：「現在你主政，何必用殺的呢？只要你自己想行善，那麼人民就跟著行善了。在上位的人有品德，就像風；平民有品德，就像草；草上的風吹過，就會隨風而傾倒。」】孔子指出從政之基本觀念，主政者注重品德，爲人民之表率，人民自然向善，「風行草偃」，效果立刻看得到。

仲弓為季氏宰，問政，子曰：「先有司，赦小過，舉賢才。」曰：「焉知賢才而舉之？」曰：「舉爾所知。爾所不知，人豈舍諸？」（〈子路〉）

仲弓有王者之風，這次終於出仕。季氏看中冉雍的才華，派他擔任費城主管，這是季氏權勢的根據地，仲弓知道自己的責任重大，不敢輕率，所以請教孔子從政之道。（有司，即各有職司，指各種職位皆有專責的人；舉，是選用；舍，通捨，是放棄）。【季氏派仲弓擔任自己的總管，仲弓來問孔子怎樣辦好政治，孔子說：「首先，把各種職位的人安排好，並赦免小過的人，選用賢明的人。」仲弓說：「怎麼知道誰賢明而選用他呢？」孔子說：「選用你所知道的。你所不知道的，難道別人會放棄嗎？」】賢明的人被選用，其他賢明的人就會被推薦出來，「舉直錯諸枉，能使枉者直」，好人出頭，大家都會改善做好人。政治根本在於用人，冉雍有王者之氣度，故孔子示之以用人之道。孔子之意，似乎要冉雍建立用人之典範，在季氏的權勢下，可能會有影響作用。孔子自己爲司寇就是如此，「其身正，不令而行」，終於使社會安定，生活井然，人民亦不再爭執。

季康子問：「仲由可使從政也與？」子曰：「由也果，於從政乎何有！」曰：「賜也可使從政也與？」曰：「賜也達，於從政乎何有！」曰：「求也可使從政也與？」曰：「求也

藝，於從政乎何有！」（雍也）

此章季康子欲得孔子認定各弟子之才。季氏先召回冉求，冉求返魯後即受到重用。孔子因季氏之問，歷指弟子之長才。子路勇敢而果斷，冉求多才多藝，從政處事明確而果斷；至於子貢更是不肯多讓，他擅口才，又通達事理，可以折衝於諸侯之間。冉求聰慧機敏，多才多藝，爲季氏所倚重，是康子隨身之家臣。

冉子退朝，子曰：「何晏也？」對曰：「有政。」子曰：「其事也！如有政，雖不吾以，吾其與聞之。」（子路）

冉求得到季氏信任，故有事就被留下來商議。（晏，通晚；有政，指爲國家之政事；以，指被用；不吾以，即不以吾，指孔子不用於朝廷；其，應當；與聞，指參與問政）。【冉求剛下班回來，孔子說：「今天怎麼這麼晚呢？」冉求應答說：「爲國家的事開會。」孔子說：「應該是季氏的私事吧！如果真的國家有事，雖然現在我不做官了，應該還是會通知我參與聽政的。」】孔子是大夫，又曾經擔任過要職，與聞國政，這次季康子以禮迎回孔子，如果真有國家大事，一定知會孔子，聽取意見。冉求作賊心虛，不敢面對孔子，故說話含糊；孔子知道冉求個性退縮，僅提示並未苛責。

蕭牆之內

子路在孔門是剛直的人，並且以義交朋友，他跟隨在孔子身邊，雖然所行不是君子之道，但爲人拿得起，放得下，與冉求之畏縮不同。冉求是聖人之徒，人格表現卻極現實，是個非常勢力的人，令孔子感到失望。

季氏富於周公，而求也為之聚斂而附益之。子曰：「非吾徒也！小子鳴鼓而攻之，可也！」
（〈先進〉）

此章孔子嚴厲地譴責冉求。冉求是聖人之徒，卻倒行逆施，助紂爲虐，令孔子怒惡而逐之。（聚斂，是搜括錢財；附益，是增加稅收）。【季氏是魯國首富，比周公更富有，但是冉求又爲季氏搜括錢財，並且增加人民稅收。孔子氣憤地說：「這不是我的學生啊！孩子們，你們可以群起而聲討他的罪狀啊！」】冉求爲虎作倀，實在有愧於孔子。孔子嘴邊常講仁啊德啊，冉求竟然如此不仁而無德，所行不義，違反正道，孔子教育對他完全落空，心中非常懊惱。

季子然問：「仲由、冉求可謂大臣與？」子曰：「吾以子為異之問，曾由與求之問？所謂大臣者，以道事君，不可則止。今由與求也，可謂具臣矣。」曰：「然則從之者與？」子曰：「弒父與君，亦不從也。」（同前）

季子然是季孫氏後輩，或謂季平子之子。此章孔子在辨明大臣與具臣不同，大臣必須謀國家之安危，具臣是大夫家臣，聊備臣數而已，不是國家之大臣。此章可見季氏家人拔扈而囂張。（爲異之問，指特別的問題；曾，指就是；從之者，指完全聽從的人）。【季子然興沖沖地跑來問孔子說：「仲由和冉求可以說是大臣嗎？」孔子看他樣子，聽他問話，捋一捋鬍子說：「你這麼認真地來問我，我以爲你是問特別的問題，原來就是問由和求啊？談到做大臣的人，一定要用正道來事君，國君不聽就去職。今天由和求是你府上的家臣，可以說只具備臣數而已。」又問：「那麼兩人會完全聽從指使嗎？」孔子說：「如果弒父與君的忤逆暴行，也絕不聽從的。」】孔子之言是忠言逆耳，目的在指正季子然狂妄的氣焰；在魯國，因季氏長久專政而目空一切，家人皆傲慢自大，認爲子路與冉求爲家臣就是了不起的大臣了。季子然問話太天真而無知，孔子示之以正道。

林放問：「禮之本？」子曰：「大哉問！禮，與其奢也，寧儉；喪，與其易也，寧戚。」（八佾）

林放，字子立，魯國人，孔子之弟子。【這一天，林放看見孔子問：「禮之本意在哪裡？」孔子一聽，睜大眼睛說：「問得好！禮之本意，與其太奢侈，寧可節儉；比如喪禮，與其辦得隆重周到，寧可表現自己的哀傷。」】（大哉問，指所問是重點啊！就是問得好；易，指辦理周到）。禮，一般人皆僅知繁文縟節，不知儀節之重要，林放對一般行禮有所疑惑，故問孔子禮之本意，孔子告之禮必有節，才是行禮的真正用意。

季氏旅於泰山。子謂冉有曰：「女弗能救與？」對曰：「不能。」子曰：「嗚呼！曾謂泰山，不如林放乎？」（同前）

五嶽以泰山爲首，至泰山祭天，是天子告天之大祭，季氏是魯國大夫，不得祭於泰山。旅，指旅祭，即登山而祭天。【孔子看到季氏旅祭於泰山，告訴冉有說：「你不能阻止嗎？」冉有答說：「不能。」孔子於是感慨地說：「唉！太過分了，難道泰山這座天下之首嶽，比不上一個林放嗎？」】祭泰山，目的在禱告於泰山之神，以通於天；若泰山之神有知，豈肯接受季氏之祭。(弗能救之「救」是阻止之意，與救火即阻火相同；曾，是豈之意)。林放之問，或就此事而發，一般人皆知其禮，不知有節，僭禮越分，不知行禮之「履」是行所當行，應該適合自己的身分與情況，不可隨便。以上二章並列，孔子之言，對時代行禮有糾正之意。

季氏將伐顓臾，冉有、季路見於孔子曰：「季氏將有事於顓臾。」孔子曰：「求！無乃爾是過與？夫顓臾，昔者先王以為東蒙主，且在邦域之中矣，是社稷之臣也，何以伐為？」冉有曰：「夫子欲之，吾二臣者，皆不欲也。」孔子曰：「求！周任有言曰：『陳力就列，不能者止。』危而不持，顛而不扶，則焉用彼相矣？且爾言過矣，虎兕出於柙，龜玉毀於櫝中，是誰之過與？」冉有曰：「今夫顓臾，固而近於費，今不取，後世必為子孫憂。」孔子曰：「求！君子疾夫，舍曰欲之，而必為之辭。丘也聞有國有家者，不患寡而患不均，不患貧而患不安；蓋均無貧，和無寡，安無傾。夫如是，故遠人不服，則修文德以來之，既來之，則安之。今由與求也，相夫子，遠人不服而不能來也，邦分崩離析而不能守也，而謀動干戈於邦內，吾恐季孫之憂，不在顓臾，而在蕭牆之

內也。」（〈季氏〉）

此章是〈季氏第十六〉篇首。發動戰爭是國家大事，孔子對冉求誨人而不倦。由此章可知冉求正是季氏的家臣，子路只是陪襯，顯然季氏信任冉求，攻取顓臾完全是冉求之策畫，從孔子之詰問可知。孔子氣憤冉求不行正道，一味討好季氏，故將之逐出門牆，這是氣話，冉求則仍然尊敬老師，有事都會向孔子報告。這次，是季氏將出兵攻取顓臾，孔子指其不當，並詳細分析利害關係。（顓臾，音專與；有事，指出兵攻佔；無乃爾，即不就是你，指冉求；就列，指任官職；干戈，是武器，引伸爲戰爭；蕭，即肅敬；牆，指屏風；蕭牆之內，指魯君宮室之中）。【季氏將要攻取顓臾，冉有和季路向孔子報告說：「季氏要出兵攻佔顓臾。」孔子說：「求啊！這不是你的錯嗎？這個顓臾，以前先王就封給伏羲氏之後，而作爲東蒙山的主祭人，就在魯國境內，是臣屬於魯國的地方，爲什麼要攻取呢？」冉有說：「季氏想要這樣，我們兩人是臣下，都不想這樣。」孔子說：「求啊！周任的話說：『盡力官職，無能就去職。』你做家臣，危險卻不扶住，跌倒卻不扶起，那麼何必用這些輔佐的人呢？而且你的話也錯了，虎兕跑出獸欄，龜玉在櫝中破掉了，這是誰的過錯呢？」冉有說：「現在顓臾這個地方，堅固又接近費城，不趁現在佔領，一定會讓後世子孫更加擔憂。」孔子說：「求啊！君子最討厭不直接說我想要，卻一定用盡文辭來掩飾。我聽說一個國家，不擔心人民少而怕分配不平均，不擔心貧窮而怕人民不安心；大概平均就不會有貧窮，和睦就不會覺得人少，安心就不會有危險。國家能夠這樣，所以遠方的人不服，就會做好文教，推行禮樂制度使他們來歸順；已經歸順的人，就讓他們安居下來。現在由和求啊！你們輔佐主人，卻使遠人不服而且不願意來歸順，弄得國家四分五裂而無法好好地守住，卻還想在國內發動戰爭，我恐怕季孫真正擔憂的，不在於顓臾，而是在魯君的宮中啊。」】此章之主題在「欲」字，冉有說「夫子欲之」是真的，吾二臣「不欲」是假的，實則夫子之「欲」正是冉求之「欲」，所以孔子痛惡他「舍曰欲之」，攻打顓臾是冉求的計謀，爲鞏固季氏而凌壓魯君。孔子指不該攻取顓臾的理由有三：一、先王封爲東蒙主，故不可伐；二、在魯國國境之中，故不必伐；三、是魯國臣屬之地，故不該伐。冉求之言皆在爲季氏文過，實則是自己「必爲之辭」，所以孔子責之「修文德以來之」，應該輔佐季氏振興魯國政治才對；冉求爲季氏之家臣不當出此下策，雖然可以壯大季氏的勢力，而不是治國之道，季氏當務之急在於扶正公室，以強化國家力量，不是搞私人的權勢。但是，正視王道精神，推行仁政，這一點，又是冉求智力所不及；冉求個性退縮，因季氏之信任，常有患得患失之心，沒有君子的風度。以前，昭公與季氏相爭，昭公奔齊，最後大權旁落，爲陽虎所執，孔子之警示，實則不願看到歷史重演。季氏凌壓魯君，至魯君無法忍受時，國家戰爭就會爆發，孔子苦口婆心，因此而大聲疾呼。

子曰：「如有王者，必世而後仁。」（〈子路〉）

這是孔子的期待，也是仁政的終極目的。孔子肯定「周監於二代」，而其志則在「爲東周」，孔子至洛邑，受老子之教誨，二位哲人相處數月，必會談到天下大事，孔子深受老子之啓發，而使智慧增長。孔子拜別老子，匆匆三十年已經過去，孔子堅忍不拔，信守正道，永恆不懈。【孔子說：「如果上天垂憐，讓聖人復出，稱王於天下，那也必須三十年才可以看到仁政的成果。」】許愼曰：「世，三十年爲一世。从卅而曳長之。」一世三十年，爲世之本義。是故，推行仁政，必須三十年然後王道大化，「如有王者」，孔子用「如」字，表示有所期待，寓意深遠，而無法講清楚。雖然，孔子期待「天生聖人」，然而孔子本身是聖人，卻有德而無位，因此無法直接實行聖人之道。孔子之言有所期待，人生觀仍然積極而向上，對人類追求王道表示樂觀。

見賢思齊

孔子晚年，從事文化道統之傳承，刪詩書，訂禮樂，作春秋，贊周易，這些經典遺訓由聖人留傳下來，孔子平時當作教材，用來教導弟子；這些教材，孔子適取適用，隨機應變，此時，孔子必須將之整理成書，以留傳於後世。

子曰：「法語之言，能無從乎？改之為貴。巽與之言，能無說乎？繹之為貴。說而不繹，從而不改，吾末如之何也已矣。」（〈子罕〉）

先王遺訓，成爲後世之經典，內容具體而真實。是故，君子堅守正道，修養品德，發揮優美的人性，使人格高潔。（法語，是嚴正之告誡；巽與，是委婉之勸勉）。【孔子說：「嚴正告誡的話，能夠不聽從嗎？最重要的是必須改過。委婉勸勉的話，能夠不喜歡嗎？最重要的是尋繹其道理。一個人，如果只喜歡卻不尋繹其道理，只是表面聽從卻不改過，這種人，我對他是沒有什麼辦法的。」】（末如之何，與莫可奈何同意，就是沒有辦法；已矣，語末助詞，無義）。聖賢遺訓，是警世名言，君子聞之，有過則改，無過嘉勉；由學習而進步，是智慧之成長，顏淵「亦足以發」，就是發揚孔子精神，力行實踐，故顏子追隨孔子，行聖人之道。

「唐棣之華，偏其反而；豈不爾思？室是遠而。」子曰：「未之思也，夫何遠之有？」（同前）

前四句是逸詩殘句，孔子聞而有感。（唐棣，一種樹木，即郁李；偏，通翩，指搖動的樣子；反而，亦指搖動；室，是家室，指住的地方）。【詩意：看到唐棣樹上開滿了花，隨風飄啊飄的；春天來了，哪裡不會想你呢？只是你住的地方太遠了。孔子說：「應該是沒有真正想念吧！如果真正想念一個人怎麼會遠呢？」】此言與「海內存知己，天涯若比鄰」之意相近，若兩人相知，思念就如在眼前，心心相印。

子曰：「見賢思齊焉，見不賢而內自省也。」（〈里仁〉）

孔子之訓勉，此爲常言，或許是孔門之座右銘。見賢思齊，乃君子平居之美德，亦是「天行健，君子以自強不息」之見證，品德修養沒有假日，必須念茲在茲。（焉，作代名詞，指賢人）。【孔子說：「看到賢人，就想跟賢人一樣，學習他的行爲，若看到不賢的人就要自我反省，不可以學壞。」】這種話，如父母之叮嚀，充滿關愛與慈祥之意，令人感到溫馨。

子曰：「事父母幾諫。見志不從，又敬不違，勞而不怨。」（同前）

子曰：「父母在，不遠遊。遊必有方。」（同前）

子曰：「父母之年，不可不知也。一則以喜，一則以懼。」（同前）

此三章接前章並列，皆指子女對父母而言。「天下父母心」，父母生育子女，都會教養子女長大成人，一代一代地延續下去；父母關愛子女，全心全力照顧子女，這是天地之真理。但是父母非聖賢，不可能十全十美，父子責過則傷恩，故只能幾諫。（幾，是微之意；幾諫，即和顏悅色，微言相勸）。【孔子說：「面對父母有過，子女必須好言相勸，和顏悅色，不可忤逆。如果自己一番好意父母不能接受，對父母仍然尊敬，不可反抗，勤勞吃苦也不抱怨。」】這是子女對父母的基本孝心，我們身體由父母所生，所謂「血濃於水」，這種血緣關係無法割捨。【孔子接著又說：「當父母在世時，做子女不要遠遊。就是出遊的話，也要告訴所去的地方。」】這是子女對父母的體諒。古代交通不便，人口稀少，到遠方去，如有意外，不容易連絡，故孔子所言，重點在「遊必有方」，去的地方要明確，保持隨時之連繫。【孔子又說：「父母的年齡，不可以不記住。一方面因父母高壽而心喜，一方面因父母衰老而擔憂。」】孔子所指是子女對父母應有的態度，父母子女家居生活，應該彼此照應，互相關懷，表現家庭的和樂與溫暖。

子曰：「父在觀其志；父沒觀其行。三年無改於父之道，可謂孝矣。」（〈學而〉）

這是孝道，孔子指出如何盡孝。古代講孝，在於子承父志，尤其在貴族世襲制度下，子繼父位，薪火相傳，必須嚴守宗族之法。【孔子說：「父在時觀察兒子的心意；父死後看兒子所做的事。這樣有三年不改變父親的做法，就可以稱爲孝順了。」】（父在，子不得自專，而志則可知；父沒，然後其行可見）。孝的立場在兒子，行孝非一時一事之表現，而是長期孝行之考驗。行孝本意簡單，就是順從父母的心意；然而，要真正行孝，則是一種考驗，時間非常長久。父在觀其志，指兒子以父親心意爲主；父沒觀其行，指兒子所行與父親在世時相同。如此三年不改變父之道，就是孝順。

孟武伯問孝，子曰：「父母唯其疾之憂。」（〈爲政〉）

子游問孝，子曰：「今之孝者，是謂能養。至於犬馬皆能有養，不敬，何以別乎？」（同前）

子夏問孝，子曰：「色難。有事，弟子服其勞；有酒食，先生饌。曾是以為孝乎？」（同前）

三章並列，都是問孝。孟武伯，孟懿子之子，是紈絝子弟。【孟武伯問怎樣孝順父母，孔子說：「父母唯一擔憂的是子女生病。」】貴族之家，養尊處優，孔子提示孝就是愛護身體。（其疾，指子女之疾病）。前有孟懿子問孝，孔子答「無違」，不違背禮，盡禮就是孝。至於弟子問孝，孔子則從明辨是非切入。【子游問怎樣孝順父母，孔子說：「現在孝順的人，都說能奉養父母就夠了。這種情形就像家裡有狗有馬，都一樣會餵養，不尊敬父母，那和養狗養馬有什麼差別呢？」】孔子指示要用誠敬之心奉養父母。【子夏問怎樣孝順父母，孔子說：「對父母和顏悅色最難得。家裡有事，由弟子來操勞做好；有酒有菜，也讓父母先吃。這樣就認爲是孝順嗎？」】（色難，指好臉色最難；服其勞，服是行的意思，行其勞就是做操勞的事；饌，即飲食；曾，通乃，指這樣）。孔子訓示，子女孝順父母，內心誠敬最重要。

孟武伯問：「子路仁乎？」子曰：「不知也。」又問，子曰：「由也，千乘之國，可使治其賦也，不知其仁也。」「求也何如？」子曰：「求也，千室之邑，百乘之家，可使為之宰，不知其仁也。」「赤也何如？」子曰：「赤也，束帶立於朝，可使與賓客言也，不知其仁也。」（〈公治長〉）

孟武伯是年輕後輩，對孔子弟子感到好奇，孔子倡導仁的思想，孟武伯不懂，以爲孔子弟子必是仁人，尤其子路率直果斷，就是「當仁不讓」，故一問再問，有點天真卻顯得無知。【孟武伯問孔子說：「子路是仁嗎？」孔子說：「不知道。」又問，孔子只好說：「你說由啊，千輛兵車的國家，可以讓他掌管兵權，統率軍隊，不知道他是不是仁。」「冉求怎麼樣？」孔子說：「求啊，千戶的城邑，百乘的大夫之家，可以讓他當主管，不知道他是不是仁。」「公西赤怎麼樣？」孔子說：「赤啊，穿上官服，整束衣帶，可以讓他和外國賓客談外交，不知道他是不是仁。」】（治，指掌管；賦，是軍事，指兵權；千室，即千戶；束帶，指朝服腰上繫帶整束）。孔子肯定弟子的才華，但不是仁；仁是全德之稱，人生有過，則有虧於仁，故人活著皆不可稱仁。

子曰：「非其鬼而祭之，諂也。見義不為，無勇也。」（〈為政〉）

孔子指出社會之弊，期待改善不良風氣。許慎曰：「鬼，人所歸為鬼。」段玉裁注：「古者謂死人為歸人。」人皆會死，死後成為鬼，這是鬼字的本義。孔子主張「死，葬之以禮，祭之以禮」，父母死後必須葬之祭之以禮，這是子女應盡的孝思。【孔子說：「不是自己的父母而去祭拜別人的父母，這是諂媚。看到正義的事不去做，就是沒有勇氣。」】祭祖，是追念祖先，後世子孫飲水思源，應該如此；然而，沒有血緣關係，因別人的恩惠而祭拜別人父母，則是諂媚行為。

子曰：「孝哉閔子騫！人不閒於其父母昆弟之言。」（〈先進〉）

閔子騫是有名的孝子，母死，父娶繼室，生二子。天寒，子騫駕車，韁繩掉於地，父執其手，衣薄而寒；返家，握二子，衣厚而暖。父責其婦，將逐之，子騫求其父，乃止。【孔子說：「閔子騫真的是個孝子啊！別人對他的父母兄弟講他孝順的話一點都不懷疑。」】（閒，通間，不閒就是都不懷疑）。閔子騫行孝而至誠。

子貢欲去告朔之餼羊，子曰：「賜也，爾愛其羊，我愛其禮。」（〈八佾〉）

子曰：「事君盡禮，人以為諂也。」（同前）

二章並列，言禮之當與否。禮成虛文，令人感歎，如今日校園，師生之禮已經蕩然無存，見面行禮，難得一見，然而校規可以廢除校園禮儀嗎？（告音固，朔是每月初一；告朔，每年天子頒告諸侯曆法，諸侯領曆法後藏於祖廟，每月初一必須祭告於祖廟，追思祖先，並依曆法施行，表示不忘本；餼羊，餼是牲禮，即告朔必須以羊爲牲禮）。子貢注重功利，認爲告朔之禮長久不行，禮官卻仍然初一奉獻餼羊。【子貢想要去掉告朔的餼羊，孔子說：「賜啊！你捨不得那隻羊，我卻喜歡保存這種禮。」】孔子因告朔之禮雖然已經成爲虛文，但有羊擺在那裡，魯君雖無祭拜，而告朔之禮仍在，若餼羊並去，則告朔之禮全廢，如此則表示諸侯不認祖，天下將大亂。進一步，【孔子說：「事奉國君盡禮，在別人眼裡會認爲是諂媚。」】孔子言「君使臣以禮，臣事君以忠」，君禮臣忠是正道，若臣事君盡禮是反其道，君臣關係必然有問題。孔子曾謂「爲君難，爲臣不易」，前章正是爲君難，後章則是爲臣不易；魯君不行告朔，無人指責，是爲君難；事君盡禮，別人以爲諂，是爲臣不易。魯國長久不行告朔之禮，哀公亦毫無所覺。

子曰：「人之過也，各於其黨；觀過，斯知仁矣。」（里仁）

孔子教導如何分辨仁與不仁。（黨，指類型）。【孔子說：「每個人犯錯的時候，都有不同的類型；只要看他犯的錯，就可以知道是否有仁心了。」】君子之過出於寬厚，小人之過出於刻薄，從過錯分辨存心各自不同。

子曰：「以約失之者，鮮矣。」（同前）

孔子指示減少過失的方法。（約，指儉約，就是謹言慎行）。【孔子說：「一個人隨時都注意謹言慎行，過錯就會很少。」】這是君子的基本訓練，要注意言行不可隨便。生活儉約的人，過失自然很少；生活複雜的人，欲望太多，貪得無厭，將一錯再錯，不知悔改，甚至於最後會弄到身敗而名裂。

其七　鄉居生活

孔子平居，生活非常舒泰而自在，住在自己的家鄉，鄉人鄰居都很熟悉，和顏悅色，生活上無牽無掛。孔子周遊列國，風霜雪露的日子，至此而煙消雲散，一切歸於平靜。孔子之人格，如天道之流行，陽光普照大地，清風拂面而過，行其所當行，而止於不可不止。孔子六十歲耳順以後，雖然受到隱士之揶揄，然而並未放在心上，平時弟子隨侍，聽天命而行正道，富貴如浮雲，一切安然自適。

立不中門

孔子返魯，將近一年了，政治得失已經不在心中，與詩書為伍，生活非常安適。孔子就要邁入七十歲，年近古稀，無求於仕，食不求飽，居不求安，簞食而瓢飲，生活快樂如意，順適而自在。

孔子於鄉黨，恂恂如也，似不能言者。（〈鄉黨〉）

這裡是〈鄉黨第十〉的開始。首先記載孔子家居生活，無言之樂。孔子每天埋首於書堆之中，思其內容，斟酌字句，筆則筆，削則削，不知老之將至。孔子自母親遷居曲阜闕里，一直定居於此，鄉里鄰居，嫻熟自在，生活自然無拘無束。（恂恂如，恂音旬，即恂恂然，溫和恭敬的樣子）。【孔子在家鄉生活，非常謙恭和睦的樣子，有時候看到熟人，舉手打個招呼，笑一笑，非常老實，像個不善於說話的人。】孔子不會巧言，也勸人「焉用佞」，對於熟人，表達善意就好，不喜歡東拉西扯。

其在宗廟朝廷，便便言，唯謹爾。（同前）

指孔子之言行適度。便便，便音駢，指條理分明。【孔子參加祭祀宗廟，或者國君召見而上朝的話，孔子講話就會有條有理，言辭明確，只是態度上謹慎莊重罷了。】（記孔子在鄉黨、宗廟、朝廷言貌之不同）。孔子不會倚老賣老，態度非常平和自在。

朝，與下大夫言，侃侃如也；與上大夫言，誾誾如也。君在，踧踖如也，與與如也。（同前）

下大夫，是朝廷基層官員，大都是年輕後輩；上大夫，則屬於中上階層，負責朝廷要職，身分則較為尊貴。【孔子在朝廷時，和下大夫講話，和樂親切的樣子；和上大夫談話，莊重和悅的樣子。如果國君在場，孔子態度恭敬，有長者的威儀而表情非常安適。】（侃侃，指和樂；誾誾，誾音吟，指和悅；踧踖，音促及，指恭敬；與與，指威儀適當）。孔子為人平實而誠懇，「以約失之者，鮮矣」，所表現的行為，都是君子的風度，自下而上，溫和而莊重。

君召使擯，色勃如也，足躩如也。揖所與立，左右手，衣前後，襜如也。趨進，翼如

> 也。賓退，必復命，曰：「賓不顧矣。」（同前）

孔子問禮於老聃，而且入大廟，每事問，非常注重行禮儀節，魯國每逢國家有重要的慶典，外國賓客擁至魯國，國君會派人召請孔子接待賓客。【孔子接受君命招待賓客時，態度非常莊重，走起路來非常輕快，儀態恭敬，周旋於賓客之間。向兩旁的人拱手作揖，先向左邊的人行禮，再向右邊的人行禮，禮服的長袖整齊地前後擺動。看到重要的賓客，趨步向前，拱手爲禮，就像鳥正展開翅膀。等到賓客退完之後，一定向國君報告說：「賓客都走了。」】（擯，即儐相；勃如，色變的樣子；躩如，躩音決，走路快而恭敬的樣子；所與立，指在場的賓客；襜如，襜音摻，整齊的樣子；不顧，是不回顧，就是都走了）。孔子禮節適中，不辱君命。

> 入公門，鞠躬如也，如不容。立不中門，行不履閾。過位，色勃如也，足躩如也，其言似不足者。（同前）

有必要時，孔子會上朝拜見國君。【孔子進公門時，自然彎腰鞠躬的樣子，態度很謹慎，像無所容。看見國君進來，不敢立在門中，站在門邊恭迎，國君走過，跟隨國君後面，走路時不踩到門檻。經過君位則態度莊重，舉足走路的腳步輕快，講話像有所保留。】（言似不足，不敢肆也）。立不中門，就是不站在門的中間。（閾，音遇，即門檻；過位，指經過君位，國君不在座）。孔子言「丘之禱久矣」，祈禱必須恭敬，孔子生活態度都非常虔誠謹慎。

> 攝齊升堂，鞠躬如也，屏氣似不息者。出，降一等，逞顏色，怡怡如也；沒階，趨進，

翼如也；復其位，踧踖如也。（同前）

孔子繼續留在公門時，行爲動作都保持誠敬的態度。（齊，音姿，指長袍下襬；升堂，即登上朝堂；逞，指舒展；怡怡，是和悅；沒階，是走完階梯）。【孔子提起長袍的下襬，以免走路絆到而跌倒，然後再登上朝堂，在朝堂時，彎腰鞠躬的樣子，屏氣注視，而不敢大聲呼吸。到走出朝堂時，下一個臺階，臉色才舒展開來，表現和悅的樣子；至臺階走完後，就快步前進，像鳥展開翅膀要飛的樣子；回到自己的座位，仍然保持恭敬的態度。】孔子進退如儀，怡然自得，溫文而儒雅。

原壤夷俟，子曰：「幼而不孫弟，長而無述焉，老而不死，是為賊。」以杖叩其脛。（〈憲問〉）

此章記孔子去見老友，風趣諧謔之狀。原壤是孔子故人，可能是童年玩伴，交情深厚，孔子弟子原憲就是他家的晚輩，所以孔子與老友往來如故。（叩，是敲；脛，是小腿）。這一次，孔子與弟子多人去原壤家，原壤聽到孔子要來，在門口等候。原壤盤腿而坐，孔子一行人走進去，他既不起來，也不迎接，笑嘻嘻地坐在那裡，孔子看弟子這麼多，老朋友不理會，把手一攤，顯得無奈。【原壤盤腿坐著等孔子，孔子看到說：「你看，你看，你這個人，像什麼樣子嘛！從小時候就沒規沒矩，長大後也不做做善事，讓晚輩學習學習，到現在都老了還是這樣不知好歹，你真會教壞這些晚輩啊！」孔子用手杖敲他的小腿。】（其自幼至長，無一善狀，而久生於世，徒足以敗常亂俗，則是賊而已矣）。原壤是道家人物，個性狂放不拘，母死時，據槨而歌，孔子的敘述是最好的寫照。原壤生活無憂無慮，孔子指他「是爲賊」，賊不是盜賊，是傷風敗俗，表現沒規矩的人，小輩學他，滿街都是瘋子。

朝服而朝

孔子鄉居生活，一則講學不輟，再則整理典籍，有時候去看看老朋友，日子過得清閒自在。因爲孔子名動公卿，所以國君有事都會找孔子出面，幫忙解決與鄰國的紛爭。（圭，是上圓下方的瑞玉）。圭是信物，代表國君的身分。

執圭，鞠躬如也，如不勝。上如揖，下如授，勃如戰色，足蹜蹜如有循。享禮，有容色；私覿，愉愉如也。（〈鄉黨〉）

孔子執圭，奉國君信物到鄰國去，增進與鄰邦之友誼。【孔子捧圭，自然彎腰鞠躬的樣子，像圭太重拿不動。到達鄰國，進見國君，孔子執圭及胸，朝上如作揖，朝下如授物，臉色謹慎莊重，腳步貼著地面，像依照著一條線，走到國君面前。將圭玉獻上給國君，驗證身分，然後接受款待，臉色才顯得和悅自在的樣子；等禮儀結束，以私人身分相見，態度顯得很平和而歡愉。】（勃如戰色，指臉色戒懼而謹慎；蹜蹜，蹜音宿，指輕輕地舉足走路；有循，指有所遵循的路線；享禮，是接受禮遇，指款待）。孔子行禮恭敬，與人交談則態度溫和，心情愉快。

君子不以紺緅飾，紅紫不以為褻服；當暑，袗絺綌，必表而出之。緇衣羔裘，素衣麑裘，黃衣狐裘。（同前）

此處君子即孔子，談論孔子所穿服飾。（紺，音幹，指深青透紅，即紅青色；緅，音鄒，絳色，即淺紅色；袗，音枕，單衣；絺，音吃，細葛布；綌，音細，粗葛布；表而出之，指先穿粗葛內衣外再加上細葛單衣；羔裘，黑羊皮裘；麑裘，小鹿皮裘）。【孔子穿的衣服，領口袖口滾邊絕不用紅色系列，家居的便服也絕不用紅紫色；到了夏天，裡面穿一件粗葛內衣，外加一件細葛單衣。冬天冷了，穿黑衣再加上黑羊皮裘，白衣就加上白麑皮裘，黃衣就加上黃狐皮裘。】衣服配色自然而大方，穿在身上都很素雅。

褻裘長，短右袂。必有寢衣，長一身有半。狐貉之厚以居，去喪無所不佩。非帷裳，必殺之；羔裘玄冠，不以弔。吉月，必朝服而朝。（同前）

孔子服飾注重平實。（褻裘，家居皮衣；寢衣，睡覺被單；狐貉，貉音和，指狐貉之皮裘；以居，是當坐墊；帷裳，是禮服；殺，指開衣邊；玄冠，黑色禮帽；吉月，每月初一）。【冬天，孔子穿皮衣，都比較長，右手衣袖短一點，行動比較方便。睡覺時一定用被單，有一身半長。狐裘或貉裘的皮比較厚，坐下時可以折疊當坐墊，除喪服後都會佩玉。除了禮服以外，平常衣服兩邊都會開衩；黑色皮裘和禮帽，是吉服，不用來弔喪。每月初一行告朔之禮，一定穿朝服上朝，向國君問安。】孔子雖然閒居在家，而其身分是大夫，仍然注重人臣之禮節，參加朝廷公開的活動。

齊，必有明服，布。齊，必變食；居，必遷坐。（同前）

孔子齋戒非常慎重。（齊，是齋戒；明服，是潔淨的衣服；遷坐，即改變居室）。【齋戒時，沐浴後再穿上明淨的衣服，齋衣是布做的。每逢齋戒，一定改為素食，不吃葷；平居，必遷至外室，不與女眷同房。】齋戒是為參加國家祭典，必須潔身靜心。

食不厭精，膾不厭細。食饐而餲，魚餒而肉敗，不食。色惡不食，臭惡不食，失飪不食，不時不食，割不正不食，不得其醬不食。肉雖多，不使勝食氣。唯酒無量，不及亂；沽酒，市脯，不食。（同前）

孔子非常注重飲食習慣，絕不隨便亂吃。食物控制，是養生之道，正如牛吃草，就保持健康而有力。（精，指米舂精白，即白米；細，指細肉，做魯肉用；膾不厭細，即吃魯肉膾飯而不厭；饐，音壹，是飯放太久變臭；餲，音愛，指食物發酸）。【每天吃白米飯而不厭，吃魯肉飯也不厭。飯發臭而且有酸味，魚腐爛，肉發臭等，不吃】。（失飪，是烹調不當；不時，是還不到成熟時；割不正，指宰殺不當）。【變顏色的食物不吃，發臭的食物不吃，沒有烹飪好的食物不吃，還不到成熟時的食物不吃；宰殺不正確的肉不吃，沒有適當的醬料不吃。】割不正，不是切得不方正，子曰：「割雞焉用牛刀。」可見割不當切講，而是宰殺的意思。宰殺不正確，會造成畜生生產的問題，如殺雞取卵就是不對。（食氣，指飯量）。【吃飯時，雖然有很多肉，但吃肉不超過飯量。只有喝酒沒有限量，就是不要喝到亂性；市場買的酒和肉脯，品質不可靠，不吃。】農村社會飲食非常簡單，大都以自己釀造或生產的爲主，生活與飲食習慣融合爲一。

> 不撤薑食，不多食。祭於公，不宿肉。祭肉，不出三日；出三日，不食之矣。食不語，寢不言。雖疏食、菜羹、瓜祭，必齊如也。（同前）

吃薑驅寒通氣，故每餐都有薑佐食，但只吃適量而已。（齊如，是齋戒的樣子）。【每餐用薑佐食，但是不多吃。國君祭宗廟，大夫助祭，祭畢分胙肉，當天就吃完，不放過夜。自己家祭的肉，不要留過三天；超過三天沒吃完的肉，就不吃了。吃飯時不高談闊論，睡覺時不胡言亂語。雖然家祭用白飯、菜湯、水果等祭品，態度都像齋戒的樣子。】孔子「祭如在，祭神如神在」，祭拜都表現恭敬虔誠的態度。

> 蘧伯玉使人於孔子，孔子與之坐而問焉，曰：「夫子何為？」對曰：「夫子欲寡其過而未能也。」使者出，子曰：「使乎！使乎！」（〈憲問〉）

蘧伯玉是衛國賢大夫，孔子居衛，蘧伯玉盡心盡力，使孔子生活安適自在；孔子返魯後，蘧伯玉仍然懷念好友，此次，終於派人到魯國向孔子請安。【蘧伯玉派遣專人來看孔子，孔子和使者對坐談話，問到蘧伯玉說：「你家主人最近怎樣呢？」使者答說：「我家的主人，每天都想使自己沒有過錯，但還是不能完全無過。」等到使者回去後，孔子對弟子們說：「這是個好使者啊！這是個好使者啊！」】（使乎，是贊美之辭，指這是好使者）。就國家而言，使者代表國君，應該不辱君命，談話都贊頌國君之美德；蘧伯玉的使者說主人想寡過，就是指蘧伯玉生活敬謹而細心。「使乎」之贊，正如稱贊管仲「人也」，是正面之肯定。

不問馬

古代生活平實而樸素，孔子稱贊顏淵簞食瓢飲之樂，而自己絕糧於陳蔡時，孔子仍然弦歌不止，順天道而自由自在。孔子繼續修訂春秋，存其大義而寄託政治之理想。孟子指出孔子作春秋的目的。

孟子曰：「世衰道微，邪說暴行有作。臣弒其君者有之，子弒其父者有之。孔子懼，作春秋。春秋，天子之事也；是故孔子曰：『知我者，其惟春秋乎？罪我者，其惟春秋乎？』」

（滕文公）

孟子繼承孔子精神，發揚光大儒家之道統。在此，孟子明確地指出孔子作春秋之意義所在。魯國因周公之故，魯史資料則較他國完備；周公攝政，行天子之權，孔子尊周公，亦借魯國以賞罰天下。春秋是魯史之名，孔子筆削成書，未易其名，實則以周公之名行其賞罰，非孔子之賞罰；知孔子者，謂春秋中有大義，罪孔子者，謂孔子僭越，行天子之權。實則，孔子憂懼王道不行，天下紛亂，寄託春秋大義，以賞罰天下。孔子鄉居，生活非常誠敬。

席，不正，不坐。（鄉黨）

古代生活，有案而無椅，故一般生活皆席地而坐。在宴客時，設筵席而坐，筵爲下層竹席，席爲上層坐墊；主人坐正位，面向門口，主人對面坐主客，其他賓客則依次就座。（不正，指不是自己的正位。古代坐位有尊卑，必須依禮就座）。【孔子作客，依身分就坐，不是自己該坐的席位，不坐。】這是平常之禮，孔子進入太廟時，每件事請問司禮之人，就是嚴守禮法，不恥下問。

鄉人飲酒，杖者出，斯出矣。鄉人儺，朝服而立於阼階。（同前）

孔子注重鄉黨之禮節。（杖者，指年長柱杖的人，意即長輩；儺，音挪，迎神驅鬼的儀式）。【在鄉黨蜡祭後，以酒敬老人，這些長者盡興後柱杖而出，孔子也跟隨後面出去。家鄉拜拜會迎神驅鬼，鑼鼓陣仗遶境祈求平安，孔子就穿著朝服，站在東階主人的位置祭拜。】這裡描寫孔子鄉居生活安適，親切而隨俗行禮如儀。

問人於他邦，再拜而送之。康子饋藥，拜而受之，曰：「丘未達，不敢嘗。」（同前）

孔子周遊列國，認識許多外國的朋友，返國之後，彼此會託人問候，並且送一些土產當禮物。【孔子託人到異邦問候朋友，必會親自帶禮物到這人家裡，一再拜謝，並且送行。孔子生病，季康子派人送藥來，孔子拜謝並接受贈藥，然後告訴送藥的人說：「請轉達你家主人，我還不清楚藥性，不敢馬上就吃。」】康子也許送補藥，但是藥性有溫有涼，必須經醫生處方後才可以吃。

> 廄焚，子退朝，曰：「傷人乎？」不問馬。（同前）

孔子倡導「仁」的思想，以人爲本。【孔子退朝，不久，有人來報告馬房失火了，孔子急著問：「有人受傷嗎？」不問馬。】馬房失火，馬也許驚慌逃走，但是一定有人冒險救火，孔子關心是否有人受傷。孔子倡導「仁」，以人爲本，由親親而仁民，仁民而愛物，這是推己及人的人道精神。

> 子問公叔文子於公明賈曰：「信乎？夫子不言，不笑，不取乎？」公明賈對曰：「以告者過也。夫子時然後言，人不厭其言；樂然後笑，人不厭其笑；義然後取，人不厭其取。」子曰：「其然，豈其然乎？」（憲問）

公叔文子，衛國賢大夫，與蘧伯玉、史魚友善；公明賈，衛人，或是公叔文子之家臣。孔子居衛時間甚久，與公叔文子有所來往，前者蘧伯玉使人向孔子請安，這次公明賈或亦奉公叔文子之命，至魯見孔子。公叔文子之賢，傳聞頗多。【孔子向公明賈問公叔文子這個人，說：「真的嗎？你家主人不愛說話，不喜歡笑，不取別人的東西嗎？」公明賈答說：「這是告訴的人講過頭了。我家主人是該說話的時候才說話，別人都不討厭他說話；快樂時才會笑，別人不會討厭他笑；合理才會取別人的東西，別人不會討厭他拿東西。」孔子聽完後，就說：「他是這樣嗎？真的他能這樣嗎？」】孔子至耳順，聽別人講話時自然分明，有人說公叔文子不言不笑不取，孔子認爲有疑問，公明賈解釋說「時然後言」、「樂然後笑」、「義然後取」，是誠然有君子之風。孔子對公叔文子應該有些了解，然而傳聞如此，孔子則持保留態度，如果公明賈所言屬實，就達到「從心所欲，不踰矩」的境界，值得孔子去思索。人因地位關係，容易被人所奉承，孔子聞此感觸頗深。

公叔文子之臣大夫僎，與文子同升諸公。子聞之曰：「可以為『文』矣。」（同前）

此章在前章稍後，是孔子對公叔文子之贊許。（僎，音饌，衛大夫，無可考；同升諸公，指一起在公朝做官）。【公叔文子的家臣名僎，文子推薦於衛君，與自己並列爲朝廷大臣。孔子聽到文子有薦賢之美德，贊許說：「這樣美德的人真可以稱爲『文』了。」】公叔文子謚曰文，名符其實，孔子因此贊美；孔子對人之事功極爲推崇，但品德是內在之修爲，無法從外表直接看到。是故，公叔文子之言、笑與取，別人的評論，孔子則保留。

子曰：「臧文仲，其竊位者與？知柳下惠之賢，而不與立也。」（〈衛靈公〉）

臧文仲，魯大夫，僖公臣。【孔子說：「臧文仲，他只是個竊居官位的人吧？明知柳下惠的賢明，卻不能推薦他同立於朝廷。」】臧文仲是早於孔子百年前的人，是當時之名人，孔子讀史，責之不能薦賢。公叔文子薦賢，臧文仲則否。

子曰：「臧文仲居蔡，山節藻梲，何如其知也？」（〈公冶長〉）

此章指責臧文仲不智。（居，是藏；蔡，產大龜之國，故稱大龜爲蔡；居蔡，是藏大龜於家中；山節藻梲，梲音卓，是雕刻山形於梁柱，並裝飾水藻圖形，指供養大龜之室非常華麗）。是故，【孔子指責說：「臧文仲把卜筮之大龜藏於府中，其居屋華麗如公侯之家，這樣沉迷於卜筮的人，哪算是有智慧呢？」】孔子責臧文仲竊位，是自私；將卜筮大龜藏於家中，是迷信又自大，故孔子責其不智。臧文仲，生時人稱智者，孔子以事實指其蔽賢與不智，正是春秋之大義。

孺悲欲見孔子，孔子辭以疾。將命者出戶，取琴而歌，使之聞之。（〈陽貨〉）

孺悲，魯國人，哀公之臣，嘗受命就孔子學士喪禮，孔子爲之詳細陳述行禮儀式。【此次，孺悲想見孔子，孔子卻故意不見他，託辭說自己臥病在床，等到傳話的人送孺悲出門，孔子拿琴來彈，並唱著歌，讓孺悲聽到。】此則孔子表示自己無病，是不想見孺悲。孺悲或因行爲不檢，孔子示之要自重，不願當面指責他。

時哉時哉

魯哀公十二年（西元前四八三年），孔子六十九歲，孫孔伋生，字子思。是年，不久，而孔鯉卒，行年五十歲，孔子有喪子之痛。孔鯉之葬，有棺而無槨，依禮葬之，孔子身爲大夫，生活平實而無華。

君賜食，必正席先嘗之。君賜腥，必熟而薦之。君賜生，必畜之。（〈鄉黨〉）

哀公敬重孔子，平常極爲禮遇，有節慶必遣專使饋賜禮品，孔子依禮儀拜受。(薦，即獻祭)。【國君賞賜熟食，必當場接受專使饋贈，端正捧在手中，放在席位上，拜謝然後嚐一口後，向送來的人說：「好吃，謝君賞賜！」專使覆命。國君賞賜生肉，孔子接受後，一定命人煮熟，告祭於祖先之前，以顯尊榮。國君賞賜牲口，如小羊、小豬等，就命人好好地餵養。】對於哀公之美意，孔子都以誠敬之心拜受而致謝。

侍食於君：君祭，先飯。疾，君視之，東首，加朝服拖紳。君命召，不俟駕行矣。(同前)

孔子爲魯大夫，行事敬謹，安守本分，親和虔誠，容色安詳。哀公雖是年輕國君，卻喜歡親近孔子，並加以敬重禮遇。是故，【國君祭祀天地，召請孔子，祭畢則侍食於哀公身邊，孔子先嘗飯菜，再向哀公報告說：「這些飯菜味道都很好。」讓哀公安心吃飯。孔子生病，哀公親臨探視，孔子頭朝東躺在病榻上，身上加蓋朝服，衣帶平放在身邊，表示朝拜的樣子。平時，國君命人召請，孔子立刻起身就走，不等車子駕好。】(君祭，是與君同祭；東首，指病者頭朝東臥於南牖，君坐於北而南面視之，病者如朝拜於君；拖紳，指平放衣帶)。面對國君時，孔子謹慎細心，堅決明確，行事恭敬而有禮。

朋友死，無所歸，曰：「於我殯。」朋友饋，雖車馬，非祭肉，不拜。(同前)

孔子之仁心，以義爲標準，仁心在內，義行於外，故順著正義而行。【朋友去世了，因爲家裡沒人料理後事，孔子馬上說：「由我來安排殯葬之事。」必盡禮而安葬之。如果朋友送他東西，孔子也會接受，雖然像車馬般貴重的東西，受而不拜；若祭肉，則拜謝然後接受。】（歸，是歸葬；無所歸，指家裡無人送葬；殯，指料理殯葬之事）。孔子行禮合義，這是人生之原則，是非分明。孔子認為「以德報怨」不合理，而主張「以直報怨」，其道理在此。

寢不尸，居不容。（同前）

孔子平居自然。【睡覺時，身體輕鬆平躺不像死屍，平居不會給人臉色。】（居不容，非情也。但不若奉祭祀、見賓客而已，申申夭夭是也）。平居態度舒泰，自然而和悅。

見齊衰者，雖狎必變；見冕者與瞽者，雖褻必以貌。（同前）

此節與前面「子見齊衰者」章可以參證。【看見穿喪服的孝子，雖然是平常狎熟的人，臉色馬上變為哀傷；看見戴著禮帽的官員和瞎子，雖然是常見的人，態度上都很有禮貌。】行禮有節，孔子為人慈愛而誠敬，一向都是如此。

凶服者必式，式負版者。有盛饌，必變色而作。迅雷，風烈，必變。（同前）

孔子平常生活安詳，態度極為自然。（盛饌，即喜事盛宴；作，指起身祝賀）。【孔子坐車時，看見穿喪服的孝子，一定起身，手扶車前橫木示敬；看見為國負圖版的人，也靠著橫木表示尊敬。孔子參加喜事盛宴，主人敬酒時，一定起身恭敬地向主人祝賀。遇到閃電急雷，狂風大作時，一定臉色大變，表情驚恐，因天災而害怕。】孔子對突然之災變，戒慎恐懼，表示敬畏天道。對於人事之無禮，孔子則無所畏懼。

升車，必正立，執綏。車中不內顧，不疾言，不親指。（同前）

孔子上了年紀，特別注意自己的安全。【上車時，一定先端正站好，再拉住上車的繩索，認爲安全才上車。孔子在車上向前看而不回頭看，不大聲講話，也不會指東指西的。】（綏，是上車繩索；親指，是親手指物）。孔子行爲謹慎而穩重。

色斯舉矣，翔而後集。曰：「山梁雌雉，時哉時哉！」子路共之，三嗅而作。（同前）

孔子帶領子路去遊山，驚動山中的雉鳥。【雉鳥看到人影，就驚飛起來了，孔子與子路停下腳步，安詳地觀賞，雉鳥飛了幾圈，感到沒有危險，又成群地飛下來。孔子有所感觸地說：「山橋邊的這些雌雉，真懂得時機啊！真懂得時機啊！」子路就拱手揮一揮，雌雉叫了三聲，又張開翅膀飛起來了。】（色斯舉矣，色指人影，舉是飛起，指雌雉看到人影就飛起來；共，通拱，指合手表示善意）。此則記載雌雉似有靈性，感覺出人的善意，就不會驚恐而亂飛。

子曰：「衣敝縕袍，與衣狐貉者立，而不恥者，其由也與！『不忮不求，何用不臧？』」子路終身誦之。子曰：「是道也，何足以臧？」（〈子罕〉）

子路勇敢率直，毫不矯飾。（敝，是破舊；縕袍，是長袍中雜有舊棉絮；狐貉，是貴重的皮裘；忮，音志，是嫉害；臧，是善；終身，是經常）。【孔子說：「穿著破棉絮的大衣，和穿狐貉皮裘的人站在一起，一點也不以爲可恥的人，大概只有仲由吧！詩曰：『不嫉害不貪求，有何不善呢？』」】〈邶風．雄雉〉：「不忮不求，何用不臧。」此爲結句。【子路就整天背誦「不忮不求，何用不臧」的句子。孔子說：「這是做人的常道，怎麼就認爲是盡善呢？」】孔子贊美子路之爲人，但也示意不可因此而自滿。子路個性率直，對於惡衣惡食並不在意；然而孔子之贊美，子路有飄飄然之感。

子曰：「譬如為山，未成一簣，止，吾止也。譬如平地，雖覆一簣，進，吾往也。」（同前）

此章在上章稍前，孔子以築山喻爲學進德。【孔子說：「一個人的進步，就比如築山，還差一簣沒有堆成，就停止了，是我自己要停止的。也比如要塡平一塊窪地，雖才倒入一簣，繼續進行，是我自己要做下去的。」】這是功虧一簣的典故。（簣，竹器，即今日之畚箕；爲山，即造山；平地，即塡平窪地）。功虧一簣不足取。孔子勉人上進，只要自己堅持，精衛也可以塡海，所謂有恆爲成功之本，道理極爲淺近，有恆就是毅力的考驗，堅忍不拔的人，必定成功。

其八　七十從心所欲，不踰矩

孔子至七十歲，深感人生歷程曲折艱險，自述平生六個階段之進境。孔子自稱是「知之次者」，但人生好學，從十五歲「而志於學」至三十歲「而立」，確立人生之目標。孔子打開平民教育的風氣，成爲中國文化傳播的先知，開始受到世人的敬重，弟子呼之曰「夫子」，或簡稱「子」。孔子因爲好學，不斷地求進，至四十歲「而不惑」，擁有智慧的光輝，照耀於世。其間，因魯昭公失政，流亡至齊國，孔子亦至齊，有意尋找出仕機會，但因晏嬰從中阻撓，無法出仕；至昭公卒，孔子返魯，魯政不振，權臣專擅，孔子不仕，實則亦無從政機會，終於至五十歲「而知天命」。孔子五十一歲，爲中都宰，一年即升爲司寇，可以施展執政能力，主張墮三都，卻三墮其二；齊國又饋女樂，破壞孔子之執政，造成魯國君臣之荒淫，三日不朝，孔子去魯。孔子適衛，開始周遊於列國之間，至六十歲「而耳順」。孔子率弟子奔走四方，「匪虎匪兕，率彼曠野」，栖栖皇皇，席不暇暖，到處碰壁，「若喪家之狗」，因爲許多賢者隱士之言，聽到各種聲音，自然耳朵越聽就越順了；孔子人格光明正大，心中坦然，故耳聞之而順意，人生無所不適。至於今天，孔子七十歲，「人生七十古來稀」，這是古稀之年，與世無爭，自然順適，而無拘無束，從心所欲，平和自在，做事順心，而不會有所差錯。

> 三百五篇，孔子皆弦歌之，以求合韶武雅頌之音，禮樂自此可得而述，以備王道，成六藝。孔子晚而喜易，序、彖、繫、象、說卦、文言。讀易，韋編三絕，曰：「假我數年，若是，我於易則彬彬矣。」（《史記．孔子世家》）

此則記載孔子先後完成六經，六藝指六經。並且，孔子晚年特別喜歡讀易，至韋編三絕，即綁在簡冊之牛皮繩子斷三次，孔子因此作十翼，輔助易理，終於完成《易經》。孔子研易而文質彬彬，身心安適自在，人生通達而圓融。

忠告善道

孔子因魯史記修春秋，未易其名，故春秋是魯國之書，非孔子之書。孔子筆削成書，已經進行至當前之身世，皆是孔子當代親見耳聞之事，時代淪落，道德敗壞，非一人一時之力所能改變，唯有寄託於文化之傳承，致千百年之堅毅發展，然後止於至善，孔子之精神在此，春秋之大義亦因此顯於世。

> 春秋之義行，則天下亂臣賊子懼焉。（同前）

春秋筆法確立了史書的正義，而使後世之亂臣賊子有所戒懼。

> 子游曰：「事君數，斯辱矣；朋友數，斯疏矣。」（〈里仁〉）

事君數之「數」，指數諫；朋友數之「數」，指數勸。【子游說：「對國君苦心數諫，這樣就會遭到恥辱；對朋友好意數勸，這樣就會友情疏遠。」】國君有過則諫，是忠君，明君自會接受，不能接受則止；不聽，再諫，則「批逆鱗」，自取其辱。朋友有規過勸善之義，相知為友，故有過則勸勉之，彼此心無芥蒂，坦然接受；若有過規勸而不聽，顯然友誼有裂痕，彼此就會疏遠。

子貢問友，子曰：「忠告而善道之，不可則止，毋自辱焉。」(〈顏淵〉)

曾子曰：「君子以文會友，以友輔仁。」(同前)

此二章並列，所言為交友之道。(忠告，即忠言勸告；善道，即善意開導)。【子貢問交友之道，孔子說：「朋友有過要忠言相勸並且善意開導，不肯聽就停止，不要自取其辱。」】親師取友，是進學之道，「無友不如己者」，交友在取法朋友之善。曾子見道，器量與聖人相同，深知交友對自己有益。(以文會友，指朋友相聚喜談文學)。【曾子說：「君子以文學來交朋友，又以朋友來增進品德修養。」】(講學以會友，則道益明；取善以輔仁，則德日進)。文就廣義言，是指詩、書、禮、樂等文物制度；仁是總德之稱，輔仁是指增進品德。曾子傳聖人之道，乃一代宗師。

孔子曰：「益者三友，損者三友。友直，友諒，友多聞，益矣；友便辟，友善柔，友便佞，損矣。」(〈季氏〉)

孔子指示明辨益友與損友。【孔子說：「有益的朋友有三種，有害的朋友也有三種。正直的朋友，誠信的朋友，見聞廣博的朋友，是有益的；言語不實的朋友，虛僞應付的朋友，諂媚討好的朋友，是有害的。」】(便辟，是故意以言語玩弄對方，即言語不實；善柔，是工於討好卻無誠意，即虛僞應付；便佞，是口才善巧卻不真實，即諂媚討好)。結交益友，增進品德，生活充實，「近朱則赤，近墨則黑」，損友則無益，甚至於反目成仇。

子貢問曰：「鄉人皆好之，何如？」子曰：「未可也。」「鄉人皆惡之，何如？」子曰：「未可也。不如鄉人之善者好之，其不善者惡之。」(〈子路〉)

孔子對事物不持主觀之成見，完全「毋我」精神。鄉人好惡之人，可能是親屬，或爲鄰居熟人，皆不客觀，故子貢之問，孔子皆答「不可以」，尙不得論其善惡。【子貢問孔子說：「全鄉的人都喜歡他，這個人怎樣？」孔子說：「還是不可以。」又問說：「全鄉的人都討厭他，這個人怎樣？」孔子說：「還是不可以。不如全鄉的善人喜歡他，那些不善的人討厭他，這樣才能看出這個人好或不好。」】是故，必須是善人好之，則爲好人；惡人惡之，必是壞人，而萬惡不赦。此言「鄉人」則非孔子所熟知，故以鄉人善與不善者之評論，則爲客觀標準。

叔孫武叔語大夫於朝曰：「子貢賢於仲尼。」子服景伯以告子貢。子貢曰：「譬之宮牆，賜之牆也及肩，窺見室家之好；夫子之牆數仞，不得其門而入，不見宗廟之美，百官之富。得其門者或寡矣。夫子之云，不亦宜乎！」(〈子張〉)

叔孫武叔毀仲尼，子貢曰：「無以為也！仲尼不可毀也。他人之賢者，丘陵也，猶可踰也；仲尼，日月也，無得而踰焉。人雖欲自絕，其何傷於日月乎！多見其不知量也！」（同前）

此二章記載叔孫武叔詆毀孔子，子貢爲夫子辯解之辭。叔孫武叔，名州仇，魯大夫，乃三桓叔孫氏族人，此人昏庸無知，好議人非而無禮。（宮牆，指居室牆壁，古稱居室爲宮；仞，音任，周制七尺或八尺爲一仞）。【叔孫武叔在朝廷對大夫們說：「子貢比仲尼還要賢明。」子服景伯聽後就去告訴子貢。子貢說：「他不懂我們老師。譬如居家的牆壁：我家的牆壁只到肩上那麼高，就看得見房中美麗的擺設；我們老師的宮牆有數仞之高，不從大門進入，就看不到裡面宗廟的華麗，文武百官的盛況。能找到老師家門的人也許很少吧！叔孫武叔會講這種話，不也是應該嗎？」】子貢此喻簡明而深刻，一見明曉，然而最後「夫子之云，不亦宜乎」純屬賣弄口舌，有意討好叔孫武叔。叔孫之言是否「宜」，一望而知，子貢卻說「不亦宜乎」，是子貢默認嗎？令人懷疑。子貢與宰我皆有此弊，好逞口舌。叔孫武叔一次還不夠，再來第二次，這種不當之言論，正是孔子「耳順」之見證，心中不以爲意。叔孫武叔說孔子比弟子不好，那就算了，好與不好，自在人心，然而「毀仲尼」，到底怎麼詆毀，怎麼謾罵，不得而知，大概罵了許多話，無法記清楚，或者是很難聽的；但罵的話已經傳開了，大家都聽到，子貢再站出來爲老師辯護。（無以爲，即不用這樣；多見，是只見）。【叔孫武叔毀謗仲尼，子貢說：

「不用這樣罵我們的老師啊！我們老師是不可以亂罵的。別人的賢明，就像小山丘一樣，還是可以爬過去；我們老師就像日月，沒有人能夠超越過去。日月的光明，永恆照耀，世人雖然可以不要光明，但對日月又有什麼傷害呢！只見世人自己不知量力罷了！」】這段話講得真透徹，而且比喻高明，子貢不愧是言語第一。世人想自絕，又何能傷害日月？有人不滿上天，抬頭向天吐痰，痰立刻落到臉上，對天有何傷害呢？

> 陳子禽謂子貢曰：「子為恭也，仲尼豈賢於子乎？」子貢曰：「君子一言以為知，一言以為不知，言不可不慎也！夫子之不可及也，猶天之不可階而升也。夫子之得邦家者，所謂『立之斯立，道之斯行，綏之斯來，動之斯和；其生也榮，其死也哀』。如之何其可及也？」（同前）

此章與前二章並列。子貢之言，推崇孔子如天之高，正是聖人崇高的境界。陳子禽，不知何許人，與陳亢應是不同人；陳亢之問孔子與伯魚，雖出於好奇，但言辭上並無不敬。此位陳子禽顯然對孔子無所知，或指爲子貢弟子，故稱子貢爲「子」，則更不可能；子是男子美稱，稱「子」是尊敬之意，如認爲是指「老師」，就太荒唐了，因爲徒孫對太老師也不應該這樣無禮。子貢財大氣粗，爲人大方而闊綽，與諸侯分庭抗禮，外人所見孔子弟子如此，正是「後生可畏」，對子貢就會有當面恭維之辭，稱孔子比不上子貢，這是在學生面前罵老師，子貢當然生氣，認爲陳子禽太過分了，所以就當面指正他。【陳子禽告訴子貢說：「您太謙恭了吧，仲尼哪能比您賢明呢？」子貢說：「這什麼話，君子說一句話，就可以看出他聰明不聰明，說話怎麼可以不謹慎呢！我們老師是無法比得上的，就像天沒有階梯登上去一樣。我們老師能在國家完全掌政的話，所謂『教導人民自立就能自立，引導人民德行就會有德行，安撫人民各地的人都來歸順，差使人民也都會和睦相從；在世時大家以他爲榮，去世時每個人都非常哀傷』。像這樣，我們老師怎麼能比得上呢？」】子貢引「立之斯立」等六句，是古人之言。（道，通導；綏，指安撫；動之，指動用人民）。子貢之推崇，其比喻深刻而至切，聖人之德正是如此。

子罕言：利與命與仁。（〈子罕〉）

此章是〈子罕第九〉篇首。指出孔子很少談論的是：利益、天命、仁道等三件事。孔子做人處世，盡心盡力，故不談利；人生在於自我之努力而成長，永恆不懈，故不談命；仁是全德之稱，孔子勉弟子實踐平常之道德，對於仁之高遠境界非一般人可及，故孔子不直接談仁。孔子以文、行、忠、信教弟子，包括知識與品德之進步，教育內容真實，並且是具體之行爲，至於空泛而高遠的義理，言之無據，孔子因此在教學時不談。

顏回者好學

孔子好學，這是孔子一生唯一對自己的肯定；顏回好學，這是孔子唯一稱贊好學之弟子；

孔子指顏淵「用行舍藏」，是我與爾「有是」，即孔子與顏淵行藏一致。是故，顏淵是孔子得意弟子，孔子對顏淵之期望至爲殷切。

哀公問：「弟子孰為好學？」孔子對曰：「有顏回者好學。不遷怒，不貳過；不幸短命死矣，今也則亡，未聞好學者也。」（〈雍也〉）

顏路與曾點是早期弟子，二人之子顏淵與曾子同爲孔子弟子，這二對父子與孔子師弟情分極深。曾子直指「夫子之道，忠恕而已」，成爲孔子之傳人；實則，曾子太年輕，孔子卒時僅二十七歲，雖然曾子自言「仁以爲己任」，然而孔子之意則在顏淵。孔子曾「退而省其私，亦足以發」，顏淵發揚孔子精神，而行藏如孔子。（不遷怒，即有怒不遷於人）。【哀公問說：「孔夫子！您的弟子中，誰是好學？」孔子答說：「有顏回這個學生好學。他不會遷怒，也不犯第二次過錯；但是，卻不幸短命死了，今天就沒有了，我還沒聽說有好學的人。」】孔子的話充滿失落感，「不幸」是他最深的痛。孔子前失愛子，今又死其愛徒，沉重之打擊，令孔子悲痛不已。「不遷怒，不貳過」是顏淵「克己」之工夫，也是「三月不違仁」的見證，「足以發」即「學而時習之」，此皆證明顏淵繼承孔子精神，好學不厭。

曾子曰：「以能問於不能，以多問於寡；有若無，實若虛；犯而不校。昔者吾友，嘗從事於斯矣。」（〈泰伯〉）

這是曾子對顏淵的懷念。「子入大廟，每事問」，顏淵好學，也有這種精神。【曾子說：「有才能卻下問沒有才能的人，有豐富學識卻下問沒有學識的人；有美德卻好像沒有美德，學問很充實卻好像空無所有；對別人的冒犯一點也不計較。我以前的朋友顏淵，曾經都是這樣表現的啊。」】顏淵是「願無伐善，無施勞」，這是無我之境，與孔子「毋我」相通。（犯，指冒犯；從事，指表現；斯，是此，指前面列舉的事項；從事於斯，指都是這樣的表現）。顏淵好學精神在於虛心求教，絕無自滿之心，只見其進，而「未見其止也」，人生永恆上進。

子曰：「苗而不秀者有矣夫！秀而不實者有矣夫！」（〈子罕〉）

此章在孔子「惜乎」之歎後面，是「未見其止」後所言，聖人之言，透露了隱憂。顏淵之務實與好學，令孔子欣喜贊美，而孔子雖自謂「知之次者」，自己不是先知，無法預知未來的事；然而，孔子有所覺悟，對人生常有很深的體會，顏淵發揮孔子精神，確實難能可貴，但顏淵要求自己嚴苛，使孔子有所不忍。此章完全是隱喻，無任何輔助文字，而難知其意。（秀，是禾開花；實，是果實，指稻穗）。【孔子說：「農夫種稻子很辛苦，但免不了要看天吃飯，所以我們看到稻子長出禾苗，開始插秧，卻等不到開花就枯萎了，哎！有這種的事。插秧後，農夫勤勞灌溉，禾苗終於長大開花，不巧一場大雨把花粉全打掉了，長不出稻穗，最後沒有收成，哎！有這種的事。」】這是孔子借稻子生長來說話，談什麼不清楚。如果孔子只講農夫的辛苦，意義不大，農夫種田，就是看天吃飯，這種事實年年如此。在此，孔子以兩句話含蓋一切，應該不是指農夫種田這回事。樊遲請學稼，孔子說我不如老農，一句話就擋住，孔子不說是事實，言之無益；而這裡，孔子爲何要講苗啊秀啊實啊的？實則，孔子愛惜顏回，有心裁培，而回也「不違如愚」，深得我心；子畏於匡，顏淵後，孔子看到就說以爲其死，話裡有不祥的玄機。苗而不秀，有；秀而不實，有；農夫遇到天災欲哭而無淚，徒呼奈何！孔子「知天命」是知自己天命，無法知別人天命，顏淵「不幸短命死矣」，孔子也是不得而知，這是人生之「不幸」，令人無奈。

子曰：「回也，非助我者也！於吾言無所不說。」（先進）

此章指顏淵對孔子之道領悟真切，完全理解而無疑。（非助我者，是不能幫助我的人，指顏淵不違如愚；無所不說，是對孔子講的都很喜歡）。無所不說是孔子講話的重點，顏淵對孔子講什麼都聽懂，而完全心領神會。【孔子說：「回啊，是對我沒什麼助益的人啊！我講的話他完全喜歡，而且心領神會。】此言在稱贊顏淵聰慧，領悟力高，與聖人之道相通。

季康子問：「弟子孰為好學？」孔子對曰：「有顏回者好學，不幸短命死矣！今也則亡。」（同前）

此章與「哀公問」相同，而孔子之答略簡。應該是哀公問在前，季康子問在後，故孔子只答重點。

顏淵死，顏路請子之車以為之椁。子曰：「才不才，亦各言其子也。鯉也死，有棺而無椁。吾不徒行以為之椁，以吾從大夫之後，不可徒行也。」（同前）

顏淵死，子曰：「噫！天喪予！天喪予！」（同前）

顏淵死，子哭之慟。從者曰：「子慟矣！」曰：「有慟乎？非夫人之為慟而誰為？」（同前）

顏淵死，門人欲厚葬之，子曰：「不可。」門人厚葬之，子曰：「回也，視予猶父也，予不得視猶子也。非我也，夫二三子也。」（同前）

四章繼前章而並列，是記載顏淵之死。這些都是顏淵死時發生的事，可見大家對顏淵極重視，其父顏路亦以子爲榮。第一章，即顏路請孔子賣自己坐車，爲顏淵準備椁。（椁，音果，是外棺；才不才，才指顏淵，不才指孔鯉；不徒行，是不能步行，即孔子是大夫不能賣車而步行；從大夫之後，此爲謙辭，是孔子與大夫同列，出行必坐車）。【顏淵去世，父顏路請求孔子賣掉車子，爲顏淵準備外棺。孔子說：「有才或無才，說來說去都是自己的兒子啊。鯉死時，只有棺沒有椁。我不能每次出去都步行，而把車子賣掉來準備椁，因爲我和大夫們同列，大家都坐車，我不可以一個人步行啊。」】古代爲諸侯大夫，君賜車，不可賣於市。顏路家貧，請求孔子厚葬顏淵，孔子亦有困難。第二章是孔子的悲痛，顏淵死，孔子傷心是事實，但最悲痛的是大道不傳，顏淵是孔子心目中傳道之人，而寄望殷切。【顏淵去世，孔子悲痛地說：「唉！這是上天要亡我啊！這是上天要亡我啊！」】顏淵是孔子的希望，幾十年的栽培，卻在青壯之年而卒，痛何如斯！「天喪予」是指道無人可傳。第三章記孔子傷心過度，弟子亦感到難過。

【顏淵去世，孔子哭得太悲傷，身邊的弟子說：「老師太過悲傷了啊！」孔子說：「我有太過悲傷嗎？我不為這個人悲傷過度，還要為誰呢？」】（慟，音痛，是太過悲傷；夫人，指這個人）。孔子悲傷過度，自己不覺，是認為這樣還不夠。由此可見孔子對顏淵關愛之情，顏淵之死，這個打擊太大了。第四章是孔子主張喪禮要相稱，顏淵厚葬不合禮。（猶父，是像父親；猶子，是像兒子）。【顏淵去世，門人都主張應該厚葬，孔子說：「不可以。」結果門人還是厚葬顏淵，孔子悲痛地說：「回啊，他看我像父親一樣，我卻不能看他像兒子一樣。這不是我啊，是你們這些同學啊。」】顏淵厚葬是父親顏路之意，故由同門集資而厚葬之。孔鯉死，由孔子作主，今顏淵父親還在，當然由他父親作主。孔子謂「各言其子」是指親疏關係，顏路是顏淵之父，這是親情，事實而無可否認，孔子不能說顏路不對，故謂「夫二三子」，指的是那些弟子們。顏淵卒時，年四十一歲。

河不出圖

魯哀公十四年（西元前四八一年），孔子七十一歲，齊國發生政變。早在景公之時，田氏豪取強奪，景公不管，至今勢力長成，侵凌公室，而田常終於弒其君。

陳成子弒簡公，孔子沐浴而朝，告於哀公曰：「陳恆弒其君，請討之！」公曰：「告夫三子。」孔子曰：「以吾從大夫之後，不敢不告也！君曰：『告夫三子者。』」之三子告，

不可。孔子曰：「以吾從大夫之後，不敢不告也！」〈憲問〉

齊國發生政變，孔子請魯國出兵討逆。陳成子即田常，又叫陳恆，與宰我同事齊簡公，田氏勢強，謀亂，宰我與之戰，不勝被殺；陳成子遂弑簡公，立其弟為平公，自己為齊宰相，擅權；田常再傳至三世，曾孫太公田和之勢強於公室，終於篡位自立，為齊侯太公，正式立為齊君。【陳成子叛逆弑簡公，孔子沐浴潔身上朝，向哀公上告說：「陳恆忤逆弑其君，請魯國出兵討之！」哀公說：「你去告訴他們三人。」孔子說：「因為我是跟隨大夫之後的人，不敢不來告知啊！您說：『這種事去告訴他們三人。』」孔子無奈，就去告訴三桓，三桓不可，不肯出兵。孔子說：「因為我是跟隨大夫之後的人，不敢不來告訴啊！」】（沐浴而朝，是孔子表示慎重，沐浴淨身後才上朝；從大夫之後，謙辭，指其身分為大夫）。孔子雖然年老，但因事關國際之視聽，陳恆忤逆弑君，不可縱容，各國都應該聲討，如果魯國出兵，各國諸侯響應，則國際間尚有公理。然而，事實則相反，孔子言「不敢不告」，一而再，是早就看清哀公懦弱，三桓目中無君，孔子僅表明身分而已。

曾子曰：「慎終追遠，民德歸厚矣。」〈學而〉

人有思想，有感情，孔子倡導教育之目的即在於啓發人性，提昇人生之價值。聖人制禮作樂，就是要引導人生，走向合理正道，這是人性的光輝；人為萬物之靈，許慎曰：「人，天地之性最貴者也。」人，最高貴，是天地間最有智慧的動物，人性之可愛與可貴在此。宰我仕於齊，因田常之亂而死，孔子曾指「予之不仁」而不肯爲父母守喪三年；宰我雖是聖人之徒，行事常違反正道，宰我不僅晝寢，被孔子罵爲「朽木」，而且斤斤計較於一年或三年之喪，令孔子失望。試問父母給我們生命，我們又能給父母什麼？三年之喪是天下通喪，宰我之無知，對其死，孔子並無表示特別哀傷。曾子傳孔子之道，知道孔子精神所在，也知道人性價值所在。【曾子說：「父母臨終，謹慎辦理喪事，並且誠敬地祭拜追思祖先，社會風氣自然就會變得淳厚。」】人情澆薄，失去人性，人生也就沒有意義了。

子曰：「文，莫吾猶人也；躬行君子，則吾未之有得。」（述而）

孔子深感教育之艱辛。孔子對弟子表示毫無隱瞞，坦然以對，亦期勉弟子注重品德之表現，然而優秀如子貢，仍然無法悟道；此次周遊列國，弟子亦追隨身邊，奔波勞累，同甘共苦，孔子聖人之德應足以感化弟子，卻因資質不同，無法引領弟子進入大道之殿堂。【孔子指躬行君子之難，所以說：「學文這方面，或許我還和別人一樣，下工夫就可以有成果；但我發現躬行君子則很難，一直到現在我仍然感覺沒有做到。」】（莫，是或許，疑辭；有得，指做到）。學問可以努力進步，品德提昇則在自我要求，做到多少自己最清楚。所謂「人不知而不慍，不亦君子乎」，慍不慍在於自己，君子內心自知。孔子感慨自己沒有做到，正是力求上進，永恆向上之意。

魯哀公十四年，春，狩大野。叔孫氏車子鉏商獲獸，以為不祥。孔子視之曰：「麟也！」

取之。（《史記．孔子世家》）

鉏商獲獸，即射殺一隻野獸，人不識，叔孫以爲不祥，棄之郭外。叔孫使人告孔子曰：「有麕而角者，何也？」孔子往觀之曰：「麟也，胡爲來哉？胡爲來哉？」反袂拭面，涕泣沾襟。麒麟是仁獸，明王在世乃出，今日天下無道，不幸而出現，爲人所不識而遭到殺害，孔子對麒麟之死，內心悲傷而落淚。

子曰：「弗乎弗乎，君子病沒世而名不稱焉。吾道不行矣，吾何以自見於後世哉？」乃因史記作春秋，上至隱公，下訖哀公十四年，十二公，據魯親周。故殷、運之三代，約其文辭而指博。（同前）

春秋之書，至此絕筆，止於獲麟。春秋始於魯隱公元年，至哀公十四年止，凡二百四十二年，爲春秋時代，孔子絕筆於獲麟，至此不寫了。

子曰：「鳳鳥不至，河不出圖，吾已矣夫！」（〈子罕〉）

今天，時代變了，人力要挽回很難。大家知道潮流所趨，隨波逐流容易，逆流而上則極爲艱難；時代若流水向下奔流，奔流到海不復回。天不降生聖人，孔子也無法生在聖人時代，聖人在世，不爲世人所知，且孔子有德而無位，道之不行，早已知之。【孔子感慨地說：「今天，看不見鳳凰出現，黃河也沒有龍馬負圖而出，時代不出現聖瑞，我的理想就這樣算了吧！」】這是聖人之歎。舜在位，鳳凰來儀；伏羲王天下，龍馬出於河，伏羲見其背上毛文而畫八卦；

聖賢文化順此而發展，孔子期待聖瑞之出現，至今不至，孔子之道似乎可以停止了。已矣夫，意即停止了啊，語氣上是說算了吧。孔子對時代有無奈之感。

> 子張學干祿，子曰：「多聞闕疑，愼言其餘，則寡尤；多見闕殆，愼行其餘，則寡悔。言寡尤，行寡悔，祿在其中矣。」〈爲政〉

孔子勉子張自求多福之道。許愼曰：「祿，福也。」祿之本義爲福，故子張學干祿是指向孔子請教求福之道，非求祿位。春秋時代，官職都是以貴族世襲爲主，士之出仕，必須言行特優，受到敬重，由貴族薦引而出仕，孔子一生亦僅出仕一次，周遊列國之目的，亦在尋找出仕機會，但必須有國君之信任，用之然後出仕，故祿位不可求。【子張請教孔子如何求福，孔子說：「求福就是避免災禍，那麼你要多聽別人講話，有疑問的擱著，其餘的在說話時要謹愼，這樣就會少說錯話；還有，你多看人家做事，把會做錯的事擱著，其餘的認真謹愼做好，這樣就會少做錯而後悔。一個人少說錯話，少做錯事而後悔，求福就在這裡面了。」】（闕，是空下，指擱著；寡尤，指少過錯；殆，是危而不安）。孔子弟子中，子張年紀最輕，是後起之秀，孔子指「師也辟」，辟是張大之意，即心胸開闊，有大志，但亦有「過之」之弊，而不夠踏實，故孔子示之自求多福，則必須從自己言行做起。

> 子游曰：「吾友張也，為難能也，然而未仁。」〈子張〉
>
> 曾子曰：「堂堂乎張也，難與並為仁矣。」〈同前〉

此二章並列，是同門對子張之評論。子張小子游三歲，小曾子二歲，同門師兄弟中年紀最接近，可以相交爲友。【子游說：「我的朋友子張啊，是個難能可貴的君子，但還不及仁。」】子張有美德而未達於仁，子游體會到人生要成仁極爲不易。（堂堂，是容貌莊嚴）。【曾子說：「子張是一位容貌莊嚴的君子啊，爲人豪邁不拘，卻不容易和他共同行仁。」】（言其務外自高，不可輔以爲仁，亦不能有以輔人之仁也）。子張寬宏，曾子篤實，二人性格不同，難以同爲仁。曾子之言，有包容之意。

察言觀色

曾子之道與孔子之道，一以貫之，曾子領悟夫子之道是忠恕，忠恕是仁的一體兩面；求己就是忠，寬人就是恕，子游與曾子對子張都有贊美寬容之意。

曾子曰：「君子思不出其位。」（〈憲問〉）

此章所言出於《易．艮》卦，象曰：「君子以思不出其位。」曾子讀之而有感，故特別強調。此章前有：子曰：「不在其位，不謀其政。」則是重出。何晏將孔子與曾子之言二者銜接，合爲一章；朱熹則分爲兩章。【曾子說：「君子守本分，思慮絕不超出自己的職位。」】此言指君子盡職守分，所思皆不超越自己的範圍。

子張問曰：「令尹子文三仕為令尹，無喜色；三已之，無慍色；舊令尹之政，必以告新

令尹。何如？」子曰：「忠矣！」曰：「仁矣乎？」曰：「未知，焉得仁？」「崔子弒齊君，陳子文有馬十乘，棄而違之。至於他邦，則曰：『猶吾大夫崔子也！』違之。之一邦，則又曰：『猶吾大夫崔子也！』違之。何如？」子曰：「清矣！」曰：「仁矣乎？」曰：「未知，焉得仁？」（〈公冶長〉）

孔子許人以一德之美，對於仁則未知，即仁之德不易得。令尹是楚國上卿官名，職位同於宰相；子文，姓鬥，名穀於菟，音過烏吐，字子文。令尹子文，春秋初期人，事楚成王，是歷史人物；陳子文，齊賢大夫，名須無，諡文。【子張問孔子說：「令尹子文擔任過三次令尹，沒有表示喜悅的樣子；三次被罷職，也沒有不高興的樣子；並且，自己原來當令尹的政令，一定清清楚楚地告訴新令尹。這個人怎樣？」孔子說：「盡忠啊！」再問：「是仁嗎？」孔子說：「不知道，怎能算仁呢？」子張又問孔子說：「當崔杼逆弒齊莊公時，陳子文是大夫，擁有十輛兵車，棄之不要而逃出齊國。到了別的國家一看，就說：『還是像我們國家的大夫崔子一樣啊！』又逃走了。到另一個國家一看，就又說：『還是像我們國家的大夫崔子一樣啊！』又逃走了。這個人怎樣？」孔子說：「清高啊！」再問：「是仁嗎？」孔子說：「不知道，怎能算仁呢？」】孔子稱仁有二種：一種是指比干、微子、箕子、伯夷和叔齊等五人，是人格高潔，殺身成仁；另一種是指管仲一匡天下，維護民族文化之大仁。至於一德之善，孔子雖然推崇之，而未至於仁，不輕易許之以仁。盡忠與清高，是難得之善行，不是仁。

子張問：「十世可知也？」子曰：「殷因於夏禮，所損益，可知也。周因於殷禮，所損益，可知也。其或繼周者，雖百世，可知也。」（為政）

孔子因「及史之闕文」，而知夏禮與殷禮，自己可以說其大概情形，但文獻不足，無法證明。孔子知道夏禮和殷禮，這裡透露了重要的訊息，孔子是從「損益」而向上推論，故可以了解大概的情形。中國歷史，代代相傳，制度上必有所損益，依此可以尋出朝代演變的軌跡。（世，指朝代；十世，即十個朝代）。【子張問孔子說：「十個朝代以後的事可以知道嗎？」孔子說：「殷商因襲夏代的禮制，有增有減，從這裡可以推知。周代又因襲殷商的禮制，也有增有減，從這裡可以推知。將來的朝代也許繼周朝而發展，雖然是百代之後，從演變一樣可以推知。」】秦代繼周，二世而亡，孔子未及見，然而禮樂敗壞，道德淪喪，人心不古，亦可得而知之。時代不斷地演進，有人「常懷千歲憂」，孔子至「從心所欲」，可以不為世俗所拘，子張之問，孔子示之推論之道，而知一代一代之增減不同。

子張問善人之道，子曰：「不踐跡，亦不入於室。」（先進）

孔子曾經多次談到「善人」，卻未說明什麼是善人，似乎是自然的好人，而且有了不起的本事，孔子同時感歎「聖人」與「善人」，吾不得而見之，則「善人」亦是遙不可及，似與「聖人」等同。善人是質美而未學，這是歷來之解釋。善人之道，似乎並不指怎樣成為善人，而是善人是如何表現的。【子張問孔子說：「善人的行為是如何表現的？」孔子說：「善人行善不必效法別人的軌跡，又因質美未學而無法登堂入室。」】（善人雖不必踐舊迹而自不爲惡，然亦不能入聖人之室也）。子張前章問「十世」與此章問「善人」，二者皆迂闊而不切實際；孔子之答有實有虛，前章言夏、商、周是實而百世是虛，此章「不踐跡」是實，「不入於室」是虛。「善人」可與「聖人」並列，然而天賦特異，非一般人所可理解。

子張問明，子曰：「浸潤之譖，膚受之愬，不行焉，可謂明也矣。浸潤之譖，膚受之愬，不行焉，可謂遠也已矣。」（顏淵）

子張問明，孔子先言明，後言遠，二者相通，明理則見識高遠。（浸潤，是滲透之意；譖，是讒言；膚受，是親身感受；愬，是訴苦）。【子張問孔子怎樣可以明理，孔子說：「別人滲透般的讒言，又將親身的經驗向你訴苦，對你卻行不通，這樣可以說是個明理的人。進一步來說，這種滲透的讒言，切身的訴冤，對你一點都行不通，這樣可以說是見識高遠罷了。」】孔子所強調的是「不行焉」，一個人明理而見識高遠，頭腦清醒，不因別人說得可憐就被迷惑。子張個性寬宏，理想太高，有時做事大而化之，孔子示之爲人要穩重。或謂子張才高志遠，見孔子言夏禮、殷禮，至於今之周代「郁郁乎文哉」，故有意創新禮制以爲後世之法，問孔子「十世」，若十世可知，則禮法可以行之久遠；然而，孔子答「或繼周」是僅一代，至於百世可知，則是空言。孔子之言對子張有所暗示，這是「夫子循循然善誘人」的精神。

子張問崇德、辨惑，子曰：「主忠信，徙義，崇德也。愛之欲其生，惡之欲其死；既欲

其生，又欲其死，是惑也。」（同前）

子張是年輕後輩，有強烈求知慾，尤其面對德高望重的老師，是難得一遇之聖人，提出之問題甚多，不管合不合理，總之像挖寶一樣，向孔子問東問西。【子張問孔子說：「怎樣可以增進品德與辨別疑惑。」孔子說：「一生堅守忠信，而且見義勇爲，這樣就會增進品德。愛一個人就想讓他活，討厭又想讓他死；既然想要他活，又想讓他死，這是非常疑惑的事。」】（愛惡，人之常情也。然人之生死有命，非可得而欲也。以愛惡而欲其生死，則惑矣）。生死非人力可決定。孔子言崇德是指具體行爲，辨惑則言生死。子路問死，孔子答「不知生，焉知死」，雖有答而實則無答，孔子對不切實際的問題，不直接做答。惑是心理問題，孔子答既欲其生又欲其死，則是大惑，終身不得其解；若不惑的人，就不會鑽牛角尖，能夠看得開的人，就不疑惑了。

子張問：「士，何如斯可謂之達矣？」子曰：「何哉？爾所謂達者？」子張對曰：「在邦必聞，在家必聞。」子曰：「是聞也，非達也。夫達也者，質直而好義，察言而觀色，慮以下人。在邦必達，在家必達。夫聞也者，色取仁而行違，居之不疑。在邦必聞，在家必聞。」（同前）

此章可見子張提出問題，自己也弄不清楚。（質直，是本質正直；慮以下人，是處處考慮居於人下，即不壓人而居上；色，指外表；居之不疑，是認爲自居於仁而不懷疑）。【子張問孔子說：「士，要怎樣做就可以通達呢？」孔子說：「什麼意思？你說通達是指什麼？」子張答說：「就是在國內一定聞名，在大夫之家一定聞名。」孔子說：「這是聞名，不是通達。一個通達的人，本質正直而愛好正義，能夠注意觀察別人的說話和臉色，隨時想著不要壓人而自居於上。這種人在國內一定通達，在大夫之家一定通達。一個聞名的人，表面上像是仁人，而做事卻完全違反仁，虛僞逢迎，自己又以仁者自居，而毫不懷疑。久而久之，在國內一定聞名，在大夫之家一定聞名。」聞人，就是善於自我吹噓的人，每個時代都有這種人，打知名度，拼人氣，聞人未必是好人。子張的問題，至此而偏離道德規範，達與聞皆屬於外在名聲，是虛榮心。孔子所指達者，如今日眾望所歸的人，品德尚可；至於聞者，則如指名人或名嘴之流，人人盡知，但品德上有問題，不算好人。

欲仁得仁

子張好問，孔子誨人不倦，有問必答。前章子張不問何謂士，而直問士如何能達，經孔子追問，始知是指聞名之士，可見子張不在意成爲士，而是想成爲有名的人，認爲只要聞名就有辦法。孔子清楚子張之意，分兩層說明達與聞不同：言達是正面之意，談聞則孔子從反面警示，「色取仁而行違」是行爲不正，只重視表面工夫，是僞君子的作風，社會上這種人太多了，三桓如此，陽貨更甚。前面子張問明，是問得好，表示有明理之心。子張不問士，不懂孔子「士志於道」與曾子「士不可不弘毅」的道理，才問「士何如斯可謂之達」，孔子聽了發現語病，子張不懂得士。

> 子張曰：「書云：『高宗諒陰，三年不言。』何謂也？」子曰：「何必高宗？古之人皆然。君薨，百官總己，以聽於冢宰，三年。」（〈憲問〉）

子張是聖人之徒，具有好學之精神。《書・說命上》：「王宅憂，亮陰三祀；既免喪，其惟弗言。」又〈無逸〉篇：「作其即位，乃或亮陰，三年不言。」子張讀此，不解其意。（高宗，即殷王武丁；諒陰，亦作涼陰、亮陰，是天子居喪之名；不言，指不問政事，天子守喪不談政治；總己，即總攝己職；冢宰，即太宰，後世稱宰相）。【子張問孔子說：「書云：『高宗居喪，三年不談論政治。』是什麼意思呢？」孔子說：「為什麼一定指高宗呢？古人都是如此。君主去世後，文武百官都必須各盡職守，而完全聽命於太宰，新君則守喪三年。」】中國以孝治天下，「三年無改於父之道」就是孝，天子以身作則，故古代帝王皆如此。「古之人皆然」，即古代的人都如此。

> 子張問行，子曰：「言忠信，行篤敬，雖蠻貊之邦行矣。言不忠信，行不篤敬，雖州里行乎哉？立，則見其參於前也；在輿，則見其倚於衡也。夫然後行。」子張書諸紳。（〈衛靈公〉）

許慎曰：「行，人之步趨也。」即人走路就是行。子張問行，指怎樣走路才對，就是如何行得通的意思。（參，指直立；衡，指橫軛；紳，是衣之大帶）。【子張問孔子怎樣行得通，孔子說：「說話忠厚信用，做事篤實恭敬，雖然到野蠻的國家一樣行得通。說話不忠厚又不信用，做事又不篤實恭敬，雖然在自己家鄉行得通嗎？注意！站立時，就看到它直立在面前；在車上，就看到它靠在橫軛上。這樣然後就可以行得通了。」子張把這些話寫在衣帶上，以示不忘。】孔子以「大車無輗，小車無軏」喻「人而無信，不知其可」，衡，即車前之輗軏。如何行得通是隨時隨地都應有的表現，子張問得好，孔子以忠信篤敬勉之，是示之以踏實之人生，欲子張朝此而行。子張將孔子所言特別寫在衣帶上，似乎感受到孔子的話就是針對他，而有特殊意義。子張的人生，正逐漸地開悟。孔子強調「立」與「在輿」，顯然子張能體會夫子之用心。

子張問仁於孔子，孔子曰：「能行五者於天下，為仁矣。」請問之，曰：「恭、寬、信、敏、惠。恭則不侮，寬則得眾，信則人任焉，敏則有功，惠則足以使人。」（〈陽貨〉）

子張終於問到重點，直指孔子思想中心，孔子示之行仁自五項美德開始，「五者」即是「仁」，可見「五者」是重點，必須先做到。【子張向孔子問怎樣實行仁，孔子說：「在天下能夠實行五種美德的，就是仁了。」子張聽孔子沒有直接講，就請問：「哪五種美德？」孔子說：「就是恭敬、寬厚、信用、敏捷、恩惠等。恭敬就不會受到侮辱，寬厚就能夠得到大眾愛戴，講信用就會得到人民信任，勤勉就容易成功，給人民恩惠就能夠差使人民。」】五者是先求自己，進而影響到別人。孔子勉勵子張行仁，必須先落實於具體的行為，而注意平常生活之表現。

子張問仁，孔子不直接答仁，而指「行五者」爲仁，這種答法是前所未有，孔子故意用暗示方式，誘導子張「請問之」，子張好學，智慧之光閃現，真是「孺子可教」，不錯。

子夏曰：「君子有三變：望之儼然，即之也溫，聽其言也厲。」（〈子張〉）

孔子勉子夏爲「君子儒」，子夏因此力行君子之道，而有所體驗。子夏成爲君子是因孔子的啓示而來，故所謂「君子有三變」，實則隱喻孔子，所以此章可與「子溫而厲，威而不猛，恭而安」並觀；稱「子」是明指孔子，「君子三變」之「君子」是暗指孔子。子夏通經，奉行孔子之道，因此而證明孔子的威儀。顏淵之贊頌孔子是「仰之」、「鑽之」高而堅，「瞻前」、「忽後」之神妙，爲親近君子而有得之言。變字，不是變化，君子三變不是指君子有三種變化，也不是變臉；君子行正道，人格永恆不變，三變是指君子有三種不同風貌。【子夏說：「親近君子，可以體會君子三種風貌：仰望則容顏莊嚴肅穆，親近就感到溫和慈祥，聽他說話則言辭真實而嚴正。」】子夏此言亦可與「智者不惑，仁者不憂，勇者不懼」相印證，此爲君子之道，孔子雖說「我無能焉」，實則正是夫子自道，孔子的人生正是如此。

子張問於孔子曰：「何如斯可以從政矣？」子曰：「尊五美，屏四惡，斯可以從政矣。」子張曰：「何謂五美？」子曰：「君子惠而不費，勞而不怨，欲而不貪，泰而不驕，威而不猛。」子張曰：「何謂惠而不費？」子曰：「因民之所利而利之，斯不亦惠而不費乎？擇可勞而勞之，又誰怨？欲仁而得仁，又焉貪？君子無眾寡，無小大，無敢慢，斯不亦泰而不驕乎？君子正其衣冠，尊其瞻視，儼然人望而畏之，斯不亦威而不猛乎？」子張曰：「何謂四惡？」子曰：「不教而殺謂之虐，不戒視成謂之暴，慢令致期謂之賊；猶之與人也，出納之吝謂之有司。」（堯曰）

此章之記載，明確地指出子張有從政之意，然而一生未仕。有人指「子張學干祿」是求祿位，然而孔子指示「慎言」、「慎行」，是平時表現，非專指從政，而此章則明確地指從政，子張並不忌諱請教從政之道。此章子張問話明確，不是單純問政，是「何如斯可以從政」，是明確地指怎麼做就可以從政，這是積極的問題，不是指對政治的理解，而是實際該做的事，所以孔子提出五美、四惡的原則，即指出此事不簡單，要做好必須從各方面注意。此章問答層層剖析，條理井然，子張步步追問，智慧之門開通。五美，指五種美政，即從政要推行善政，自然就會成功；四惡，指四種惡政，行惡政會造成傷害人民。從政而推行善政是德政，若行惡政就是暴政。（尊，通遵；屏，通摒，即摒除；不教而殺，是不先教導就定罪殺人；不戒視成，是不先訓戒就要得到成果；慢令致期，是延慢命令又限期完成；賊，是傷害人民，指民賊；猶之與人，猶是如，之指財物，即如把財物分給人民；有司，指褊狹的小官，即酷吏）。【子張向孔子問說：「怎麼做就可以從政呢？」孔子說：「遵行五種美政，摒除四種惡政，這樣就可以從政了。」子張說：「什麼是五種美政？」孔子說：「君子從政，施惠卻不浪費，勞動人民卻不抱怨，有欲望卻不貪求，舒泰卻不驕傲，威嚴卻不兇猛。」子張說：「什麼叫做施惠卻不浪費呢？」孔子說：「就人民認為有利的給他們利益，這樣不就是施惠卻不會浪費嗎？選擇可利用的農暇來勞動人民，又有誰會抱怨呢？想得到仁就能得到仁，又怎麼會貪心呢？君子不論人多人少，不論小事大事，絕對不敢怠慢，這樣不就是態度舒坦卻不會驕傲嗎？君子衣冠端正，儀表尊貴，態度莊重，別人看到就敬畏，這樣不就有威嚴卻不兇猛嗎？」子張說：「什麼是四種惡政呢？」孔子說：「不教導人民就定罪殺人，就是虐政；不先訓戒人民就苛求成果，就是暴政；延慢命令又要人民限期完成，就是民賊；像把財物分配給人民，發放時卻很吝嗇，就是酷吏。」】五美是德政，可以直接造福民生；四惡是暴政，虐待人民，不僅害民，甚至於弄到民不聊生，若嚴重的話就會官逼民反，而演變成動亂，戰禍從此而起。孔子指示，從政必須實行正道，以愛民政治為主，不可反其道而行，暴虐無道，就會造成國家滅亡。此章正是「不憤不啓，不悱不發」的證明，顯然子張求知欲非常強烈，層層追問，孔子則逐步為之解析，條理分明。就語錄體而言，此章猶如推理小說，使案情逐漸顯露，終於真象大白。

其九　孔子寢疾而終

人生必然會走到終站，孔子艱困之一生終於將得以休息了。孔子歷遭不幸，似乎「天縱之將聖」必須歷經如此考驗，才能由「不惑」而及於耳順。孔子「從心所欲」並非其人生之重點，從心所欲是人人得而行之，不足爲奇，而重點在於「不踰矩」，能夠不踰矩才是聖人最高境界。這一點，孔子早已說過，一言「回也，其庶乎」，再言「用行舍藏」是孔子與顏淵同道，顏淵似孔子。

子曰：「回之為人也，擇乎中庸，得一善，則拳拳服膺而弗失之矣。」（《中庸‧第八章》）

這是孔子指顏淵能選擇中庸之道。擇乎，是取於；拳拳，是奉行不懈；服膺，是放在心中。孔子指顏回取於中庸，只要是善道，就會奉行而不懈，永遠放在心上而不失去，是故，顏淵之人生依正道而行。

魯哀公十五年（西元前四八〇年），孔子七十二歲。曾子年輕而見道，內省堅實深厚，孔子授之以「大學」之章，即所謂大人之學，乃從政之全面工夫。

大學之道，在明明德，在親民，在止於至善。知止而後有定，定而後能靜，靜而後能

安，安而後能慮，慮而後能得。物有本末，事有終始，知所先後，則近道矣。（《大學·經一章》）

此爲大學之道，有三綱領：即在明明德，在親民，在止於至善等；分五個層次：即定、靜、安、慮、得等。從政必先建立目標，從明明德起，而親民，達於至善而後止；知止然後可以自發而內省，由定、靜、安、慮、得等五層次而行之。是故，大學之道，由內而外，自本至末，有始有終，循序漸進，正是從政之道。

古之欲明明德於天下者，先治其國；欲治其國者，先齊其家；欲齊其家者，先修其身；欲修其身者，先正其心；欲正其心者，先誠其意；欲誠其意者，先致其知；致知在格物。（同前）

大學有八條目：即格物，致知，誠意，正心，修身，齊家，治國，平天下等。格致誠正是大學之基礎，修齊治平是由內而外之發展；治學就是先自治其身，進而治人，而齊家，治國，至平天下止。顏淵早卒，故孔子傳曾子大學之道。

仲尼居，曾子侍。子曰：「先王有至德要道以順天下，民用和睦，上下無怨，汝知之乎？」曾子避席曰：「參不敏，何足以知之？」子曰：「夫孝，德之本也，教之所由生也。復坐，吾語汝！」（《孝經·開宗明義章第一》）

孔子又授曾子《孝經》，曾子記之。「孝」乃先王「至德要道」，爲人格品德最高之表現，是眾德之本，聖人教化之根源。是故，《孝經》得曾子而傳。

仁在其中

孔子晚年鄉居生活，從學弟子眾多。孔子在自己父母之國，哀公與季康子尊之爲國老，孔子是享譽國際之學問家，許多後生晚輩慕名而來，孔子「有教無類」，弟子皆受學焉。孔子弟子以魯國人居多，這是地緣關係；孔子是魯國人，早期弟子，如曾點、顏路、子路等都是魯國人；閔子騫、伯牛、仲弓、冉求等亦爲魯人。魯、衛是兄弟之邦，子貢與子夏是衛國人；較遠地方的弟子，如：子游是吳國人，任不齊是楚國人，公堅定和鄡單是晉國人等。弟子中，子夏、子游、曾子、子張等皆爲後起之秀；孔子誨人不倦，弟子皆心悅而誠服。

孔子弟子三千人，三千並不是整數，僅是概念而已，就是指孔子弟子非常眾多；孔子打開平民教育，前面指孔子不是開店營利，這不是賺錢的事業，而是智慧之啓發。孔子弟子眾多，正印證了孔子教育的成功，對後世之影響非常深遠。

子夏曰：「雖小道，必有可觀者焉。致遠恐泥，是以君子不為也。」（〈子張〉）

子夏具有智慧，此章就是證明。孔子勉子夏爲「君子儒」，不可成爲「小人儒」，又謂「君子不器」，君子不可限於器用。此章在「子夏之門人問交於子張」之後，子夏交友之道是「不可者拒之」，堅持自己的原則。（小道，是小技能；可觀，指有價值而值得贊美；致遠，指通向長遠的大道；恐泥，是恐怕拘泥不通）。【子夏說：「雖然是小技能，一定會有價值而值得贊美的。只是學這些小技能要通向長遠的大道，恐怕就會拘泥不通，所以君子不願意只學這些小道。」】小道，就當時社會而言，可以直指六藝，孔子精通六藝，亦以此教弟子，卻勉勵子夏爲「君子儒」，因爲六藝之任何一藝皆是「小道」，不能致遠。孔子指「人不知而不慍，不亦君子乎」，可見孔子自己立志成爲君子，孔子之人生，由「學而時習之」得到「說」，又因「有朋自遠方來」得到「樂」，當然就不在意「人不知」，君子立志行道，故不以器用爲滿足。

伯牛有疾，子問之，自牖執其手，曰：「亡之，命矣夫！斯人也，而有斯疾也！斯人也，而有斯疾也！」（〈雍也〉）

伯牛比子路長二歲，少孔子七歲。伯牛姓冉名耕，字伯牛，魯人，是「德行」科高弟，跟隨孔子身邊長久，心地善良，而爲人虔誠；伯牛與閔子及顏淵皆跡近聖人，具體而微，氣度則仍然有所不及。（牖音有，古稱牆壁窗口爲牖）。伯牛生惡疾，歷來皆指是痲瘋症，一種傳染病，必須與外隔絕，孔子去看病，只能從窗口摸他的手。【伯牛病重了，孔子去探望，自窗口握住伯牛的手，說：「就這樣死了，是命運吧！這樣的好人，怎麼會得這種病呢！這樣的好人，怎麼會得這種病呢！」】正是「天地不仁」，伯牛是品德修養很好的人，卻得惡疾而亡，天命使然，令孔子悲痛而無奈。伯牛卒，是年仲弓亦亡，孔子屢遭愛徒喪亡之痛。伯牛六十五歲卒，仲弓四十三歲。

子曰：「從我於陳蔡者，皆不及門也。」德行：顏淵、閔子騫、冉伯牛、仲弓；言語：宰我、子貢；政事：冉有、季路；文學：子游、子夏。（先進）

孔子晚年回憶以前的事，有悲喜，有哀樂，尤其周遊列國，四處奔波，絕糧於陳蔡之間，弟子皆在身邊，團結一致，共度難關，最後皆得以解困。然而，孔子今日返魯，住在自己家鄉，弟子卻四散飄零，遂感覺老年之落寞。【孔子說：「以前跟隨我奔波於陳蔡時的弟子，現在都不在門下了。」孔子回憶起從前，一個一個地說，德行科好的：有顏淵、閔子騫、冉伯牛和仲弓等四人；言語科好的：有宰我和子貢等二人；政事科好的：有冉有和季路等二人；文學科好的：有子游和子夏等二人。】這就是四科十哲，孔子對目前的弟子談及往事，心中有安慰，也有感傷。人生無不散的宴席，孔子一生學而不厭，誨人不倦，已經接近尾聲了。

子夏曰：「博學而篤志，切問而近思，仁在其中矣。」（子張）

此章是子夏智慧之言。子夏之學以品德實踐為基礎，認為如此「謂之學矣」，與孔子「則以學文」，皆強調實踐道德是為學之基礎。【子夏說：「廣博地學習而且堅定意志，確實詢問而且在近處思索，仁的道理就在其中了。」】（從事於此，則心不外馳，而所存自熟，故曰仁在其中矣）。仁就在學與思之中。切問，指疑問時，立即就問題提出，確實探討，必須完全弄清楚；就切問而言，當然指孔子之教導時有疑就要問清楚。子夏之言，是指四者之密切關係，篤志由博學而來，故篤志在「志於道」，信道堅定；近思亦因切問而覺悟，孔子謂「能近取譬，可謂仁之方也」，即指行仁方法在於近，近則自己最近，行仁在自己，指淺近生活中之表現。孔子指顏淵好學是「不遷怒，不貳過」，即力行「克己」而「三月不違仁」，在乎實生活實踐。行仁不在高遠，子夏指出人生務實態度，博學、篤志、切問、近思等，其中有仁，不必遠求。

子夏曰：「百工居肆以成其事，君子學以致其道。」（同前）

此章與前章並列，二者道理相通。（肆，指市肆，如今日之工場；致其道，指通達聖人大道）。【子夏說：「各種工匠在自己工場中做成各種器物，君子由好學而通達聖人之大道。」】前半「百工居肆」與「工欲善其事，必先利其器」相近，肆中有利器，故可以「成其事」。此章用隱喻談爲學，而且是倒裝句。造句如改爲「君子學以致其道，譬如百工居肆以成其事」，就是明喻句法，但文意淺薄，感受不深。君子學以致其道，可以與博學而篤志相應，其中有仁。

子夏曰：「小人之過也，必文。」（同前）

此章繼前章，是子夏之覺悟。孔子要子夏「無爲小人儒」，小人儒雖不一定指品德不好，但孔子之意是認爲小人儒不好，子夏感覺其中必有深意。此章之意可以證明，小人儒之異於小人者幾希，君子必須有此自覺。【子夏說：「小人有過錯時，一定想盡辦法掩飾。」】（小人憚於改過，而不憚於自欺，故必文以重其過）。小人自欺欺人，孔子指「過則勿憚改」，能夠勇於改過，雖有過而不失爲君子，小人則不然。小人常有過，卻極盡掩飾之能事，如此則積惡越來越深，終至於無所不用其極。君子志於道而行仁，不怕有過，有過必改，善莫大焉，仍然是個君子。

子夏曰：「君子信，而後勞其民；未信，則以為厲己也。信，而後諫；未信，則以為謗己也。」（同前）

子夏堅守君子之道，以「信」爲處世基本態度。此章文辭極精練，造句注重簡省而無受格。「君子信」，信指什麼不清楚，至後面「勞其民」始知指信民，使人民相信；後段亦當言「君子信」，從上省略「君子」留「信」字，繼則當言「而後諫其君」，從「諫」而省略「其君」。（前面己字，是指人民；後面己字，是指國君）。【子夏說：「君子先取信於人民，然後可以差遣人民做事；如未能取信於民而勞動人民，人民會認爲是在虐待人民。進一步，君子先取信於國君，然後可以進諫；如果未能取信於國君而進諫，國君會認爲是在毀謗我這個國君。」】子夏以「信」爲人與人相處之道，下對於人民，上對於國君，皆必須取信然後可以勞民，可以諫君；此言與孔子曰：「人而無信，不知其可。」道理相通，君子之道必先立其信。前面這幾章都是子夏之立言，造句非常精美，可見子夏文學造詣之深，且是個循規蹈矩的君子。

君子之道

孔子言「師也辟」，子張就是顓孫師，辟通闢，原來指開疆闢地，故闢是擴大之意，指子張之性格志高而意廣，行爲張大寬宏，難能可貴。

子張曰：「士見危致命，見得思義，祭思敬，喪思哀。其可已矣！」（同前）

此章是〈子張第十九〉篇首。所記是子張立論之名言。子張至此終於智慧開通。見危致命，指國家危險時忍辱授命，與曾子言「臨大節而不可奪」相通。【子張說：「士在國家危險時能忍辱授命，看見利益就想到合不合義，祭拜祖先心存敬意，辦理喪事表現哀傷。這樣就可以了！」】（四者立身之大節，一有不至，則餘無足觀。故言士能如此，則庶乎其可矣）。孔子言「見得思義」者再，子張感觸頗深；祭思敬與「祭如在」同；喪思哀與「喪與其易也寧戚」近似。孔子言「士志於道」，曾子謂「士不可不弘毅」，是內在之意志，子張所言四點是外在行爲，注重士的表現。子張至此，終於認清士之身分。這是智慧的成長，從不斷地磨鍊而來。孔子「誨人不倦」的精神，從子張一路走來可以得到證明。

子張曰：「執德不弘，信道不篤，焉能為有？焉能為無？」（同前）

此章繼前章，並列。【子張說：「執持品德卻不能弘揚，相信大道卻不能篤厚，這種人怎麼是有？怎麼是無呢？」】子張開悟，表現越來越好。孔子指「人能弘道，非道弘人」，子張認爲執德而不能弘德，信道而不能篤厚，這種人看起來像好人，卻根本沒有任何道德表現，則其人有無道德，則毫無意義。前章子張列舉士之四點表現，本章雖云「執德」與「信道」，實則「不弘」與「不篤」，何能爲有？何能爲無呢？道德之有無何在呢？這種人是假道學，後世稱爲冬烘先生。子張指「執德不弘，信道不篤」即有鄙夷之意，又「焉能爲有？焉能爲無？」

二詰，語氣上就像攤開雙手，表情無奈的樣子，這種人是滿口仁義道德，行爲上，卻沒有任何品德可稱。

子游曰：「子夏之門人小子，當灑掃應對進退，則可矣；抑末也，本之則無，如之何？」子夏聞之曰：「噫！言游過矣！君子之道，孰先傳焉？孰後倦焉？譬諸草木，區以別矣；君子之道，焉可誣也？有始有卒者，其惟聖人乎！」（同前）

孔子到武城，聽到城中百姓唱著詩歌，原來子游把聖人大道推行於民間，孔子莞爾一笑。子游強調平民也可以學道，子夏傳經，主張平實生活之表現；二人皆年輕而聞道，而設教授徒則各有所執。（門人小子，即弟子；抑末，指只是末節；本之，是根本的，指聖賢大道；君子之道，是老師教育的方法；君子，在此指老師；孰後倦焉，是何者放在後面而不教呢；倦，指不教；區以別矣，是分門別類；誣，是欺瞞）。【子游說：「子夏的弟子，做灑水掃地的工作，接待客人的禮節，就可以做得很好；卻只是末節，根本不知聖賢大道，這樣怎麼可以呢？」子夏聽到後就說：「唉！子游的話太過分了！老師教育的方法，何者應該先教呢？何者是不重要可以不教呢？就比如種植草木，必須分門別類地來種植；老師教育的方法，怎麼可以欺瞞學生呢？能夠兼顧始末的，大概只有聖人吧！」】子游重視聖賢大道，認爲不論資質高低都該學，不顧因材施教的原則；子夏認爲不可欺瞞學生，應該從平實生活中體驗聖賢大道。草木叢生，是原始的荒地，人類進入農業社會，種植就必須分門別類，把相同的種在一起，收成才會方便；教育誠然如農夫種田，因材施教，循序漸進，成果因個人資質而不同。「有始有卒者，其惟聖人乎」是子夏對孔子的推崇，孔子因材施教，循循然而善誘人。

子夏曰：「仕而優則學，學而優則仕。」(同前)

古代出仕，貴族是世襲，平民則是由於薦舉。子夏此言成爲後世常常引用之名言，尤其「學而優則仕」更是科舉制度的依據。隋代設立科舉考試，科舉於是成爲莘莘學子追求功名的一條大道。【子夏說：「出仕做官，行有餘力，就要好好地讀書；學習成績良好，有優秀能力的人就要出仕。」】中國數千年來的歷史，大都受這兩句話的影響，許多人出將入相，同時也是學者；也有學者德高望重，因盛譽而出仕。不過，子夏之言似無意成爲人生之指針，而是勸勉讀書人應該有此胸襟。

子游曰：「喪致乎哀而止。」(同前)

喪事令人哀傷，子游的意思，與子張言「喪思哀」相同，這是一般人的心態，也是中國傳統的觀念。家裡有喪事，當然家人心情都會感到悲傷。【子游說：「家裡辦喪事盡量表現哀傷就夠了。」】(致，是盡量；止，是僅此，即就夠了)。喪禮，孔子並不主張厚葬，而要適合身分，故弟子立論皆如此，不在意表面。以上三章並列。

辭世

孔子三十四歲，適周，在洛邑一住數月，問禮於老聃。五十五歲去魯，周遊於天下，曾欲西去晉國，臨河而歎，不成；又適楚，未用；至六十八歲，自衛返魯，回到家鄉，過閒居的生活。孔子出仕一次，行王道未成，周遊天下，亦不用，終其一生之成就在於教育，傳述文化道統，因此造成中國學術興盛的局面。

魯哀公十六年（西元前四七九年），孔子七十三歲，初春時，子路死於衛難，對孔子又是一大打擊，孔子雖然屢次責備子路，但也是孔子最親近的弟子，追隨孔子身邊非常久。衛公子蒯聵流亡於晉，其子輒立，是衛出公。蒯聵連合其姐與孔悝爲內應，返國爭位。子路時爲孔悝家臣，蒯聵脅迫孔悝叛變，出公奔魯，子路在外聞訊，入城欲救孔悝，責問於蒯聵，不聽，蒯聵呼其部下與子路戰，子路單人匆匆進城，戰敗被殺，剁成肉醬。年六十四歲。孔子聞衛亂，說：「仲由死矣！」惡耗果然傳來，孔子哭於中庭；將食，命人覆醢，不忍食。不久，孔子感覺身體有所不適。

> 孔子病，子貢請見。孔子方負杖逍遙於門，曰：「賜！汝來何其晚也！」孔子因歎，歌曰：「太山壞乎！梁柱摧乎！哲人萎乎！」因以涕下。謂子貢曰：「天下無道久矣，莫能宗予。夏人殯於東階，周人於西階，殷人兩柱間。昨暮，予夢坐奠兩柱之間。予始殷人也。」後七日卒。（《史記．孔子世家》）

孔子唱著泰山之歌，歌曰：「泰山就要崩壞了嗎？梁木就要摧折了嗎？哲人就要枯萎了嗎？」

孔子知道大限已到，不知不覺地落淚。孔子寢疾七日而終，離開這個自己流連過的世界，永別於一生難以割捨的世人。聖人辭世，天地同悲。這是四月己丑日，孔子結束炫爛的一生，最悲痛哀傷的是孔子的眾多弟子。魯哀公致哀，詔命依國老之禮，由公西赤掌殯葬，用三代之禮，尊師而備古，葬孔子於魯城北泗水上。喪禮畢，弟子結廬墓旁，視之猶父而守喪三年。

弟子皆服三年。三年心喪畢，相訣而去，則哭，各復盡哀，或復留。唯子貢廬於冢上，凡六年，然後去。（同前）

孔子弟子居心喪，即如父死居喪而無服，守墓旁三年，然後訣別相哭而去。子貢仍然廬於墓旁，共服喪六年，然後離開。魯人皆以孔子爲榮，於孔子冢之兩旁定居爲家，共有一百多戶人家，遂稱孔里。

曾子至孝，孔子授之《孝經》，是聖人之遺教。曾子推崇孔子人格至高無上，孟子之記載：

他日，子夏、子張、子游以有若似聖人，欲以所事孔子事之，彊曾子。曾子曰：「不可！江漢以濯之，秋陽以暴之，皜皜乎不可尚已！」（〈滕文公〉）

曾子認爲孔子光明潔白，有若雖然似孔子，「欲以所事孔子事之」，曾子強調「不可」。曾子之意，正代表著孔子精神；孔子對弟子示之無隱，人格光明正大，故尊敬孔子不是形式，而在於弟子之內心。曾子傳孔子之道，「不可」是明言，「江漢」、「秋陽」是隱喻，曾子以之暗示，衆人亦不言而喻。孔子「皜皜乎」是光明正大，故「不可尙已」，人格永恆常新。

曾子曰：「吾聞諸夫子：『人未有自致者也，必也親喪乎！』」（子張）

曾子通於孔子之道，此章是證明。（未有，是沒有，指不會無緣無故；自致者，指自己表現真情的人；親喪，是父母去世時）。【曾子說：「我聽老師說過：『一般人不會無緣無故就表現自己的眞情，一定是父母去世時才會這樣啊！』」】（蓋人之眞情所不能自已者）。這是人性眞情，父母至親，感情是自然流露，曾子事親至孝，對於孔子之言印象深刻，永記於心中。曾子之回憶，孔子則仍然活著心中。

曾子曰：「吾聞諸夫子：『孟莊子之孝也，其他可能也，其不改父之臣與父之政，是難能也！』」（同前）

此章繼前章，是直接談孝道。孟莊子，是仲孫氏，名速，父爲孟獻子，即仲孫蔑，春秋初，魯國賢大夫。孟莊子驍勇善戰，曾率師伐齊，時在孔子始生前後，不及見，孔子聞知孟莊子之孝行，因傳聞而得到證實，故對曾子談孟莊子之孝，極爲難能可貴。【曾子說：「我聽老師說過：『孟莊子表現的孝道，其他的別人可以做得到，至於他繼承父親之後，不改變父親的家臣和政事，這方面就非常難能可貴啊！』」】孔子說：「三年無改於父之道，可謂孝矣。」貴族世襲，三年不改父之道就是孝，孟莊子之孝與此相同，故孔子對曾子稱贊孟莊子之孝行。政治如能承襲前賢之道，保存善良風氣，則可以延續於不墜；政爭都由結黨而來，新君即位，起用新人是新派，新派與前朝舊派爭，黨同營私，自然惡性循環，互相傾軋而亡國。這是歷史事實，斑斑可考，政治之殘酷，都是因人所造成。

孟氏使陽膚為士師，問於曾子。曾子曰：「上失其道，民散久矣；如得其情，則哀矜而勿喜。」（〈子張〉）

陽膚，人名，是曾子之弟子。（士師，是典獄之官）。【孟氏任命陽膚爲典獄官，陽膚來問老師曾子。曾子開導地說：「典獄官是處理罪犯之事，現在做官的都不合正道，民情散亂，不知是非已經很久了；如果你審判案件，查清實情，知道犯罪的原因，就要同情他們，不可以心存高興。」】政治以愛民爲主，人民犯罪皆因執政不當，生活艱困，才會挺而走險，故對於犯罪的人要同情。以上三章並列。

孔子授曾子《孝經》，指示曾子「復坐，吾語汝」，即要曾子坐下來聽清楚，可見孔子述說孝道，從容不迫，曾子坐下聽好而記牢。孔子歷指自天子、諸侯、卿大夫、士以至於庶人，皆各有自己所當行的孝道。

曾子曰：「甚哉！孝之大也。」子曰：「夫孝，天之經也，地之義也，民之行也。」（《孝經・三才章第七》）

曾子贊美孔子講孝道說：「真是的！孝道太偉大了。」孔子進而指出，孝道是天經地義，爲人人所當行。聖人之道，以孝治天下，孝爲百行之首，道理在此。

曾子有疾，召門弟子曰：「啟予足！啟予手！詩云：『戰戰兢兢，如臨深淵，如履薄冰。』而今而後，吾知免夫！小子！」（〈泰伯〉）

曾子之孝，終身行之而不變。曾子信守《孝經．開宗明義章》「身體髮膚，受之父母，不敢毀傷」，指子女的身體是父母所遺，生命來源於父母，故孝道開始於愛護身體。「戰戰兢兢，如臨深淵，如履薄冰」是〈小雅．小旻〉終章最後三句，指明人應當戒慎守身。（啓，指開衾審視；而今而後，即從今以後；免夫，指免於此，是免於戰兢之詩意）。【曾子病重，臨終叫弟子到面前說：「掀開被子看看腳！再看看手吧！詩中說：『小心謹慎啊，就像面臨深淵，足履薄冰一樣啊。』從今以後，我知道可以免除這種憂傷了！孩子們！」】曾子之孝，是戒慎恐懼，深怕毀傷父母所遺留之身體，故行孝由愛護身體之基本做起。是故，孝道先自愛，能愛身，進而孝親，因爲愛護父母親而至於揚名於世，以顯父母。

曾子有疾，孟敬子問之。曾子言曰：「鳥之將死，其鳴也哀；人之將死，其言也善。君子所貴乎道者三：動容貌，斯遠暴慢矣；正顏色，斯近信矣；出辭氣，斯遠鄙倍矣。籩豆之事，則有司存。」（同前）

此章接前章，記曾子臨終之言。孟敬子，即仲孫捷，孟武伯之子，是孟孫氏晚輩子弟，與孔子門人交往。（所貴乎道者三，就是應該重視三項爲人之道；鄙倍，指粗俗而背道；籩豆，禮器，在此指祭祀家廟；有司存，由專職官員負責）。【曾子病重，孟敬子來探望。曾子告訴孟敬子說：「鳥將死時，牠的叫聲會很悲哀；人將死時，他說的話會很慈善。一位君子應該重視三項爲人之道：容貌表情合禮，這樣就可以遠離粗暴怠慢了；臉色端正，這樣別人就會相信；說話中正合理，這樣就會遠離粗俗而背道。祭祀家廟的事，就由專職官員處理好。」】（言道雖無所不在，然君子所重者，在此三事而已。是皆修身之要，爲政之本）。君子注重修身，而態度端正。是故，孟敬子問病，不僅令曾子感動，而且二人交誼深厚，故曾子臨終勉之行君子之道。

此二章記「曾子有疾」，可見曾子已經病重，甚至於自己無法行動，故必須由弟子「啓予足」、「啓予手」，是念念不忘父母全而生之，人子必須全而歸之，此「全生之而全歸之」，乃孝順之始，亦是孝道之極致。曾子指人將死其言必善，是純然而慈善之心，所言是肺腑之言，曾子與孟敬子並非泛泛之交，臨終仍然寄予厚望，殷殷致勉。曾子享壽七十歲，距孔子辭世已經四十三年。

其十　萬世之師表

孔子在世，已經為世人所崇仰，許多人都能體認到孔子不凡的聖人氣象。孔子推行王道，不成，是時代所趨，非孔子一人之力所能改變。聖人至周公而無位，武王言「雖有周親，不如仁人」，即有暗示託孤之意；故武王二年崩，周公則全心輔佐成王。周公是聖人，然而武王子誦繼承父位是宗法，也是王道精神，周公不可能自己取而代之。若周公廢掉成王，而自立為天子，則無周公其人，亦無聖人周公，更可能落入管叔、蔡叔二人之把柄中。是故，周公僅攝政而行權，至成王成年，乃還政於成王。

孔子之教育，弟子三千人，已經形成龐大之學派，王道不行，孔子亦不可能據地為王，以推行王道。孔子一生之努力留下《春秋》與《孝經》二書，孔子說：「我志在《春秋》，而行在《孝經》。」孔子之志行寄託於此。孔子聖人而無位，後世尊稱素王，實則有德而無位，卻影響中國於千秋萬世。

儀封人曰：「天將以夫子為木鐸。」

這是亙古之名言，儀封人亦是孔子曠世之知音。古代施教，則先用木鐸以警示眾人，然後聖人宣言其教化；儀封人對孔子之贊頌，指出孔子將成為永遠警世的聖人，而引導人類走向正道，正是世界全人類永恆的導師。

達巷黨人曰：「大哉孔子！」

這是指孔子人格之偉大，永垂不朽。偉大的孔子，為世人所崇仰，德侔天地，道冠古今，孔子倡導仁道思想，使世人對人生堅信而不移。

顏淵曰：「夫子循循然善誘人。博我以文，約我以禮。」

顏淵是孔子得意弟子，對夫子之贊頌至高無上。夫子之道至大，故天下莫能容，不容何病，不容然後見君子。顏淵之學完全得自孔子，孔子因材施教，循循然而善誘人，博文約禮，顏淵之德與聖人相同。

子貢曰：「仲尼，日月也，無得而踰焉。」

子貢言語第一，財大氣粗，然而崇仰孔子「固天縱之將聖」，是仁且智的聖人。子貢才智兼備，在孔門除顏淵外，不肯多讓；子貢認為孔子崇高偉大的精神，如日月之懸於天，無人可以踰越。

孔子卒，哀公誄之曰：「旻天不弔，不憖遺一老。」

哀公敬重孔子，指上天不仁，不留下孔子，可以隨時請教。弔，即恤；不弔，猶言不仁；不憖，憖音印，是不願之意。魯哀公尊孔子為國老，用國禮厚葬之。

孔子孫孔伋，字子思，受教於曾子，故孔子之道由子思延續。子思述《中庸》，傳授孔門心法，故孟子得聞孔子之道。

> 子思曰：「仲尼祖述堯舜，憲章文武，上律天時，下襲水土。譬如天地之無不持載，無不覆幬；譬如四時之錯行，如日月之代明；萬物並育而不相害，道並行而不相悖。」

儒家之道，自祖述堯舜而來，是聖人之大道，天下爲公；孔子又取法於文武之道，信守自然天時，順應水土之變化，包容天地萬物，正大光明，生生不息。

> 孟子曰：「孔子，聖之時者也。孔子之謂集大成。」

中國文化道統，自孔子而傳於世，順時推移，永恆而不變。孟子「乃所願，則學孔子」，因此使儒家之道發揚光大。

> 太史公曰：「孔子布衣，傳十餘世，學者宗之。自天子王侯，中國言六藝者，折中於夫子，可謂至聖矣。」

司馬遷作《史記》列〈孔子世家〉，推尊孔子等同於王侯，並推崇孔子是至聖。後世皆稱孔子爲至聖先師，實則孔子正是萬世之師表。

主要參考書目

一、十三經注疏　魏・王　弼等（廣文版）民六一年
二、四書章句集註　宋・朱　熹撰（鵝湖版）民八五年
三、說文解字注　漢・許　慎撰　清・段玉裁注（四部刊要版）民七四年
四、史　記　漢・司馬遷撰（東華版）民五七年
五、孔子家語注　魏・王　肅譔（四部備要版）民六二年
六、學　統　熊賜履撰（大聖版）民五四年
七、孔子傳　錢　穆著（綜合月刊社）民六四年
八、孔子弟子志行考述　蔡師仁厚著（臺灣商務版）民六三年
九、論語人物論　蔡師仁厚著（臺灣商務版）二〇〇〇年
十、四書人物　仇德哉著（臺灣商務版）二〇〇一年

後記

孔子之降生至今已經二五五八年了，中國文化開始就受到孔子的影響，延續到今天，並且將繼續留傳下去，而永垂不朽。

孔子之降生，如旭日之東昇，大地逐漸光明，使動物開始感到溫暖，植物也因此欣欣向榮，天朗氣清，水流明淨，春風和熙，中國文化因此而發展。

孔子的一生，從政一次，有三次受阻而罷。孔子真正出仕是在魯國，這是父母之國，孔子很努力地爲自己祖國做事。孔子三十五歲至齊，景公有意用孔子，晏嬰阻撓，後來齊景公明示不用，去齊；孔子周遊列國時，居住衛國時間相當久，後來衛靈公問陣，暗示不用，故去衛；孔子厄於陳蔡之間，楚昭王親自迎救而至楚，昭王欲以書社地七百里封之，令尹子西阻止，作罷！孔子仕於魯，自五十一歲至五十五歲，而使魯國安定，引起齊國的驚恐，遂饋女樂離間孔子，魯國君臣荒淫無度，三日不朝，孔子忿而去魯。孔子執政，推行王道，使人民生活安樂，然而齊國之破壞，季桓子陷定公於不義，接受女樂，王道因此而受阻。孔子是自動解職，離開祖國，孔子從政生涯至此而告終。

但是，孔子的志向遠大，有崇高的政治理想，目的是天下爲公，世界大同。

孔子王道思想自堯舜禪讓政治而來，並且取法於文武之道。王道政治是孔子的政治理想，這是聖人政治之道，是公正而無私的聖賢大道，孔子把它濃縮在〈堯曰〉篇中，是從政重要的原則。

謹權量，審法度，修廢官，四方之政行焉。興滅國，繼絕世，舉逸民，天下之民歸心焉。所重民食、喪、祭；寬則得衆，信則民任焉；敏則有功，公則說。

王道政治有三大目標：第一、建立行政制度；第二、歸順民心；第三、施行愛民政治。權是稱重量，量是量長短，指度量衡，第一步是建全行政體系。第二步就是收服民心，重點在「舉逸民」，逸民是有德的隱士，就是選用好人出來做官。第三步事實上就是民主政治，重點在總結「公則說」。從上面的論點來看，孔子在兩千多年前就有民主思想，這是一種高瞻遠矚的睿智。

孔子的中心思想是「仁」，所以孔子一生用仁來勸導世人。仁是人心，人人都有，也是人性，在每一個人的身上，「欲仁而得仁」，不必外求。孔子勉勵顏淵「克己復禮爲仁」，克己就是要向自己的內心去求，要求自己的行爲合禮，就是仁，具體的表現在於視、聽、言、動，這些行爲都合禮，則「三月不違仁」。每個人都應該如此地去做，重點則在於隨時存仁心，孔子說：「民之於仁也，甚於水火。」我們每天喝水，用火煮飯，而仁比水火更重要。是故，孔子說：「有能一日用其力於仁矣乎？我未見力不足者！」這是每個人都能做到的，不要怕，仁是每個人善良的一顆心。完全要靠自己去體會，我欲仁則仁至矣。

孔子人生以中庸爲本，言行都適合中道，無過之與不及。孔子體會到行中庸之道甚難，一般人不易做到，顏淵之「行藏」似孔子，亦擇乎中庸而行之，但孔子並未肯定顏淵所行是中庸，孔子亦未指自己行中庸。在《論語》中，孔子言中庸僅一次，認爲中庸是「至德」，又言「不得中行而與之」，在弟子中無人有中行之美德。堯要舜「允執其中」，就是要舜守住中庸之道，如此看來，中庸應該是聖人才做得到，孔子不敢以「聖與仁」自居，故亦不言自己行中庸。中庸就是中道，人生應該守中道，而舜「恭己正南面」可以不偏，一般人則很難。

《論語》的內容，主要是孔子的言行錄，是孔子最具體而真實的生活寫照，包括孔子的精神。孔子談論君子之道，大都是自己親身實踐的經驗；孔子以君子自勉，也鼓勵弟子效法文質彬彬的君子。君子的基本條件是言行一致，重點則在於行，而訥於言；行的重點又在於學，「學則不固」，不固執己見，才能通達事理。《論語》是一本通向智慧的書，對人格的成長啓發極大。今天，人類的智慧發展非常快，增進智慧的來源有二：一是學習，二是交流；事實上，交流也是學習，只是工具不同而已。學習得自書本，交流則靠資訊，資訊是指電腦的普遍應用；就資訊的發達而言，現在的人幾乎可以「一指通」。資訊可以很快傳播知識，但是必須靠學習而應用。孔子追求大同世界，天下一家，現在網路幾乎實現這個理想；兩千五百年前，孔子提出這個理想，終於在人類不斷地努力之下，出現了地球村。《論語》的內容，可以印證智慧的經驗與成長，如能配合資訊之交流，溝通融合，必能致人類於天下和平。

本書的寫作，經過長期地醞釀，斷斷續續之成長，終於將《論語》的內容，透過許多前賢的大作，互相參證，理出一點系統，至此而成書。有關《論語》的書太多了，用汗牛充棟仍然不足以形容。以前在教學時，曾經拿《老子》爲補充教材，由學生去尋找資料，然後提出報告，學生報告《老子》一書，說世界上共有三十七種《老子》譯本，當時聽了大喜。就此推論，《論語》之書必不止如此，中文書已經算不完了，這是大好之美事。大家喜歡讀《論語》，人類前景自然光明，對於人生就會喜悅而堅信不疑；但願人類文化之交流，彼此溝通體諒，由互信而互愛，有一天必會造成一個祥和的世界。

此書能夠面世，謹向所有愛好《論語》的前賢大德致謝！感謝大家共同對人類所做的努力與奉獻！孔子的思想平實而深遠，書中不妥之處，尚祈指正。

吳武雄　記於草鞋墩

中華民國九十六年十二月十六日